누가
지도자인가

누가 지도자인가

박영선의 시선
14인의 대통령 꿈과 그 현실

노무현
문재인
박근혜
손학규
안철수
이명박
정동영
정몽준
정운찬
넬슨 만델라
보리스 옐친
이츠하크 라빈
코라손 아키노
시진핑

박영선 지음

마음의숲

지도자의 시대를 읽는 안목이
국가의 미래를 결정한다

역사는 한 개인의 힘으로 만들어지는 것이 아니다. 수많은 사람들의 열망과 시련이 커다란 하나의 방향으로 모아져 활활 타오를 때 비로소 역사라는 열차는 달리기 시작한다. 그러므로 역사는 곧 만인의 역사요, 천하는 어느 한 개인이나 집단의 소유물이 아니라 공물(公物)인 것이다.

우리는 때때로 국가라는 열차를 운전하는 기관사의 역할을 주목하곤 한다. 역사의 뇌명(雷鳴)을 울리며 떠난 열차의 기관사는 자신의 힘만으로 기차를 움직이는 것이 아니다. 하지만 그 기차에 탑승한 승객들이 무사히 목적지까지 도달하게 할 책임을 누군가가 져야 한다면 그는 바로 기관사일 것이다. 대통령은 그런 의미에서 한 나라의 기관사이다.

대통령이 누가 되느냐에 따라 역사의 변곡점에서 진로가 바뀌기도 한다. 지도자의 시대를 읽는 안목이 곧 국가의 미래를 결정한다.

민주주의 국가에서 선거를 할 때 유권자인 국민들이 후보의 사람 됨됨이에 대해 속속들이 파악하고 투표장에 가지는 못한다. 대부분의 유권자는 언론보도나 선거홍보물, 그리고 그 후보자의 핵심 지지층의 언행을 통하거나 언론으로부터 만들어진 이미지를 보고 선택하게 된다.

그러다보니 뜻밖의 잘못된 선택을 하는 경우도 비일비재하다. 능력과 인품이 훌륭한 후보가 탈락하고 그렇지 못한 사람이 당선되는 경우도 종종 있다. 그때마다 역사는 소용돌이치기도 했고 때로는 왜곡되기도 했다. 《로마제국흥망사》를 쓴 에드워드 기번(Edward Gibbern)은 "어리석은 자들이 역사를 망친다"고 말했다.

최근에 와서 SNS의 확산으로 직접민주주의 시대가 열리는 듯도 하다. 이로 인해 선거가 정당이나 후보자 자신이 이미지를 어떻게 만들어 가느냐 하는 게임이나 드라마틱한 이벤트로 변질되는 경우도 있다. 결국 이미지 정치의 승자가 선택되는 위험이 더 크게 도사리고 있는 것이다.

이 책은 지도자를 선택하는 안목에 대해 나 자신부터 한 번 깊이 생각해보고 성찰하자는 취지에서, 그리고 보다 많은 분들과 함께 그러한 고민을 공유하기 위하여 쓰기 시작했다.

일국의 최고 정치지도자인 대통령이 되겠다는 꿈을 가진 사람, 또는 꿈을 가졌던 사람은 많이 있다. 그러나 그 가운데 실제로 대통령이 된 사람과 그렇지 못한 사람과는 분명 구별되는 무엇이 있다. 대통령이 되기 위한 필요 충분 조건은 과연 무엇일까?

나는 대학 졸업 이후 20여 년은 기자로, 그리고 이후 10여 년은 정치인으로 살았다. 내가 기자 시절 인터뷰를 통해 그리고 정치권에 와서 함께 일을 한 많은 분들이 계신다. 그런데 한 정치인이 '대통령의 꿈을 가지는 것'과 실제로 '대통령이 되는 것'의 차이는 그가 살아온 삶이 시대를 관통하는, 시대의 희망이 녹아 있는 응축된 단어로 표현될 수 있어야 한다.

국민의 손으로 직접 선출되었다고 볼 수 있는 김영삼 대통령 시대 이후, 김대중, 노무현, 이명박, 박근혜 대통령에겐 모두 시대를 응축하는 시대의 언어가 녹아 있었다.

군사독재의 그늘에서 벗어나고 싶었던 문민대통령 김영삼
한반도 평화와 민주주의의 상징 김대중
사람 사는 세상을 외친 바보 노무현
성공시대, 경제대통령의 이미지를 선점했던 이명박
여성도 할 수 있다는 시대정신을 담았던 첫 여성대통령 박근혜

국내외를 망라해 내가 만나고 인터뷰한 혹은 함께 일하고 시간을 같이 보낼 수 있었던 지도자들에게는 반드시 자신의 정치경력과 시대정신을 일치시키고 숙성시키기 위해 인내를 필요로 하는 담금질의 과정이 있었다. 그 담금질의 기다림 속에서 함께했던 시간, 나와 개인적인 이야기가 있는 국내외 정치지도자 14인을 선정해 1990년대부터 2015년까

지의 역사를 적어보려고 했다.

다큐 형식을 빌려 14인의 역사를 기록하는 일은 나에게 많은 시간을 요했고 때로는 고통이기도 했다. 나는 가능하면 내 앞에서 벌어졌던 수많은 현대사 속의 사건들에 객관적으로 접근하려고 애썼다. 그러나 내가 직접 만나고 겪었던 그 인물들에 대한 묘사는 내 개인적 경험이라 주관적 토양에서 완전히 자유로울 수는 없을 것이며, 특히 한 인간에 대한 평가는 신이 아닌 한 결코 완전무결한 것일 수 없음을 솔직히 시인한다.

이 책에 등장하는 인물들 가운데에는 현역 정치인으로서 오늘날 정치의 가장 중심에서 활동하는 분들도 있다. 그래서 표현 한 구절, 한 구절에 과하거나 부족함이 없게 하기 위해 나름의 주의를 기울였다. 또 현역이든 전직이든 정치인에 대한 온전한 판단은 상당한 세월이 지난 후에 비로소 가능하다는 점에서 다소 때 이른 평가가 있을 수도 있다.

그러나 평가 또한 시대와 함께 변화한다는 것을 나는 내 눈으로 목격한다. 그래서 지금 이 시간 우리 앞에서 그리고 내 눈 앞에서 벌어졌던 사건들에 대한 생생한 내 마음의 기록과 역사의 기록을 남길 필요가 있다고 생각했다. 그러므로 이 책의 성격을 한 마디로 정의한다면 기자의 눈과 정치인의 눈이 합쳐진 '박영선의 시선'이라고 할 수 있을 것이다.

이 책을 통해서 여기 등장하는 인물들에게 반영된 시대정신을 살펴보고, 그들이 자신에게 부여된 시대정신과의 함수관계 속에서 어떻게 명멸해갔는지, 또 어떻게 현존재하고 있는지를 탐구함으로써 우리 시대가 지향해야 할 가치의 우선순위를 규명하고, 이를 바탕으로 우리 모두가 지도자를 선택하는 안목에 보탬이 되고자 하는 것이 이 책을 쓴 목적이다.

물론, 이 책에 기록된 것이 내가 가진 기억의 총량은 아니다. 만약 이 책이 나의 개인적 회고록이거나 등장인물들에 대한 평전이라면 써야 할 분량은 훨씬 방대해질 것이다. 또 개인적으로는 지금 당장이라도 보다 더 자세하게 밝히고 싶은 대목들이 있는 것이 사실이다. 그러나 아직은 밝힐 때기 아닌 것들, 숙성되는데 시간을 필요로 하는 사건들, 지금 밝히면 현 시점에서 불필요한 오해와 논란이 생길 사건들에 대한 자세한 기록은 다음 기회로 미루기로 했다.

이 책을 쓰면서 지도자에겐 통찰력과 더불어 절제의 미(美), 포용의 미(美), 온유의 미(美), 결단력과 판단력의 미(美), 진중한 언행의 미(美), 그리고 신비로움과 남다른 매력의 미(美)를 소유해야 한다는 결론에 이르렀다.

지도자의 시작과 끝은 비전과 책임이라고들 한다. 위대한 지도자일수록 탁월한 비전과 그 비전을 성취할 수 있는 열정과 능력을 갖췄다고 볼 수 있다. 미국 남가주대학(University of Southern California) 경영학과 교수로 '리더십 전문가들의 학장'이라고 칭송받은 베니스(Warren Bennis) 교수는 "경영인은 일을 바르게 하는 것이 목표이지만, 지도자는 바른 일을 하는 것이 목표"이며, 그런 면에서 "경영이 산문이라면 지도력은 시(詩)라고 할 수 있을 것"이라고 밝힌 바 있다. 그는 또한 "리더십은 비전을 현실로 전환시키는 능력이며 위대한 집단을 만들고 이끄는 사람은 냉철한 이성과 함께 그들의 영혼 속에 시(詩)를 새긴 사람"이라고도 하였다.

나는 이 책을 통해서 우리 국민들이 대한민국 지도자들을 선택할 때 그가 어떠한 삶을 살아왔고 그의 삶이 얼마나 진실 되고 진지했으며 국민에게 진정성 있게 다가올 수 있는지를 한번쯤 생각해볼 수 있는 계기가 되었으면 하는 바람을 갖는다.

또한, 이 책의 표현 가운데 섭섭하거나 마음에 안 드는 부분이 있다면 이 자리를 빌려 이 책에 등장하는 분들에게 미리 용서를 구한다. 끝으로 이 책을 위해 각별한 정성으로 정리를 함께해준 임채원, 조유진, 김종욱 세 분께 깊은 감사를 드린다.

2015년 7월

박영선

차례

사람 사는 세상

노무현

2003년 1월 대통령 당선자 시절 종로 자택 앞 인터뷰

지금 대한민국 국민이 꿈꾸는 21세기 사람 사는 세상은 노무현의 진솔함과 격정에
김대중과 같은 유연함과 포용력, 그리고 여기에 더해서 국민의 가슴을 뛰게 하고 뇌
명(雷鳴)처럼 시대를 울리는 그런 감동 있는 지도자를 요구하고 있는지도 모른다.

          - 본문 중에서

"국민이 대통령입니다.

제가 지역감정에 맞아

쓰러졌을 때

일으켜 세워주신 분은

국민 여러분이었습니다.

제가 검은 돈이 없어

선거를 못할 때

돼지저금통을 보내주신 분도

국민 여러분이었습니다.

국민에게만 빚진 대통령

노무현.

국민 여러분만을 위해

일하겠습니다.

국민이 대통령입니다.

2번 생각하면

노무현이 보입니다.

대한민국 대통령 노무현."

2002년 초겨울. 노무현 대통령의 기타 반주와 음성으로 그의 애창곡 〈상록수〉가 배경음악으로 깔리면서 텔레비전 전파를 탔던 노무현 대통령 후보 광고 제3편 〈상록수〉.

국민들의 마음을 잔잔하게 울리던 이 광고를 보면서 나는 노무현 후보의 당선을 예감했다. 기타 반주를 하며 상록수를 부르는 노 후보의 모습과 "국민이 대통령입니다"를 말하는 광고 카피 내레이션이 노 후보의 인생과 시대정신을 묶어내고 있었기 때문이다.

대통령 후보 노무현 부부와의 인터뷰

여당의 대선후보이면서 지지율이 15% 선에 머무르던 노무현 후보는 여권발 흔들기에서 생존했고, 당선이 유력한 대선후보로 다시 성장했다. 이 과정은 어쩌면 그의 정치인생에서 가장 극적인 몇 달이었고, 당선 이후 그의 정치행로를 작심하는 과정이었다.

그러한 시점이었을 2002년 10월, 나는 대선후보 부인들을 통해 대선후보들의 인간적 면모를 조명하는 인터뷰 시리즈를 준비하며 노 후보 쪽에 연락을 했다. 대선을 두 달 앞둔 상황에서 여전히 노무현 후보의 당선을 이야기하는 사람은 그리 많지 않은 시기였다.

노 후보는 흔쾌히 주말시간을 통째로 내주었다. 대선을 두 달여 앞둔 상황에서 인터뷰 요청에 주말시간을 내준다는 것은 쉽지 않은 결정이었을 것이다. 지지율 부진으로 노심초사할 법도 했지만, "대선후보도 토요일 하루쯤은 산책도 하고 사색할 수 있는 시간을 가져야 하지 않겠느냐"라며 시간을 내준 것이었다. 그렇다고 해서 노 후보가 절박감이 전혀 없었던 것은 아니었다.

종로구 혜화동 붉은색 벽돌의 수수한 빌라에서 노무현 후보와 권양숙 여사는 꾸밈없는 표정으로 나를 맞았다. 텔레비전 카메라에 집 안을 공개하는 주부의 심정이 예민할 법도 한데 권양숙 여사는 우리를 편안하게 해주려 애를 쓰는 모습이었다. 그러나 노무현 후보는 그러한 망중한 속에서도 자신이 해야 할 이야기는 놓치지 않고 또박또박 말을 이어갔다. 인터뷰 초반부터 왜 대통령이 되려 하는지 핵심을 말하기 시작했다.

"우리 사회는 정실주의 문화에 깊이 젖어 있습니다. 이런 낡은 관행을 걷어내야 합니다. 상식이 통하고 원칙이 바로선 사회를 만들고 싶은 것입니다. 원칙을 바로 세워야 부정부패를 청산할 수 있습니다. 그래야 경제성장과 번영도 이룰 수 있습니다." 열변에 가까운 인터뷰였다.

권양숙 여사의 말은 매우 소탈했다. "우선 남편이 대선후보가 되리라고는 생각도 못했습니다. 대선후보는커녕 국회의원이 되리라고도 생각해본 적이 없었거든요. 상고 출신이고, 어렵게 사법고시 합격한 것도 신기한데…"라며 말을 이어갔다. "올해 초 민주당 대선후보를 국민경선으로 뽑는다고 했을 때 당내 조직도 갖고 있지 않은 사람이 뭐가 되겠나… 생각했죠."

옆에 앉은 남편은 "어허~ 저 사람이…"라며 헛웃음으로 추임새를 넣었다. 고집스럽고 원칙만 앞세우는 남편 곁에서 고생한 얘기를 펼치던 권 여사는 대선후보 부인으로서 저소득 가정 아이들의 교육현장을 주로 방문하는 이유를 설명하는 데 긴 시간을 할애했다. "집안 형편이 어려워서 공부를 제대로 못한다는 것은 너무도 슬픈 일입니다. 제 남편이 그랬고, 제가 그랬습니다. 집안 형편 때문에 하고 싶은 공부를 포기하는 아이가 있다는게 가슴이 아프고, 그런 사람이 많을수록 건강한 사회가 되기 어렵다고 생각합니다."

권 여사는 육아 문제, 청소년 문제, 방과 후 학생들의 문제 등에 대한 자신의 생각을 쏟아내면서, 두 자녀를 키운 교육철학을 밝혔다. "제1의 원칙은 자신에게 엄격하고 타인에게 관대하라는 것입니다. 또 하나는 어떤 결정을 하든 허용할 것이니, 그 책임은 스스로 지라는 것이죠. 그것이 저희 부부가 아이들을 키우며 지켜온 원칙입니다."

인터뷰를 마무리하며, 곁에서 지켜보던 노무현 후보에게 "아내를 꽃에 비유한다면 어떤 꽃입니까?"라고 물었다. 얼굴에 장난기를 그득 담은 노무현 후보는 "박꽃이죠. 저는 달밤에 핀 하얀 박꽃이 세상에서 가장 예쁘다고 생각합니다." 노무현 후보의 반전 있는 그 짧은 대답에 권 여사가 수줍게 웃던 그 장면이 잊혀지지 않는다.

절박함이 이루어낸 기적

인터뷰와 촬영을 위해 몇 차례 집을 방문했을때, 노무현 부부는 늘 꾸미지 않는 것을 좋아했다. 카메라가 촬영을 시작했음을 표시하는 빨간불이 켜져도 전혀 개의치 않고 행동했다. 이른 새벽 장면을 찍기 위해 카메라를 켠 채 집에 들어서는데, 노무현 후보가 파자마 차림으로 거실에 나왔다. 권 여사와 가족들이 당황한 목소리로 "빨리 들어가서 옷 갈아입고 나오세요!"하자, 노무현 후보는 "다 이런 거 입고 자는 거 아닌가? 자다 나왔는데, 이 차림이지 뭐가 이상해?"라고 반문했다. 그러고는 파자마 양옆을 잡아 늘리며 취재진을 향해 크게 웃었다. 신문을 읽을 때도 돋보기를 코끝에 걸친 모습이었다. 촬영팀이 "안경을 잠깐만 벗어주시죠"라고 요청하자, 노 후보는 "안 보여서 쓰는 건데…. 벗어야 좀 잘생겨 보인다면 벗을게요"라며 안경 너머로 환하게 웃었다. 돋보기 너머로 던져진 노무현 후보의 그 소탈한 미소는 가슴을 아련하게 하는, 지금도 사라지지 않는 잔상으로 남았다.

2002년 10월경, 〈박영선의 사람과 세상〉 인터뷰를 통해 대선후보들을 조명했는데 역시 노무현 후보 부부편 반응이 가장 뜨거웠다. 방송 당시 시청자 반응을 읽을 수 있는 '분단위 시청률'이 수직 상승하는 그래프로 그려졌다. 시청자들이 인터뷰로 전해지는 노무현 부부의 진정성과 절박함에 공감했다는 뜻으로 읽혔다.

우연의 일치인지도 모르지만 10월 23일 노무현 부부 인터뷰가 방송된 이후 노 후보의 지지율이 빠르게 회복되기 시작했다. 당시 각종 여론조사에서 노무현 후보의 지지율 회복세는 뚜렷했다. 11월 초에 20%대 중반까지 지지율을 회복한 노무현 후보는 정몽준 후보를 향해 후보단일화 제안을 던진다. 지지율 상승세에 용기를 얻었기 때문일 것이다. 당시 노무현 후보 캠프에서는 여러 경로로 나에게 감사의 표시를 해왔다. 특히 캠프의 핵심역할을 하던 한 인사는 "대선의 결과와 상관없이 후보께서 무척 고맙게 생각한다"는 노 후보의 메시지를 전해왔다.

노무현 당선자의 첫 인터뷰

2002년 12월 19일 밤. 드라마 같은 당선이었기에 당선인의 일성을 듣기 위한 언론의 경쟁은 가히 전쟁 같았다. 자정 직전 당선이 확정된 노무현 당선자가 명륜동 집으로 돌아오던 시간, 연립 주택들이 들어선 골목은 축하 인파와 방송사 중계차가 뒤엉켜 입추의 여지가 없었다. 현장 방송에 투입된 나의 임무는 물론 당선확정 이후 첫 인터뷰였다.

나는 '어떻게 하면 환영 인파 속에서 인터뷰를 해낼 수 있을까'를 초저녁부터 고민했다. 인파가 몰리면 내가 서 있는 자리를 지키기도 어려울거라 생각해, 어떻게 인터뷰를 할 것인지 방법을 궁리한 것이다. 해답은 단순했다. 줄로 연결된 마이크와 줄 없이 공중에 띄운 와이어리스 마이크를 동시에 준비하기로 했다. 이른바 고감도 지향성 마이크인 붐마이크를 공중에 띄우기로 했고 그것은 결국 적중했다.

자정 무렵이 되어 의전차량에 탄 노무현 당선인이 명륜동 골목에 들어섰다. 예상대로 당선자는 환영인파 속으로 들어와 걷기 시작했다. 취재진들이 에워쌌지만 이미 청와대 경호팀이 주변을 정리하고 있어 접근이 쉽지 않았다. 하지만 TV 생중계 중인 방송3사 기자들에게만 근접 취재가 허용된 상황이었다. 인파를 헤치며 걷던 노무현 당선인이 인터뷰를 위해 기다리던 나와 눈이 마주쳤다. 타 방송사 취재진들이 몰리는 상황에서 당선인은 내 앞에서 걸음을 멈췄다. 노무현 당선에 열광하는 주민들이 악수를 위해 모두들 손을 내미는 상황에서 당선인과 마주섰다. 방송사 기자들이 가까이에 있었지만 대부분 인파에 밀려 마이크를 놓쳤거나 마이크 줄이 끊겨 연결이 되지 않는 상태였다. 심지어 주민에게 떠밀려 어디론가 사라진 기자도 있었다. 내가 들고 있던 마이크도 연결이 끊긴 터였다. 생방송에서 마이크를 분실해 음성을 전달하지 못하는 심각한 상황인 그때 내 머리 위에 떠 있던 붐마이크가 눈에 들어왔다. 비상상황에 대비해 공중에 붐마이크를 띄워놓은 것이 주효했던 것이다. 특종으로 보도되었던 당선인 인터뷰는 이렇게 이뤄졌다.

국민 대부분이 흥분 상태에서 지켜봤을 그날 밤 당선인 인터뷰는 KBS와 SBS도 어쩔 수 없이 MBC 중계를 받아야 하는 상황이 되어 버렸다. 중계 마이크가 끊긴 타 방송사들이 MBC 전파를 무단으로 끌어다 방송한 것이다. 방송의 형식도 파격이었지만, 인터뷰의 내용은 더 충격적이었다. 대통령 당선을 축하한다는 인사말에 이어 나는 대통령으로서 가장 먼저 하고 싶은 일이 무엇인지 물었다. 잠시 생각에 잠기는 듯 멈칫한 노무현 당선인은 아주 천천히 낮은 목소리로 힘주어 말했다.

"정계개편입니다."

「정·계·개·편」

그는 그런 사람이었다. 가장 주목하는 시점에 가장 열망하는 바를 터놓고 말하는 그런 화법의 소유자였다. 그 인터뷰를 기억하는 많은 사람들은 당선 소감 인터뷰에서 갑자기 등장한 정계개편론에 어리둥절했고, 그 말이 차후에 신당창당으로 이어가는 노무현 정치의 예고였다는 데 또 한 번 놀랐다. 나 또한 대통령에 당선된 사람이 의례적으로 해야하는 이야기의 범위를 벗어난 정계개편이라는 말에 상당히 의아했었다. 갑자기 마련된 인터뷰에서 오랫동안 마음에 담아뒀던 자신의 소망을 국민 앞에 꺼내 펼친 그의 용기에 당황했다. 정계개편이라는 네 글자에 담긴 의미는 노무현 대통령의 당선 여정이 얼마나 힘들고 가슴에 사무친 것인지를 말해주는 것이었다. 그 후 정계개편은 대한민국 정치사를 휘감았다.

선거는 당이 알아서 치러주세요

기자와 당선인으로서 만남 이후 다음 만남은 서로 너무도 달라져 있었다. 그는 대통령이었고, 나는 17대 총선을 앞두고 열린우리당에 입당해 정치를 시작한 대변인이었다. 2004년 1월 18일, 노무현 대통령이 정동영 의장을 포함한 열린우리당 지도부를 청와대 관저로 식사 초대를 했다. 전두환, 노태우, 김영삼, 김대중 대통령 시절에도 기자의 신분으로 청와대를 여러 차례 방문했었지만 관저는 처음이었다. 전국적으로 눈이 내린 날이었다. 노무현 대통령은 우리 일행이 들어오면서 봤을 청와대 설경(雪景)에 대한 감상을 물었다. "눈이 오면 좋은 일이 있다고 하는데 오늘 눈도 많이 오고 설경도 너무 아름답고… 그리고 우리 모두 여기서 이렇게 만나니 정말 반갑네요"라며 맞았다.

대통령이 가족들과 함께 생활하는 공간인 '관저'의 분위기에 나는 자못 놀랐다. 대통령 관저는 고급스럽고 세련된 자재로 화려하게 꾸며져 있을 거라는 오랜 생각이 모두 깨지는 순간이었다. 중후해 보이는 겉과는 달리 실내는 낡고 변색된 알루미늄 창문틀들이 짜임새 없어보였다. 그런 관저의 분위기와 노무현 대통령, 유인태 정무수석의 너털웃음은 퍽 어울린다고 느꼈다. 그날 그곳에 모인 사람들의 대화는 대통령과 여당 지도부, 수석비서관들이 나누는 대화라고는 느껴지지 않을만큼 실로 솔직하고 허심탄회했다.

2시간 20분간 이어진 만찬동안 노무현 대통령은 개혁과제를 반드시 실현하자고 열변을 토했다. 특히 금권선거를 근절하기 위한 강한 의지를 여러 각도에서 표명했다. 개혁을 말할 때마다 그의 눈이 번득였다. "지난 대선으로 인해, 돈 많이 쓰는 정당이 승리하는 게 아니라는 전통이 세워졌으면 합니다. 이것은 새로운 정치문화로 등장한 것입니다. 이번 선거(2004년 총선)가 끝나면 확실히 바뀌게 될 것입니다. 돈 선거를 뿌리 뽑기 위해서는 선거 매수행위를 적발하는 경찰관을 적극 격려하겠습니다"라고 선거개혁을 강조했다.

모처럼 여당 지도부를 불러 회포를 푸는 격의 없는 자리에서 대통령이 한 말이 돈 선거를 없애자는 것이었으니, 그가 대통령의 자리에 오르기까지 금권선거에 대해 얼마나 고심해왔는지를 느끼게 했다. 사실 '오세훈법'으로 통칭되는 2004년 정치자금법 개정도 결국 노무현 대통령의 강한 의지가 반영된 결과였다. 돈 선거를 뿌리 뽑은 것. 이것은 누가 뭐래도 대한민국 정치사에 노무현 대통령이 남긴 큰 업적 중의 하나다. 결과적으로 나 같은 사람이 정치를 할 수 있게 됐던 것도 노무현 대통령이 이룩한 돈 안 드는 선거문화 덕분이라고 생각한다.

그 만찬에서 노무현 대통령은 "개혁완수와 안정적 국정운영을 위해 청와대와 열린우리당이 모든 것을 상의하고 함께 가야 합니다"라고 마무리를 하면서, "나는 민생을 살피는 데 전념할 테니, 총선은 여러분이 알아서 치러주기 바랍니다"라고 말했다. '여러분이 알아서 치러 달라'는 범상치 않은 표현이 지금도 기억난다. 그러곤 갑자기 나를 쳐다보면서, "전당대회 치르는 과정을 보니 제가 관여하지 않아도 잘될 것 같네요. 무엇보다 박영선 대변인이 우리당에 큰 몫을 하고 있어요"라고 각별히 호감을 표했다. 정동영 의장도 "박영선 대변인 때문에 당이 환해졌습니다"라고 화답했다. 이렇듯 노 대통령은 열린우리당의 총선 승리를 갈망하면서도 대통령으로서 선거에 깊이 관여해서는 안 된다는 생각을 하고 있었다.

하지만 그 만찬이 있은 지 얼마 되지 않아 "이번 총선에서 열린우리당이 선전했으면 좋겠다"는 공개 발언을 던졌고, 그것이 불씨가 돼 그해 3월 12일 '대통령 탄핵소추안'이 국회에서 가결되는 엄청난 정치사적 사건으로 이어졌다. 가끔 골똘히 생각해보지만 풀리지 않는 의문이다.

꺾여 버린 날개, 대연정 제안

탄핵사태 와중에 치러진 2004년 총선이 끝난 후 노무현 대통령은 "박영선 대변인 때문에 5석에서 10석은 더 건졌어요. 박영선 대변인이 큰 몫을 하고 있다는 내 말이 맞았지요?"라며 내게 각별한 관심을 표명하기도 했다.

노무현 대통령은 2004년 5월 29일 총선 당선자 152명을 청와대에 초청해 국회 과반 의석 확보를 자축하기도 했다. 이 자리에서 참석자들은 〈임을 위한 행진곡〉을 불렀고 노무현 대통령은 이에 대한 답가로 〈부산 갈매기〉를 불렀다. 그리고 "너무 좋다. 100년 가는 정당을 하자"고 말했다.

그러나 헌정사상 처음으로 민주진보세력이 원내 다수의석을 차지한 상황에서 노무현 대통령은 2005년 7월 28일 갑자기 대연정을 제안했다. 노 대통령의 이러한 제안은 대연정의 당사자라고 할 수 있는 한나라당 박근혜 대표와 어떠한 사전적 교감도 없이 돌출적으로 제기된 것이었다.

노무현 대통령은 열린우리당 당원들에게 보내는 편지 형식을 빌려 대연정을 공식적으로 제안했다. 지역구도를 제도적으로 해소하기 위해 선거제도를 개혁하자는 것이었다. 대연정은 한나라당이 주도하고 열린우리당이 참여하는 것으로 다른 야당도 참여하면 더욱 바람직할 것이라고 말했다. 또한 대연정 제안에 한나라당이 응한다면, 대통령의 권력을 열린우리당을 거쳐 결국 한나라당에게 넘기겠다고 강조했다. 또한 대연정을 실시하면 여야 양당이 합동의총에서 정책토론을 함으로써 더 자유로운 의정활동이 보장될 것으로 내다보았다.

당시 나는 문희상 열린우리당 의장의 비서실장을 맡고 있었다. 문희상 의장은 대연정 제안 직후 청와대의 호출을 받았고, 이후 내게 긴급 최고위원회를 소집하라는 연락을 했다. 최고위원들은 문희상 의장이 청와대에서 전달받은 내용을 전해 듣고 대부분 극한 반대의사를 표명했다. 그런데 긴급 최고위원회 회의 직후 유시민 최고위원이 내게 전화를 걸어 청와대와 문희상 의장 사이에 오갔던 논의 상황을 자세한 부분까지 물어왔다. 그 이후 유시민 최고위원이 노무현 대통령의 대연정 제안을 찬성하고 나왔다.

노무현 대통령은 2005년 8월 30일 열린우리당 의원들을 청와대 만찬에 초청했다. 이날 만찬은 대연정을 설명하는 자리였다. 이 자리에서 노대통령은 대연정 제안이 자신의 정치인생을 총정리하는 것이라며 강한 의지를 내보였다. 3시간 동안 이어진 이날 만찬에는 당시 열린우리당 의원 145명 중 131명이 참석했다. 특이한 것은 만찬 헤드 테이블에 앉아 있던 유시민 의원이 계속해서 대통령과 눈을 맞추려고 하며 대통령의 말씀에 100% 공감한다는 듯 고개를 끄덕이고 있었다는 점이다. 그 모습이 내게는 무척 인상 깊게 남아 있다. 유시민 의원이 상임중앙위원이 되기 전까지는 노무현 대통령과 그렇게 막역한 관계는 아니였던 것으로 보였다. 2005년 4월 2일 열린우리당 전당대회에서 문희상 후보가 당대표에 선출되고 염동연, 장영달, 유시민, 한명숙 후보가 상임중앙위원에 선출되었다. 새로 구성된 당 지도부가 청와대를 방문했을 때 노무현 대통령은 유시민 상임중앙위원에게 "굉장히 오랜만이다"라고 하며 어색하게 악수를 나눴다. 그랬던 유시민 상임중앙위원이 대연정을 계기로 노무현 대통령의 뜻을 받들면서 이후 보건복지부 장관에 임명되었다. 노무현 대통령 서거 후에는 서울역 광장에서 상주 역할을 했다.

그러나 이러한 대연정 제안은 보수세력으로부터 외면 받았을 뿐만 아니라 지지자들이 등을 돌리게 만들었다. 전통적 지지세력인 호남의 민심은 더욱 싸늘했다. 지금 와서 돌이켜 보면 그렇게 해서라도 한국 사회 대통합의 기초를 마련해보려고 했던 노무현 대통령의 충정은 이해 못할 바도 아니다. 그러나 충정만으로 돌파하기에는 그 당시 한국정치의 현실과 이상 사이의 갭이 너무 컸다.

끝나지 않은 개혁, 금산분리법

노무현 정부는 집권 초기 '경제정의와 개혁'을 표방하며 금산분리 원칙을 내세웠다. 2003년 12월 공정거래위원회가 '시장개혁 3개년 로드맵', 이듬해 1월 재경부가 '산업자본의 금융지배에 따른 부작용 방지 로드맵'을 발표하며 야심찬 개혁을 추진했다. 이는 노무현 대통령의 생각이 정책으로 반영된 것이다. 산업자본과 금융자본이 뒤섞여서 있을 경우 재벌 금융기관이 재벌 오너일가의 사금고로 전락할 수 있고 이 경우 경제력이 과도하게 집중되어 건전한 시장경제 질서를 침해할 수 있다는 노 대통령은 대선과정에서 이미 '계열분리청구제' 도입을 핵심공약으로 제시했다.

그러나 집권 3년 차에 들어선 정부가 해내기에는 너무도 거대한 개혁이었다. '계열분리청구제'의 시행은 유야무야됐고, 금산분리의 핵심 중 핵심인 삼성생명과 삼성카드의 삼성계열사 지분 보유 문제는 대부분 삼성이 의도한 대로 정리가 됐다. 97년 금산분리법(금융자본과 산업자본을 분리하는 법) 제정 이전에 취득한 삼성생명의 삼성전자 지분은 모두 그대로 인정하고, 그 이후 취득한 삼성카드의 삼성 에버랜드 지분 25.64% 중 5% 초과 지분에 대해서만 3년 또는 5년 뒤 매각하도록 하는 소위 '분리대응안'으로 기울어 갔다. 삼성카드는 금융자본이므로 산업자본인 삼성 에버랜드 지분을 5% 이상 보유할 수 없었다. 민주노동당과 참여연대 등 시민단체는 물론 당시 여당 내에서도 개혁의 후퇴를 지적하는 목소리가 비등했다.

2005년 6월 1일, 내가 금산분리법 개정안을 대표 발의한 이후 법개정의 필요성을 두고 대통령과 토론할 기회가 있었다. 관련 수석과 재정경제부 고위관리들이 함께한 자리였지만 격한 토론으로 전개되었다. 나는 그 자리에서 "관료 사회에 폭넓게 자리 잡은 삼성 장학생들 때문에 어려움이 많다"고 목소리를 높였다. 회의에 배석한 김석동 당시 재경부 차관보도 큰 소리로 반박했다. 이러한 모습들을 감정적 동요 없이 지켜보던 노 대통령의 모습을 보며 '과연 대통령의 속마음은 무엇일까' 궁금했다.

2005년 7월 5일, 국무회의 석상에서 노무현 대통령은 재정경제부와 금융감독위원회가 국무회의 안건으로 올린 '금융산업 구조개선에 관한 법률' 개정안의 부칙을 공개적으로 문제 삼았다. 이날 상정된 개정안 부칙을 적용하면 당시 사회적 관심사였던 삼성카드의 삼성 에버랜드 지분 25.6%, 삼성생명이 보유한 삼성전자 지분 8.55%가 합법화되는 것이었다. 개정안 부칙을 재벌 금융회사라도 금산분리법 제정 이전에 취득한 것은 강제처분 대상에서 빼주고, 일부 의결권을 제한하면 지분 처분명령에서 제외하는 것으로 규정했기 때문이다. 노무현 대통령은 "일부 부칙 조항이 삼성생명과 삼성카드의 계열사 지분 불법보유에 면죄부를 준다는 지적이 있습니다. 한덕수 재경부 장관, 윤증현 금감위원장이 설명해 보세요"라고 공개적 불만을 표시했다. 관련 국무위원이 제대로 설명을 못하자 노 대통령은 배석한 청와대 이정우 정책기획위원장에게 설명을 요구했다. 이 위원장은 조목조목 정부 측 개정안의 문제점을 지적했다.

노무현 대통령의 목소리가 높아졌다. "무슨 일 처리를 이렇게 합니까?"

어색한 상황을 두루뭉수리 넘긴 것은 이해찬 총리였다. "국무회의 상정 안건이 부결된 전례가 없으니 조건부로 통과를 시켰으면 합니다. 이미 박영선 의원이 별도 개정안을 제출하고 참여연대에서 입법 청원을 한만큼 국회 심의과정에서 재검토하면 될 것 같습니다." 삼성계열 금융회사의 계열사 지분 보유에 면죄부를 주는 부칙조항을 둔 긴 싸움이 국회로 넘어오는 순간이었다. 국회에 넘어온 정부의 금산분리법안과 내가 발의한 금산분리법안의 병합 심의는 당시 한나라당의 집요한 방해로 1년 이상 국회에서 잠을 자게 된다. 당초 내 법안은 강제처분 유예기간을 3년으로 규정하고 있었지만 이것을 5년으로 연장해 주면서 힘겹게 기재위를 통과했다. 그 후 법사위에서도 오랜 시간 지체되다가 힘겹게 통과됐다. 금산분리법은 원안에서 후퇴한 상태로 2006년 12월 22일 본회의를 통과했다.

개혁 역량이 최고일 때를 넘겨 시작된 개혁과제는 엉뚱한 경로로 가기 마련이었다. 금산분리 관련 법 개정안들은 집권 3년 차 중반에서야 제출됐고, 청와대와 정부의 실천계획도 미흡한 채 완행열차를 타고 있었다. 재벌들은 2007년 보수정권의 탄생을 점치면서 법의 통과를 늦추기 위해 수단과 방법을 가리지 않았다. 2005년에 제출된 금산분리법안은 한나라당의 집요한 반대로 국회 재경위를 통과하는 데 긴 시간이 걸리고, 또 법사위에서 1년간 지체됐다.

당시 초선의원이었던 나는 이 법안이 법사위에서 왜 이렇게 지연되는

지 정확한 이유를 알지 못했다. 당시 법사위는 야당인 한나라당이 위원장을 맡은 데다, 야당의 법사위원들은 일사불란하게 움직였다. 재벌의 로비 냄새가 진동했다. 2006~2007년 금산분리법 처리를 지연시키는 데 열심이었던 한나라당 의원들이 박근혜 정권 들어 대부분 주요 직책을 역임하고 있다. 시사하는 바가 크다. 이는 '이명박근혜' 정권의 한 징표인 것이다.

결국 금산분리법의 또 다른 요체인 금융지주회사법이 이명박 정권이 들어선 직후 재벌의 입맛에 맞춰 손질을 거듭하더니 '금산결합법'이 되어 날치기로 국회를 통과했다. 노무현 대통령 시절 마무리하지 못한 재벌의 지배구조 문제는 결국 한국 경제의 성장을 가로막는 암적 존재로 고착되고 말았다. 초선의원 시절 내가 시작한 재벌개혁과 경제민주화 이슈는 이명박 정권의 등장과 함께 강풍을 만났지만 2012년 대선의 화두가 된다. 그러나 경제민주화는 대선공약이었을 뿐 박근혜 정권에서는 다른 나라 얘기가 되어가고 있다.

대통령 노무현과 인간 노무현의 갈등

노무현 대통령은 퇴임 전 유난히 얼굴을 치장하는 화장(化粧)이야기를 많이 했다. 출입기자단 고별 간담회, 국무위원과 전·현직 장차관 고별 만찬 등에서 빠지지 않고 등장하는 이야기가 화장에 관련된 것이었다. 대통령직을 그만두는 소감에 대해 "이제 화장을 하지 않아도 되는 것이 가장 좋다"고 한 마디 했을 정도이다.

방송 연설이나 국회에 나갈 때 각종 만찬과 기념회 때마다 대통령은 화장을 한다. 이런 면에서 대통령은 항상 화장을 해야 하는 배우와 같은 역을 하는 것이다. 그 배우 역할을 유독 싫어한 사람이 노무현 대통령이나. 꾸미는 것을 싫어하는 삶의 태도는 얼굴에 국한된 것이 아니었다. 말을 꾸미는 것, 상황을 꾸며 이익을 도모하는 것, 환심을 사기 위해 처세술을 부리는 것도 극도로 싫어했다. 대통령직을 떠나던 2008년 2월 방영된 MBC 스페셜 〈대통령으로 산다는 것〉에서 노 대통령은 "개인의 개성과 대통령직이 딱 들어맞지 않으면 5년간 불편할 뿐입니다. 누구에게나 100% 다 맞지는 않겠지만, 저는 그게 맞지 않아 고생을 많이 했습니다. 그게 제일 힘든 대목이었습니다"라고 털어놓았다.

2004년 1월, 여당 지도부를 청와대로 초청한 자리에서 노무현 대통령은 격앙된 목소리로 북한에 대한 섭섭함을 토로했다. "북쪽과 신뢰를 쌓아보려고 꾸준히 노력을 하고 있는데, 저쪽이 뭔가를 아주 잘못 생각하고 있는 것 같습니다. 내가 말은 다 못하지만 억장이 무너집니다." 북한을 고립시켜 압박을 강화하려는 미국과 경제적 수단을 통해 통제력을 유지하려는 중국 사이에 낀 한국 정부의 자주적 대북정책이 현실의 벽에 부딪히고 있음을 토로한 것이었다. 이 또한 의도대로 풀리지 않고 있는 많은 국정 어젠다 중의 하나였던 것이다. 동시에 분단 국가의 현직 대통령 노무현과 남북화해를 열망해온 지식인 노무현의 모습을 함께 본

장면으로 기억한다.

　노무현 대통령은 임기 동안 종종 평소 신념해온 바와 다른 선택을 할 수 밖에 없는 상황에 처했다. 2003년 이라크 파병 결정, 2005년 달라이 라마 방한 무산이 대표적인 예이다. 2003년 취임 3주 만에 미국 부시 정부는 이라크를 침공해 들어갔다. 침공이 개시되기 이전부터 이미 미국 정부는 한국에 '인적, 물적 기여'를 요구했다. 공병부대(서희부대)와 의료지원단(제마부대) 병력이 곧바로 파병됐으나, 미국의 전투병력 파병 요구는 계속됐다. 결국 몇 달을 버티지 못하고 '노무현 정부는 비전투병력이라고 설명하고, 부시 정부는 전투병력으로 이해하는 파병'을 결정하게 된다. 노 대통령은 퇴임 후 이 결정을 후회한다고 말한 적이 있다. "보수정권이 장악하고 있던 미국을 일국의 개혁 정부가 넘기에는 한계가 있었습니다." 그러나 다시 똑같은 상황에 놓인다면 어떤 선택을 할 것인지에 대한 답은 내놓지 않았다. 자신이 한 결정에 대한 회한을 '한계'로 설명한 것이다.

　2005년 석가탄신일을 앞두고 노무현 대통령은 또 다른 고민에 빠졌다. 2004년 인도를 방문한 우리나라 불교계 대표단이 달라이 라마의 방한 약속을 받고 공개리에 방한을 추진했기 때문이다. 인권변호사로서 자부심이 강했던 '지식인 노무현'과 중국 정부의 외교적 우려를 의식하지 않을 수 없는 '대통령 노무현'의 갈등은 심각해보였다. 결국 중국을 의식한 정부가 비자발급을 거절했다. 김대중 정부 시절인 2000년에 시도했던 방한이 무산된데 이어, 다시 방한이 무산되자 달라이 라마는 "내가 가보지 못한 단 하나의 문명국가가 한국이다"라는 말을 남겼다. 이 말은 또 노무현 대통령의 자존심에 얼마나 큰 상처를 줬을까 싶다.

어떻게 보면 '인간 노무현'과 '대통령 노무현' 사이의 내적인 갈등은 대통령이 되는 순간부터 시작되었다고 할 수 있다. 자신을 지지하지 않았던 다른 절반의 유권자도 같이 고려해야 하는 대통령의 결정은 지지자들을 실망스럽게 했다. 국제관계와 한반도 문제에서도 미국 등 주변국들과 입장이 달라 난관에 부딪히는 경우가 종종 발생했다. 이라크파병 문제는 가치의 정치를 하는 인간 노무현이 아니라 현실의 대한민국을 운영해야 하는 대통령 노무현의 불가피한 선택으로 보였다. 재벌개혁과 경제민주화에서 일관성의 부재도 가치를 존중하는 인간 노무현의 선택과 경제현실의 여건을 고려해야 하는 대통령 노무현과의 갈등에서 출발하고 있었다. 인간 노무현과 대통령 노무현 사이의 갈등은 결국 그의 비극적 종말이라는 결론에 이르러서야 비로소 멈추었다.

2007년 5월의 마지막 만남

2007년 5월초, 노무현 대통령이 예고 없이 나를 청와대로 불렀다. 갑자기 오찬이 잡힌 이유는 짐작할 수 있었고, 이미 정치적으로 외로움을 겪던 노 대통령이 하고자 하는 말을 예상해보며 청와대로 향했다. 당시 대통령의 인기는 연일 추락하고 있었다. 열린우리당의 지지율도 바닥이던 상황이었다. 신당창당을 준비하는 일부 의원들이 탈당을 결행했고 여당의 창당주역들인 정동영, 김근태 전 의장 마저 대통령과 결별을 준비하고 있었다.

노 대통령이 먼저 꺼낸 얘기는 정동영 전 의장에 관한 것이었다. 열린우리당 탈당 움직임을 지적한 것이다. "일부는 당을 박차고 나가 바깥에 신당을 조직하고, 일부는 남아서 당이 아무 일도 할 수 없도록 진로 방해를 하고 있습니다. 당을 깨려고 공작하는 것은 떳떳한 일이 아닙니다. 정치는 잔꾀로 하는 것이 아닙니다"라는 말로 시작해 격정토로를 펼쳤다. 아직 당에 남아 있는 정동영 전 의장을 '당에 남아서 당을 깨려고 공작하는' 사람으로 규정한 것이다. "내가 정동영 의장에게 단 한 번도 나쁜 소리를 한 적이 없습니다. 작년 재보선에 성북을 출마하라 했을 때 안 해서 화를 낸 게 처음입니다. 도리의 정치를 하라고 전해주세요. 그 사람도 고수기 때문에 그 정도 말하면 다 압니다." 모든 얘기를 정동영 의장에게 그대로 전하라는 뜻이었다. 열린우리당을 탈당하지 말라는 간절한 호소로 들렸다. 100년 갈 정당을 만들겠다며 시작한 2003년 노무현식 정계개편이 초라하게 소멸되는 것을 막아보려는 절규로 느껴졌다.

그날 노무현 대통령이 정동영 의장에 대한 희망을 버리지 않고 있다고 느낀 것은 당시 여권 대선주자로 거론되던 인물들을 하나하나 거론하며 한계론을 폈기 때문이다. "정운찬 총장은 몸을 던지지를 않아요. 그래서는 대선주자가 될 수 없다고 봅니다. 고건 총리는 애초부터 심각하게 생각해보지 않았습니다." 이어서 김근태 전 의장, 천정배 의원, 유시민 장관을 언급하면서도 의외다 싶을 정도로 낮은 점수를 줬다.

나는 이 말을 그대로 정동영 의장에게 전해야 하는지 고민했다. 청와대를 다녀왔다는 이야기는 해야 한다고 생각했기에 정 의장을 찾아갔다.

"청와대를 다녀왔습니다. 대통령께서 간절하게 정동영 의장님이 탈당하지 않기를 바라십니다"라고만 말했다.

그러자 정동영 의장은 묵묵히 창밖을 응시했다. 그러고 나서 "대통령이 깊은 곳에 있어서 바깥세상 얘기를 잘 못 듣는 거 같네…" 라고 짧은 한 마디를 했다. 그리고 몇 주 지나지 않아 열린우리당 첫 당의장이 "야권 대통합의 마중물이 되겠다"며 당을 떠났다.

청와대 오찬에서 노무현 대통령이 내게 했던 말의 또 다른 한 줄기는 금산분리법 문제였다. 해법보다는 정권 초에 강하게 추진하지 못한 데 대한 후회를 토로했다. "내가 잠시 잘못 생각했던 것 같습니다. 재벌과 관련된 부분은 원칙대로 갔어야 하는데 그렇지 못했습니다. 권력이 이제 재벌로 넘어갔더군요. 그래서 대통령인 나로서도 한계를 느낍니다." 2년 전 내가 발의했던 경제민주화 관련 법안들을 원안대로 지지해주지 못한 것에 대해 미안함을 표했다. 나는 경제정의와 금산분리에 대해 더 말을 이어가고 싶었으나, 대통령의 너무도 외로워 보이는 표정 때문에 멈추고 말았다. 결국 그날의 청와대 오찬은 노 대통령과 나의 마지막 만남이 됐다.

노무현의 직설화법

노무현 대통령은 임기 중에 제주 해군기지 건설, 한미 자유무역협정 체결 등 굵고 부담스러운 결정에 직면했다. 대통령 노무현이 했던 선택들은 그를 열렬히 지지했던 사람들을 실망시키곤 했다. 열린우리당과 노사모에서도 노 대통령의 결정에 원망을 쏟아내는 소리가 나오기 시작했다. 2005년 이후부터는 핵심 지지층도 눈에 띄게 이탈하고 있었다.

집권 초기 국민의 92.2%가 '앞으로 잘할 것'(문화일보-TNS 공동조사, 2003. 2. 27)으로 기대했던 여론은 이후 임기 후반으로 갈수록 점점 낮아지면서 10% 대로 떨어졌다. 2006년 12월에 한 조사에서는 노 대통령에 대한 지지도가 5.7%로 나오기도 했다. (헤럴드경제 의뢰 케이엠조사연구소, 2006.12.6) 국민을 감동시켰던 노무현의 말이 감동이 아닌 짜증을 유발하는 경우도 많았다. 지지율은 추락해 더 내려갈 수 없는 정도였다. 청와대 참모들은 위장이나 변장을 통해 국민의 감성을 자극해보자는 취지의 건의를 계속했지만 그때마다 노무현 대통령의 반응은 "그것은 내가 할 일이 아닙니다"였다.

국민의 사랑은 예전 같지 않은데 노 대통령의 말은 예전과 같이 계속됐다. 확신에 찬 직설화법은 이미 자랑이 아니라 흠으로 받아들여졌지만, 대통령은 좀처럼 멈추지 않았다. 2007년 1월 신년연설에서 "권력형 비리는 없고 밀실, 측근, 가신 이런 말도 사라졌다"고 단언하면서 당시 국민의 일반적인 정서와는 다른 생각을 피력해 사람들 가슴을 쓸어내리게 했다. 원포인트 개헌을 하자는 갑작스러운 제안이 있었던 직후여서 국민들의 뜨악한 반응은 더했을 것이다. 6월에 들어서는 참여정부평가포럼이 주최한 공무원 대상 행사에서 그 유명한 연설을 한다. "참여정부가 실패했다는데 도대체 어느 정부와 비교해서 실패했다는 것입니까. 아무런 전략도 없이 참여정부의 성과를 파탄이니, 실패니 공격하는 것만으로 우리 경제를 일류로 만들 수는 없습니다"라며 한나라당의 이명박, 박근혜 대선 예비후보를 직접 공격했다. 11월 무안공항 개항식에 참석한 뒤 지역 인사 오찬 간담회에서는 "호남 뭉치자는 말만 하며 저급한 말만 쓰는 호남지역 국회의원들과는 답답해서 일을 못해먹겠습니다"라고 해 파문을 일으켰다. 이쯤 되면 대통령 노무현의 말은 완벽하게 비정치적인 독백이든 고도의 정치적 수단이든 둘 중의 하나라고 생각된다.

노무현 대통령은 살아온 전과정을 통해, 특히 대통령으로 재임할 때 차별받지 않고 지배받지 않는 보통 사람들의 '사람 사는 세상'을 보여주려고 노력했다. 집권 초반기의 '검사와의 대화'는 지나친 것이었다는 비판도 받았지만, 대통령의 파격적 행보로써 신선한 충격을 준 것도 사실이다.

그러나 노무현 대통령은 그에 열광했던 사람들마저 마음이 식어버린 그런 착잡한 분위기 속에 퇴임했다. 이미 보수정권의 나팔수가 된 신문방송들이 연일 퇴임 대통령이 살게 될 사저를 아방궁이라 칭하는 가운데 노무현 대통령은 후임 이명박 대통령 취임식을 마친 뒤 KTX 편으로 고향마을 봉하로 돌아가 터를 잡았다.

또 한 번 세상을 충격으로 몰아넣다

청와대를 나온 노무현 대통령을 기다리는 것은 검찰수사였다. 노 대통령의 임기 후반이 극적이었듯 퇴임 직후부터 1년간은 하루도 편할 날이 없는 긴장의 연속이었다.

취임 직후 치른 총선 승리에 잠시 취해 있던 이명박 정부는 이내 2008년 5월 초부터 전국으로 번진 촛불시위에 100일 이상 노심초사해야 했다. 이 과정에서 이명박 정부는 촛불시위의 배후로 봉하마을을 의심하는 징후가 포착되었다. 7월 들어 태광실업에 대한 국세청 특별세무조사 결과가 청와대에 보고되었고 이는 박연차 로비의혹 사건에 대한 검찰수사로 이어졌다. 2009년에 접어들면서 박연차 로비의혹 사건은 본격적으로 노무현 대통령 주변을 옥죄기 시작했다. 측근들이 줄줄이 검찰수사의 대상이 되었다.

이미 형인 건평 씨가 노 대통령 임기 중 고(故) 남상국 전 대우건설 사장에게 사장 연임 청탁 대가로 3천만 원을 받은 혐의에 이어, 세종증권 인수 비리 의혹으로 2008년 12월 구속된 것이 그 시작이었다. 뒤이어 강금원 창신섬유 회장의 조세포탈 혐의, 정상문 전 청와대 총무비서관의 뇌물 수수 혐의로 측근들이 줄줄이 검찰수사 대상이 되었다. 결국 2009년 4월에 접어들면서 노 대통령의 부인 권양숙 여사, 아들이 소환되고 대통령 자신도 검찰에 소환되기에 이른다. 이때 노 대통령은 직접 홈페이지에 글을 올려 잘못을 시인했다.

지금 정상문 전 비서관이 박연차 회장으로부터 돈을 받은 혐의로 조사를 받고 있습니다. 그런데 혹시 정 비서관이 자신이 한 일로 진술하지 않았는지 걱정입니다. 그 혐의는 정 비서관의 것이 아니고 저희들의 것입니다. 저의 집에서 부탁하고 그 돈을 받아서 사용한 것입니다. 미처 갚지 못한 빚이 남아 있었기 때문입니다.

　　　　　　－ 노무현 전 대통령 공식홈페이지 〈사람 사는 세상〉, 2009. 4. 7.

이즈음 노무현 대통령은 정신적으로 크게 흔들리고 있었다. 홈페이지를 통해 "저의 집은 감옥입니다"라고 수사 대상이 된 이후 괴로운 심정을 밝히기도 했다. 하지만 4월 12일 아내와 아들이 검찰 조사를 받고 난 뒤엔 홈페이지에 더는 글을 쓰지 않을 것임을 밝힌다.

더 이상 노무현은 여러분이 추구하는 가치의 상징이 될 수 없습니다. 저는 이미 민주주의, 진보, 정의, 이런 말을 할 자격을 잃어버렸습니다. 저는 이미 헤어날 수 없는 수렁에 빠져 있습니다. 여러분은 이 수렁에 함께 빠져서는 안 됩니다. 여러분은 저를 버리셔야 합니다.

　　　　　　－ 노무현 전 대통령 공식홈페이지 〈사람 사는 세상〉, 2009. 4.22.

4월 30일엔 노무현 대통령 자신이 대검찰청 중앙수사부에 출석해 10시간 동안 검찰 조사를 받았다. 이어 딸 정연 씨 부부마저 검찰 소환조사를 받았다. 노 대통령은 무너지고 말았다.

그해 5월은 인간 노무현이 가슴을 쳤을 수치스러운 뒷얘기들이 검찰 발로 연일 신문 헤드라인을 도배했다. 특히 선물 받은 시계를 논두렁에 버렸다고 진술했다는 사실이 아닌 얘기까지 세상을 어지럽게 했고 노 대통령은 더 이상 견디지 못했던 것같다. 그해 5월 23일 고향마을 앞산 부엉이 바위에서 생을 던지며 이렇게 유언을 남겼다.

너무 많은 사람들에게 신세를 졌다. 나로 말미암아 여러 사람이 받은 고통이 너무 크다. 앞으로 받을 고통도 헤아릴 수가 없다. 여생도 남에게 짐이 될 일밖에 없다. 건강이 좋지 않아서 아무것도 할 수가 없다. 책을 읽을 수도 글을 쓸 수도 없다. 너무 슬퍼하지 마라. 삶과 죽음이 모두 자연의 한 조각이 아니겠는가? 미안해하지 마라 누구도 원망하지 마라. 운명이다. 화장해라. 그리고 집 가까운 곳에 작은 비석 하나만 남겨라. 오래된 생각이다.

– 노무현 전 대통령 유서 전문, 2009. 5. 23.

파랑새가 되어 나타난 대통령

노무현 대통령의 서거 소식을 듣자 가장 먼저 생각난 것은 권양숙 여사였다. 자신의 잘못으로 남편의 명예가 떨어졌다고 매일 울던 아내, 박꽃 같다며 애틋이 여겼던 아내를 두고 홀로 부엉이 바위에 오르며 느꼈을 한 인간의 고뇌는 상상하는 것만으로도 가슴을 저미었다. 장례식에서 본 권 여사는 당장이라도 쓰러질 것처럼 쇠약한 모습이었다.

권양숙 여사를 다시 만난 것은 2012년 1월 15일 전당대회를 마친 뒤 한명숙 대표, 문재인 전비서실장과 함께 봉하마을을 찾았을 때였다. 권 여사는 직접 문 앞까지 나와 우리를 맞아 주었다. 한명숙 대표가 총선에서 승리할 희망이 있다고 인사말을 건네자 권 여사는 "희망이란 말을 쓸 수 있을까요. 설방 속에 살았는데 정말 좋네요. 여러분 덕택입니다. 여러분의 성취가 저희의 성취입니다"라며 애써 환한 웃음을 지어 보였다.

하지만 웃음과 미소는 잠시, 권 여사는 곧 눈물을 훔쳤다. 권 여사가 대선후보 부인으로서 나와 인터뷰를 했던 2002년 당시가 떠올랐다. 지난 10년의 세월이 파노라마처럼 지나가며 나는 감회에 젖었다. 10년 전 인터뷰에서 고시생 노무현과의 연애시절을 상기하며 수줍게 웃던 권 여사의 모습이 자꾸 겹쳐져 마음이 몹시 아팠기 때문이다.

그 순간 우리가 대화를 나누던 봉하마을 사저 방에 파랑새 한 마리가 날아들었다. 파득파득 방안 이곳저곳을 날아다니는 파랑새가 왠지 어떤 전령일지 모른다는 생각이 들었다. 누군가 밖으로 나가지 않으려는 파랑새를 반대쪽 창문을 열어 억지로 날려보냈다. 혹시 노무현 대통령이 하늘에서 파란 종이에 희망을 접어 우리에게 날린 것은 아닐까라는 생각을 하며 밖으로 날아간 파랑새의 뒷모습을 한참 바라봤다. 그 파랑새를 사진에 담지 못한 것이 못내 아쉬웠다.

다시 '사람 사는 세상'을 꿈꾸며

불꽃 같았던 노무현의 인생은 그를 그리워하는 많은 이를 남겼다. 대통령이 되는 과정에서 대통령직에 있는 동안, 그리고 퇴임한 이후 그가 보여준 서민적인 몸짓은 누구도 가식이라고 여기지 않는다. 고향인 봉하마을로 내려간 뒤 바닥에 신문지를 깔고 앉아 마을 사람들과 막걸리를 나눠 마시고, 논두렁에서 손녀와 함께 자전거를 타던 모습들…. 소박하고 꾸밈없는 것을 추구했던 노무현의 인생은 한 장의 스틸 사진처럼 우리 뇌리에 남아 있다.

실제 노무현 대통령은 직위나 직급과 상관없이 사람들과 허물없이 지냈다. 당시 청와대를 드나들던 이들에게 '목수 아저씨' 이야기는 유명한 일화다. 내가 처음 노무현 대통령 부부를 인터뷰했을 당시에도 캠프에 있었던 이은희 청와대 제 2부속실장은 노무현 대통령을 이렇게 기억하고 있다.

"청와대 들어가서 한 달이 채 안 됐을 무렵입니다. 출근길에 소나기가 내렸는데 누군가 내게 우산을 씌워주었습니다. 그분은 박정희 대통령 시절부터 청와대에서 근무해 온 목수 아저씨였습니다. 청와대 생활만 햇수로 30년. 대한민국 최고 권력의 영욕을 지켜봐 온 역사의 산증인이죠. 나는 영부인께 목수 아저씨 이야기를 했습니다. 며칠 후 대통령께서 그분을 만났습니다. '청와대에서 제일 높은 분이 계신 줄 모르고 인사가 늦었습니다' 라고 하며 허리를 굽혀 악수를 건네셨습니다."

그렇다. 국민들은 앉아 있으면 옆집 아저씨 같고 서 있으면 동네 이장 같은 노무현의 모습을 좋아했다.

노무현 대통령은 살아온 전과정을 통해, 특히 대통령으로 재임하는 동안 온몸으로 차별받지 않고 지배받지 않는 보통 사람들의 '사람 사는 세상'을 보여주었다. 집권 초반기에 '검사와의 대화'는 지배받고 지배하는 관계가 아니라 권력을 넘어서 봉사자로서 민주공화정에서 추구하는 거버넌스의 구조를 보여주려는 극적인 시도였다. 퇴임 후에 전직 대통령으로는 처음으로 고향인 경남 봉하의 시골로 내려가 생활했다. 자전거에 동네 꼬마를 태우고 웃으면서 달리던 노무현 대통령의 모습은 국민이 주인인 세상을 보여주었다.

박영희 시인의 〈태생이 아름다운 당신〉이라는 제목의 시에 담긴 글귀들은 국민들이 왜 노무현 대통령을 좋아하는지를 잘 말해주고 있다.

당신은 위대하지 않았습니다.
일부러 자신을 낮추려 애쓰지도 않았습니다.
당신은 태생이 그랬습니다.
앉아 있으면 옆집 아저씨 같고
서 있으면 동네 이장 같고
걸어가는 뒷모습을 보면 영락없는 공장노동자였습니다.
열에서 한둘이 당신을 만만하게 본 건
아마도 그 때문이었을 겁니다.

그렇다고 기죽을 당신도 아니었습니다.

비록 당신의 입은 좀 거칠었지만

그 사심 없는 당당함은 누구도

흉내 낼 수 없는,

당신은 가장 높은 곳에 가장 낮은 사람이었습니다.

저 사람과 눈을 맞출 줄 알고

그 너머 사람과도 말을 주고받을 줄 아는,

당신은 눈물의 의미를 아는 사람이었습니다.

당신은 사랑의 의미를 아는 사람이었습니다.

분노를 아는 눈물은 얼마나 아름답습니까.

아, 분노하는 그 가슴은 얼마나 따뜻합니까.

알몸으로 왔다 알몸으로 돌아간

당신,

당신은 태생이 아름다웠습니다.

— 박영희 〈태생이 아름다운 당신〉

노무현 대통령 추모시집의 제목은 《고마워요, 미안해요, 일어나요》이다. 고마워하고, 미안해하는데 머무르지 말고 일어나라는 촉구인 것이다. 2012년 5월, 약 1만 5천 명의 시민이 참석한 노무현 대통령 서거 3주기 행사에서 당시 한완상 전 대한적십자사 총재의 추도사는 새겨볼 대목이다.

"이제 우리는 김대중 정부와 노무현 정부에서 아쉬웠던 정책과 미흡했던 집행 내용을 차분히 비판 점검해야 한다. 노무현의 꿈을 보다 아름답게 실현하기 위해서도 그의 지난 '현실'을 비판적으로 검토해야 한다."

누군가 김대중과 노무현을 넘어서는 시대를 여는 것. 그것이야말로 노무현 내통령이 꿈꿨던 21세기 사람 사는 세상을 펼치는 것이리라. 2002년 당시 대한민국 대선은 민주화를 넘어서 21세기를 이끌 대통령으로 서민적이고 소탈한 새로운 인물을 갈망했었다. 노무현의 등장은 이제 와서 보면 미국의 첫 흑인대통령 오바마의 탄생과도 궤를 같이 한다고 볼 수 있다.

노무현은 국민들에게 서민의 언어로 다가갈 줄 아는 대통령이었고, 국민들은 노무현 대통령이 구사하는 서민적 언어에 시원하기도 하고 통쾌하기도 했었다. 그러나 그런 격정적 언어가 권력과 맞물리면서 때로는 국민들에게 상처로 남았던 경우도 적지 않았다. 지금 대한민국 국민이 꿈꾸는 21세기의 사람 사는 세상은 노무현의 진솔함과 격정에 김대중과 같은 유연함과 포용력, 그리고 여기에 더해서 국민의 가슴을 뛰게 하고 뇌명(雷鳴)처럼 시대를 울리는 그런 감동 있는 지도자를 요구하고 있는지도 모른다.

사람이
먼저다

문재인

2014년 7월 안산 – 광화문 도보행진 중 국회 기자회견장에서

노무현이 말한 최고의 원칙주의자라는 말은 문재인 후보에게 큰 덕담이지만, 뛰어 넘어야 할 벽이기도 하다. 이 말은 법률가 문재인에게는 부족함이 없는 칭찬이지만 시대를 뚫고 나가는 창조적 상상력과 통합적 타협의 자질이 요구되는 정치인 문재 인에게는 절반만을 설명하고 있다.

"국민 여러분 죄송합니다. 패배를 인정합니다. 하지만 저의 실패이지 새 정치를 바라는 모든 분들의 실패가 아닙니다."

2012년 12월 19일 밤, 민주통합당 문재인 대통령 후보(이하 문재인 후보로 통칭함)는 당사에서 열린 기자회견에서 패배를 인정하며 정권교체를 바라던 많은 국민들에게 대선패배의 모든 책임을 자신의 과오로 돌렸다. 대통령 노무현이 꿈꾸던 '사람 사는 세상'과 함께 이뤄보겠다며 대선후보 문재인은 '사람이 먼저인 세상'을 외쳤다. 그러나 이는 엄청난 지지를 모아준 절반의 국민들이 지켜보는 가운데 어둠 속으로 점점 사라져갔다.

개표가 진행될수록 박근혜 후보와의 격차는 좁혀지지 않았고 의원, 당직자들은 낙담한 표정으로 한두 명씩 자리를 떴다. 개표방송이 시작될 무렵 저녁 6시경까지도 서로 다투어 개표방송 자리를 차지하려던 광경과는 너무나 대조적이었다. 텔레비전에서는 박근혜 후보 당선유력이란 자막을 내보냈고 여기저기서 한숨소리가 터져나왔다. 눈물을 보이는 사람도 있었다. 승리를 확신했던 터라 패배를 확인하는 것은 너무도 아쉽고 안타까웠다. 지난 5년 동안 역사의 수레바퀴를 과거로 돌려놓았던 현 집권세력에 대한 심판이 다시 5년 뒤로 미뤄진다는 사실이 믿어지지 않을 뿐이었다. 당사는 마치 폭풍이 쓸고간 철 지난 바닷가처럼 적막과 쓸쓸함만이 남아 있었다.

온 나라가 여성 대통령의 탄생에 흥분하던 12월 20일 오후, 민주통합당 영등포 당사에서 문재인 후보 캠프 해단식이 열렸다. "정말 많은 분들이 참 많이 도와주셨습니다"로 시작된 그리 길지 않은 문 후보의 인사말은 실로 여러 생각을 함축한 것이었다. 문 후보는 "나는 복이 많은 사람"이라며 선거 기간 내내 행복했다고 했다.

그의 연설은 이렇게 계속된다. "새로운 정치, 새로운 시대를 직접 만들어보겠다고 생각했던 개인의 꿈은 끝이 나지만 우리 민주통합당은 더 발전해야 합니다. 다음 정부 동안 국정에 협조할 것은 협조하면서 그러나 다음 정부가 또 빠질지 모르는 오만이나 독선을 견제해나가는 역할을 제대로 하면서 다음에는 보다 더 좋은 후보와 함께 세 번째 민주정부를 만들어 내는 일을 반드시 성취하기 바랍니다."

낮은 지지율로 시작해 48%인 1,460만 표를 얻은 데 대한 진정한 감사의 표시였다. 선거에 혼신의 힘을 다한 주위 사람들의 아픔을 달래고 마음의 짐을 덜어주려는 배려가 느껴지는 짧은 연설이었다. 많은 사람들이 울었다.

문재인 후보는 한국 정치사에서 가장 짧은 시간에 대통령 후보로 1천만 표 이상을 얻은 정치인이었다. 그는 불과 1년 반 전에는 '노무현의 친구'이자 원칙주의적인 법률가였다. 그러나 정치신인으로 등장하자마자 가장 단시간에 제1야당의 대선후보로 성장하였다. 박근혜 대통령은 1970년대부터 아버지의 후광을 업고 40년 이상 뉴스의 중심에서 국민의 관심을 받았다. 이에 비교하면 문재인의 정치가 단숨에 이룬 성과는 미완성이었지만 의미 있는 것이다. 다른 정치인이 평생을 쏟아 부어도 이루지 못할 정치적 자산을 축적했다. 여기엔 그가 어떤 새로운 사회적 현상을 대변하고 있으며, 그 흐름을 타고서 급성장한 것이라고 보아야 할 것이다. 문재인의 정치적 변신과 성장은 새로운 한국 정치의 변화를 보여주고 있다. 문재인은 과연 어떤 정치적 흐름을 대변하는 정치인일까?

김대중의 민주주의, 노무현의 사람 사는 세상과 같이 시민들에게 공감을 불러일으킨 문재인의 정치적 화두는 '사람이 먼저다'는 정치담론이다. 자칫 너무나 식상해지기 쉬운 이 말이 큰 힘을 가진 것은 문재인과 만났기 때문이다. 만약 다른 정치인이 이 정치담론을 제기했다면 그와 같은 폭발력을 갖지는 못했을 것이다. 이것이 문재인 후보가 갖고 있는 정치적 자산이다.

'사람이 먼저다(Putting People First)'라는 정치적 화두를 거슬러 올라가면 1983부터 1992년까지 영국 노동당 당수였던 키녹(Neil Kinock)과 만나게 된다. 그러나 이 정치구호는 대처와 경쟁에서 힘을 발휘하지 못하고 역사 속으로 사라지고 있었다. 이 담론에 다시 생명력을 불러일으킨 것은 1992년 미국 대선에 나온 빌 클린턴과 앨 고어였다. 클린턴은 '사람이 먼저다'라는 캠페인을 벌이면서 미국 진보정치에 새바람을 불러 왔다. 젊고 활기 넘치는 클린턴은 새로운 세상을 외치면서 미국식 '제3의 길'을 열어 갔다. 그 중심에 '사람이 먼저다'라는 화두가 자리 잡고 있었다.

노무현의 '사람 사는 세상'에 이어 문재인은 더 나아가 '사람이 먼저다'라고 외친 것이다. 이 사람은 말 그대로 보통 시민인 사람(people)이고 민주공화정에서 말하는 평민(populo)이다. 대한민국 헌법 제1조 1항에 적힌 대로 '대한민국은 민주공화국'이고, 이것을 노무현의 언어로 하면 '사람 사는 세상'이다. 이 세상에서는 보통 사람인 평민이 귀족이나 기득권층에 의해 지배되지 않고 차별받지 않으며 동등한 권리를 누리는 세상이다.

혹자는 문재인의 '사람이 먼저다'라는 인식과 문제제기는 2008년 촛불집회에서 발화된 '시민적 공화주의'가 정치적으로 집약된 표현이라고 평하기도 한다. 이러한 시대적 요구를 문재인 후보가 2012년 대선패배 이후 어떻게 담아내느냐에 따라 그의 정치적 장래뿐만 아니라 한국 진보의 정치적 운명도 크게 달라질 것이라고 보는 시각도 있다.

노무현이 말한 최고의 원칙주의자

2004년 여름, 청와대에서 나는 문재인 민정수석을 처음 보았다. 그의 첫인상은 진심을 말하면 받아줄 것 같은 '눈이 크고 서글서글한 성격에 무척 선해 보이는' 그런 것이었다.

2005년 6월 금산분리법 개정안을 대표발의한 정치 2년 차 초선의원이었던 나는 문재인 민정수석을 찾아갔다. 당시 그에게는 '실세수석', '왕수석'이란 수식어가 따라다니던 때였다. 문 수석은 노무현 대통령 취임과 함께 민정수석으로 청와대에 들어갔지만, 꼭 1년 만에 건강을 이유로 자리를 내놓고 청와대를 떠났었다. 그리고 네팔 여행을 하던 중 탄핵소식에 급거 귀국한 뒤 시민사회수석으로 다시 복귀했고, 이어 두 번째 민정수석 역할을 하고 있었다.

금산분리법이 청와대와 관련기관에서 논의될 때, 이해할 수 없는 정보의 흐름과 관료들의 의심스러운 행동이 일을 지연시키고 있다는 생각이 들었다. 그래서 문 수석의 도움을 요청하러 무작정 찾아간 것이었다. 의외의 방문, 돌연한 요청에도 그는 시종 부드러운 음성으로 큰 눈을 껌뻑이며 나의 얘기를 한참 들어줬다. 나의 긴 설명이 결국 "청와대와 내각 안에서 벌어지는 금산분리법 부칙 관련 혼선의 책임소재(재벌의 로비의혹)를 가려 달라"는 요청으로 이어지자 그의 반응은 짧고 차가웠다. "알겠습니다. 조사해보겠습니다."

얼마 지나지 않아 문재인 민정수석이 국회 의원회관으로 불쑥 나를 찾아왔다. 금산분리법 관련해 몇 가지 자료가 필요하다는 거였다. 돌연한 방문이 의외라 여겼지만 그가 달라는 자료를 성의껏 챙겨줬다. 그리고 몇 주가 지난 9월 말 어느 날, "청와대 비서진 중에서 금산법 관련해서 일탈행동을 한 사람은 없는 것으로 안다"는 문 수석의 짧은 설명이 있었다. 그리고 10월 4일 문재인 민정수석은 금산분리법 부칙의 해석과 관련해 정부 안에서 일고 있는 혼선에 대해 이례적인 언론발표를 했다.

"삼성생명이 97년 이전에 초과 취득, 소유하고 있는 삼성전자 주식에 대해서는 97년 부칙의 해석상 승인 받은 것으로 인정하는 것이 타당하다"면서 "다만 97년 당시 소유 비율(8.55%)까지 모두 의결권으로 인정할지, 현재 보유비율(7.25%)만 인정할지는 논란이 있었다"고 말했다.

문 수석은 이어 "조사결과 재경부, 공정위 등 관련부처 협의과정에서 다소 미진한 측면이 있었고, 절차상 문제는 있었지만 삼성 측 로비가 작용했거나 정실이 개입했다고 보기는 어려운 것으로 판단해 주의조치하는 것으로 마무리하기로 했다"고 했다.

부드러운 외모에 가려진 냉정한 원칙주의자의 면모를 봤다. 차분히 미소 지으며 말을 들어주던 사람과 "청와대 비서진 중에 일탈은 없었다"는 판결 같은 답변을 하는 사람은 같은 사람이었다.

금산분리법은 금융자본과 산업자본을 분리하자는 것이다. 그래서 금융자본이 산업자본의 주식을 취득할 경우 5% 이상 보유하는 것을 금지하자는 취지였다. 그러나 삼성생명과 삼성전자의 경우 삼성생명이 삼성전자의 지분을 5%이상 보유한 것이 문제의 발단이었다. 금융자본이 고객의 돈으로 산업자본(제조업)을 지배하는 것에 대해서는 엄격히 통제하는 것이 우리나라 경제시스템을 건강하게 유지하기 위해 필수적이라고 나는 생각했다.

문재인 후보가 경희대학교를 졸업한 동문이라는 사실을 안 것은 업무로 아주 여러 번 만난 뒤의 일이었다. 참여정부 5년 내내 청와대에서 가장 영향력 있는 위상을 가지고 있었기에, 경남고와 경희대 인맥으로 찾아오는 사람들이 많았을 것이다. 하지만 그런 연으로 찾아와 도움을 받았다는 사람은 찾기 어렵다는 게 주변 사람들의 공통된 증언이다. 그는 공직에 있는 동안 동창회에 한번도 얼굴을 내민 적이 없다. 심지어 최소한의 관계 형성 차원에서라도 몇 번은 가졌을 법한 청와대 출입기자단 식사자리도 마련하지 않았다. 어쩌면 좀 과하다는 말이 나올 만한 원칙주의자의 모습이다.

문재인 후보의 이러한 행동은 원칙을 중시하는 결벽에 가까운 청렴함에서 비롯된 것으로 여겨졌다. 노무현 대통령도 그의 그런 점을 높이 산 것 같다. 자신보다 예닐곱살 어린 문재인을 늘 친구라고 부르면서 존중했다. 2002년 대선 국면에서 문재인 변호사를 정치권에 소개하면서 "노무현의 친구 문재인이 아니라 문재인의 친구 노무현입니다. 내가 알고 있는 최고의 원칙주의자입니다"라고 말했을 정도이다. 원칙주의자란 평을 자랑스러워한 노무현 대통령이 '최고의 원칙주의자'로 평한 건 그만큼 문재인을 믿었다는 증거인 것이다.

노무현 대통령이 퇴임하고 봉화마을로 낙향하자 마지막 비서실장 문재인도 김해가 가까운 경남 양산에 거처를 마련하고 전원생활을 택했다. 생업을 위해 부산에 변호사 사무실을 연 문재인은 매일 SUV 차량으로 부산-양산을 출퇴근하며 퇴임 대통령을 챙기는 생활을 이어갔다. 신뢰에 대한 보답이었을 것이다.

그러던 중 노무현 대통령 일가와 그 주변에 대한 이명박 정권 검찰의 먼지털이식 수사가 시작되었고 그 과정에서 노 대통령이 생을 마감하면서, 문재인은 상주의 역할을 수행하며 큰 운명적 짐을 떠안게 된 것 같다. 전직 대통령의 투신, 국민적 충격과 애도, 휘날리는 만장과 장례행

렬, 500만의 추모인파는 마지막 비서실장 문재인을 뉴스의 중심에 세웠다. 국민들 가슴에 그는 차분함, 정중함의 상징으로 크게 자리 잡았다. 2009년 5월의 비극은 결국 그를 휘몰아치는 정치의 한복판에 불러냈다. 운명의 바위가 구르기 시작한 순간이었다.

정치인 문재인

2011년 6월 14일. 문재인 후보가 낸 자서전《운명》은 어떤 정치적 행보 못지않게 파장을 일으켰다. 노무현 대통령 2주기의 열기와 맞물려 문재인의 정치 입문을 요구하는 목소리가 일기 시작했다. 7월부터 시작한 그의 북콘서트는 이미 정치인 문재인을 각인시키는 과정이었다. 젊은 청중을 대상으로 펼쳐진 북콘서트에서 그는 "직업정치인으로서 정치를 할 것이냐는 부분은 결단이 필요하다"고 했지만, 이미 정치 속으로 들어와 있었다.

자서전《운명》의 마지막은 투박한 듯 감동적인 단어로 사람들 마음속을 파고들며 깊은 인상을 남겼다.

"노 전 대통령을 만나지 않았으면 적당히 안락하게, 그리고 적당히 도우면서 살았을지도 모른다. 그의 치열함이 나를 늘 각성시켰다. 그의 서거조차 그러했다. 나를 다시 그의 길로 끌어냈다. 대통령은 유서에서 '운명이다'라고 했다. 속으로 생각했다. 나야 말로 운명이다. 당신은 이제 운명에서 해방됐지만, 나는 당신이 남긴 숙제에서 꼼짝하지 못하게 됐다."

진솔함이 담긴 큰 울림이 있었던 이 문장으로 그는 노무현의 가치를 대신 실현할 두 번째 노무현으로 인식됐다.

정치에 발을 들인 문재인의 존재감이 급부상하고 있을 때, 민주당은 손학규 대표가 이끌고 있었다. 문재인 후보는 이해찬 전 총리, 김두관 전 경남지사 등과 함께 '혁신과 통합'이란 시민단체를 만든데 이어 시민통합당을 결성하고 12월 16일 단숨에 민주당과 당 대 당 통합을 이루며 야권의 중심에 진입했다. 이명박 정권 탄생이후 제도권 정당 밖에 머무르던 참여정부 인사들을 이끌고 이해찬 전 총리와 함께 통합을 주도해 민주통합당의 한 축을 형성하게 된 것이다.

자서전《운명》출간을 신호탄으로 통합야당의 핵심인물로 부각되는 과정은 6개월 밖에 걸리지 않았다. 그것도 정치를 어색해하는듯한 모습을 그대로 유지하면서 어느새 정치의 중심에 선 것이다. 특별한 능력이다.

정치인 문재인을 당에서 다시 만났을 때 내가 느끼는 감정은 좀 유별났다. 2004년 당시 입당해 정치를 시작했을 내가 느꼈던 이방인의 외로움을 그도 똑같이 겪고 있다는 동류의식 같은 게 있었다. 살아온 삶과 가치관이 다른 사람들이 모여서 싫어도 싫은 내색을 하지 않고, 좋아도 좋은 내색을 하지 않는, 마치 양복바지가 맨질맨질 닳은 것 같은 정당의 분위기에 처음부터 지쳐버린 동지 같았다.

동병상련으로 같이 탄 배

2012년 대선이 있던 해 8월의 어느 날, 문재인 후보에게서 만나자는 연락이 왔다. 피하고 싶지만 왠지 다가올 것 같았던 그 일이 찾아온 것이었다. 그해 6월 문재인 후보가 대선출마 선언을 한 뒤, 오히려 나는 그와 거리를 두고 움직였다. 하지만 손학규, 정세균, 김두관 등과 경쟁해야 하는 전국 순회경선이 시작되기 직전 문 후보가 직접 나에게 캠프 참여를 요청해온 것이다.

나를 만난 문재인 후보는 캠프참여를 요청하면서 즉답을 요구했다. 그때 나의 답변과 문 후보 간에 오간 대화는 이런 식이었다.

"대통령 후보에 나서라 할 때는 언제고, 왜 다들 캠프에 들어와 도와주지 않는 겁니까?"

"2007년 대선패배의 아픔이라고 이해해주셨으면 합니다. 정동영 후보 캠프에서 책임을 맡아 열심히 한 죄. 특히 BBK 의혹제기로 인해 대선 이후에 나와 우리 가족이 겪었던 아픈 기억을 다시 되새기고 싶지 않고, 대선 캠프의 중책이라는 것이 얼마나 허업인지 잘 알기에 두 번 되풀이하고 싶지가 않습니다."

이야기가 여기까지 흐르자 문재인 후보는 버럭 화를 냈다.

"그러니까 우리가 더 열심히 해야 하지 않겠습니까?"

그날 밤 나는 정권교체를 열망하는 한 야당정치인으로서 다가오는 대통령 선거에서 짊어져야 할 책임에 대해 밤새 번민했다. 초승달이 떠 있었다. 그 초승달을 바라보며 혼자 국회를 두 바퀴 걸었다. 민주주의가 퇴행하고 있는 이 땅의 비극적 현실을 생각하면 응당 참여해야겠다 싶다가도, 2007년 대선이후 겪었던 가족의 이별 장면이 떠오르면 생각이 확 바뀌는 그런 번민이었다.

쉽사리 결론을 내리기 어려운 문제는 아주 색다른 데에서 실마리가 풀린다고 했던가. 제1야당의 후보로 선출될 가능성이 가장 높은 후보가 경선캠프를 온전하게 꾸리지 못해 애쓰는 모습에서 설명하기 어려운 동정심이 느껴졌다. 밤이 깊어질 무렵, 나는 이미 그와 같은 기차를 타고 있음을 느꼈다. 특히 아직도 정치를 낯설어하는 게 역력히 느껴지는 문재인 후보의 안쓰러움 같은 것이 내 마음을 움직였다. 10년 넘게 정치를 하면서 아직도 종종 정치가 뭔지 모르겠고, 여기가 내 자리가 아닌 것 같이 느끼는 내 모습과 겹쳐보였다.

풋풋한 문재인

정치에 뛰어든 이후에도 문재인의 행동은 정치적이지 않은 게 특징이었다. 오히려 정치인이라고 보기엔 다소 어색한 표정, 서툰 행동, 진지한 말투를 통해 풋풋함을 느끼게 해주는 그런 장점의 소유자였다.

2011년 12월 노무현재단 이사장으로 '혁신과 통합'을 주도하며 야권통합을 추진하던 문재인 이사장이 모교인 경희대학교에서 개최한 북콘서트 자리에 나를 초청했다. 탁현민 교수의 사회로 진행된 그 행사는 정치인 문재인의 면모를 볼 수 있는 자리였다. 정권교체의 가능성과 안철수 현상의 이유 등에 질문이 모아졌는데 문재인 이사장의 답변은 비록 달변은 아니었으나 핵심을 짚은 현답이었다.

"이명박 정부는 과거의 정부라고 봅니다. 민주주의, 복지, 민생, 남북평화, 환경생태 등에서 미래를 보고 발전하는 것이 아니라 과거로 회귀하는 정책을 실행하고 있습니다. 그러나 이명박 정부가 우리에게 주는 교훈은 분명히 있습니다. 이명박 정부를 통해 역설적으로 소통과 화합, 도덕성과 신뢰가 정권의 기반이 되어야 하며, 이러한 교훈을 잘 받아들여 다음 정부에서 실현할 수 있다면, 이 또한 다른 의미로 이명박 정부의 업적이 되지 않을까 생각합니다."

소통과 화합을 무시하고 도덕성과 신뢰를 내팽개친 이명박 정부를 심판하지 못하고 그 연속선상에서 더 가혹한 모습으로 정권이 유지되고 있는 것이 현실이다. 문재인 후보의 지적은 꼭 실현되었어야 할 과제임을 절감하게 한다.

그날 북콘서트에서 어느 학생이 "민주당에서 희망을 발견하지 못하겠다"고 지적하자 "어느 특정 정당이 마음에 들지 않는다고 생각해서 투표를 하지 않고 정치에 관심을 끊어서는 안 됩니다. 여야를 막론하고 기존의 정당이 부족하다고 느끼는 부분이 있으면 적극적으로 나서서 요구해야 합니다. 그것에 그치지 말고 국민들에게 용기와 희망을 줄 수 있는 새로운 정당을 만들어 봅시다. 시민단체를 포함한 젊은 사람들까지 정치에 참여해서 정당의 구조를 바꾸고, 문화와 의사 결정의 방법도 바꿔 나갑시다"라는 적극적인 답변으로 젊은 층에게 정치에 대한 열의를 일깨웠다. 안철수 현상에 대한 평가를 묻는 질문에는 "안철수 교수에 대한 국민들의 지지율이 높다고 해서 혼자 세상을 바꿀 수는 없다고 봅니다. 큰 통합에 참여를 해서 정권을 교체하고 함께 일해 나가길 바랍니다"라고 답했다.

19대 총선, 그리고 안철수 현상

2012년 4.11 총선을 앞두고 정당혁신을 다짐하며 '국민에게 공천권을'이라는 슬로건으로 통합된 민주통합당은 원내 다수당은 물론이고 과반수 달성도 가능할 것처럼 보였다. 이명박 정부의 실정에 대한 국민의 피로가 고조되고, 그만큼 통합야당에 대한 기대감이 상승하고 있었기 때문이다. 문재인 후보는 야당통합이 이뤄지던 2011년 12월 일찌감치 부산 사상 출마를 선언하고 지역 표밭을 다지고 있었지만, 중앙당은 공천 문제로 연일 말썽이 빚어졌다.

경쟁력 있는 인사들을 영입해놓고, '정체성'이란 모호한 잣대를 들이대며 배제하는 일이 벌어졌고, 정작 선정이유를 알 수 없는 이들의 공천이 속속 발표됐다.

누군가 이 사태를 책임지거나 아니면 나라도 사퇴를 해서 이것을 막아야 하겠다고 판단해 최고위원직을 사퇴했을 정도였다. 나는 당시 최고위원회에서 이대로 공천하면 비례대표를 제외하고 110석 정도밖에 못할 것이라고 공천의 문제점을 강하게 지적했다. 이러한 나의 지적에 대해서 유일하게 동조한 사람이 김부겸 최고위원이었다. 총선결과는 내 예상대로 충격적이었다. 과반의석을 한나라당에서 간판을 바꿔 단 새누리당에게 넘겨주고 민주통합당은 127석에 그쳤다. 문재인 의원이 탄생했고, 공천을 주도했던 핵심은 침묵했고, 당의 얼굴이었던 한명숙 대표가 모든 책임을 지고 사퇴했다.

한명숙 대표 사퇴 이후 당이 비상대책위원회 체제로 꾸려지면서 나에게는 비대위원장과 원내대표를 겸하는 자리에 출마하라는 권유가 계속됐다. 나는 아직 그 정도 크기의 역할을 하기엔 아직 부족하다고 생각돼 나서지 않았다.

대선후보 경선을 앞두고 치러진 2012년 6월 당대표 경선은 치열했다. 이해찬 전 총리가 김한길 의원에게 0.5% 차로 승리해 당대표직에 올랐다. 그 과정에서 당초 당대표 출마를 준비하던 박지원 의원이 원내대표로 선회하고 이해찬 당대표 후보를 지원하는 소위 '이·박담합' 논란이 불거져 2012년 대선 국면 내내 야권을 어렵게 하는 아킬레스건이 됐다.

이어진 민주통합당의 대선후보 경선에서 문재인 의원은 13개 시·도 지역순회 경선을 전승하며 대선후보로 선출됐다. 손학규, 김두관, 정세균 등 당내 후보를 쉽게 따돌리고 후보직을 거머쥐었지만, 정작 당 밖에는 쉽게 넘기 어려운 두 인물, '박근혜'와 '안철수'라는 벽이 만들어져 있었다. 특히 새로운 시대 새로운 정치의 아이콘으로 떠올라 자신의 이름에 '현상' 자를 붙이고 있는 안철수는 이미 정치계의 거물이었고, 같은 진영 내 경쟁자로서도 무척 버거운 상대였다. 2011년 하반기부터 계속되어온 여론조사의 흐름이나 정치적 구도는 문재인-안철수 후보단일화 없이 박근혜 후보를 넘기 어렵다는 것을 보여주고 있었다. 이는 곧 문재인 후보의 민주통합당 후보선출은 지난한 단일화 협상의 서막에 불과했다는 뜻이었다. 그 점을 잘 아는 문재인 후보였기에 대선후보 수락연설에서 이미 정치권 밖을 언급했다.

"지금 정치권 밖에서 희망을 찾는 국민들이 적지 않습니다. 이 또한 새로운 정치에 대한 열망의 표현입니다. 저와 우리 민주통합당이 반성해야 할 대목입니다. 그러나 좋은 기회이기도 합니다. 우리 당이 과감한 쇄신으로 변화를 이뤄낸다면 새로운 정치의 열망을 모두 아우를 수 있습니다."

문제는 여전히 문재인 후보의 지지율이 안철수 후보에 비해 뒤처진 상태였고, 안철수 후보는 단일화 필요성 자체에 대해 언급을 피하면서 계속 '새 정치'를 얘기했다. 야권을 대표하는 민주통합당을 매우 곤혹스럽게 하는 행보였다. 안 후보는 특히 "정권교체 이전에 정치교체가 우선이고 국민이 납득할 수 있는 수준의 정당혁신을 문재인 후보 측에서 만들어내야 한다"고 주장해 당 밖의 민심을 잡아가고 있었다. 객관적 여건은 불리했으나 문 후보는 오히려 침착해보였다. 얼마 전 민주통합당 대선후보 수락연설에서 문 후보가 '정치권 밖의 희망'을 기회라고 언급한 것이 단일화 승리를 예감한 것이었는지 알 수 없으나, 결국 안철수 후보와의 경쟁을 '좋은 기회'로 만들었다.

후보 단일화의 운명

문재인-안철수 후보 단일화는 어쩔 수 없는 선택이었기에 서로 등 떠밀려 시작됐다. 그리고 마지막 순간 한쪽의 갑작스런 사퇴로 끝났다. 그 후유증은 어쩌면 지금도 계속되고 있는지 모른다. 언론을 통해 기싸움을 계속하던 양측은 18대 대선후보 등록일(2012. 11. 25.)을 2주 앞둔 11월 11일 문재인-안철수 전화통화를 시발로, 12일 3개의 협상팀(단일화 룰 협상팀, 경제복지정책 협상팀, 통일외교안보정책 협상팀)을 꾸렸고 단일화 논의에 착수했다. 이때 나는 단일화 룰 협상팀의 팀장을 맡았다.

첫 사흘간의 협상은 탐색전이었으나 의외의 문제들이 불거졌다. 안철수 후보 측 박선숙 선대본부장은 브리핑에서 "민주통합당 조직을 동원한 세몰이가 도가 지나치다"고 말했다. 송호창 선대본부장도 한 라디오에서 양측의 경쟁을 골리앗과 다윗의 싸움에 비유하며 "민주통합당은 아무렇지 않게 던진 말이겠지만 다윗의 입장에서는 목숨에 위협이 되는 정도로 심각한 상황"이라고 했다.

안철수 후보 측은 민주통합당 일부 지역의 경우 '안철수 4대 불가론'을 노골적으로 퍼뜨리고 있으며 이러한 움직임이 안철수 후보 측에 제보로 들어오고 있다고 발표했다. 이와 관련해 광주 등 호남지역에서 민주통합당 핵심당원을 중심으로 소문이 급속하게 확산되고 있다고 주장했다. 특히 호남지역에서 "안철수가 단일후보가 되면 민주통합당이 공중분해된다"는 '민주통합당 위기론'을 퍼트리며 경쟁의 예의를 지키지 않는다고 비난하고 있었다.

그러던 중 안철수 후보 측은 민주통합당 측이 '안철수 양보론'을 퍼뜨리고 있다는 의혹을 제기하면서 협상시작 사흘만인 11월 14일 협상중단을 선언했다.

성사되리라 믿었던 단일화 협상이 급정거하면서 야권 전체가 혼란에 빠졌다. 협상팀장을 맡고 있던 나는 어떻게든 다시 불씨를 살려내려 동분서주 했으나 가능성은 점점 사그라지고 있었다. 기약 없이 금쪽같은 사흘이 흐른 뒤, 안철수 후보 측이 요구사항을 내놨다. '민주통합당의 인적 쇄신'을 요구한 것이다. 이 요구를 문재인 후보와 민주통합당은 '이해찬 당대표 등 친노 지도부 퇴진'으로 받아들였다. 바로 다음 날 이해찬 대표가 사퇴를 발표하는 동시에 문재인-안철수 회동이 성사되고 11월 18일 단일화 협상이 다시 시작됐다.

협상이 재개된 시점은 대선후보 등록(11. 25.~26)을 꼭 일주일 앞두고 있을 때였다. 이 같은 시간적 제약 때문에 단일화 방식은 100% 여론조사일 수밖에 없다는 것을 양측이 묵시적으로 공감하고 있었다. 문제는 여론조사를 '적합도'의 기준으로 할 것인지, '경쟁력'을 기준으로 할 것인지만 남았다. 적합도는 "누가 야당 후보로 적합한가" 묻는 것이고, 경쟁력은 "박근혜 후보를 상대로 선거를 치렀을 때 누가 더 당선 가능성이 높은가" 묻는 것이었다. 문재인 후보 측은 적합도를, 안철수 후보 측은 경쟁력을 기준으로 삼기를 원했다.

11월 18일 두 번째 공개회동에 이어 재개된 단일화 협상에서도 평행선을 달리자 22일 오전 두 사람은 3차 비공개 단독회동을 통해 담판을 시도했다. 서울 서대문의 그랜드힐튼호텔에서 이뤄진 단독회동을 마치고 민주당 협상팀이 대기하고 있던 방으로 들어오던 창백한 표정의 문재인 후보의 모습이 지금도 생생하게 기억난다. 문 후보는 방에 들어오면서 현기증을 느끼는 듯 벽을 짚고 천천히 들어와 낮은 목소리로 짧게 말했다. "얘기가 잘 안됐습니다. 여러분은 민주통합당의 입장이 있을 테니 모든 것을 당의 입장에서 생각하세요."

마지막 담판에 들어가던 순간에도 문 후보는 단둘이 대화하면 풀릴 것이란 기대를 갖고 있었다. 그런데 안철수 후보가 양보할 의사가 전혀 없음을 확인하자 충격을 느낀듯했다. 대선후보가 된 이후에도 문 후보는 늘 개인 문재인과 당의 후보 문재인을 분리하고 있는 것 같은 인상을 줬다. 민주통합당이란 당 조직을 부담스러운 존재로 여기는 듯했다. 그런 문 후보가 창백한 얼굴로 "여러분은 당의 입장을 지키라"는 것은 무엇을 뜻하는 것인가. 순간 '이 분이 사퇴를 염두에 두고 있다'는 불길한 느낌이 스쳐 지나갔다.

그날 밤 나는 문 후보 집으로 찾아가 속내를 들어봐야겠다고 생각했지만 몇 번을 주저하다 포기하고 말았다. 그러던 즈음 안철수 캠프의 박선숙 공동선대위원장이 기자회견을 통해 소위 마지막 중재안을 발표했다. 그리고 운명이 된 11월 23일 '여론조사 50% + 가상대결 50%' 방식의 중재안을 놓고 벌인 이인영–박선숙 협상이 결렬됐다는 전갈을 받은 무렵인 오후 6시쯤 문재인 후보가 전화를 걸어왔다. "오늘 밤에 같이 만나서 마지막 중재안이란 것을 생각해봅시다." 중재안을 받겠다는 뜻으로 들렸다. 그 비슷한 시간에 안철수 후보 쪽 한 인사로부터 또 다른 전화가 걸려왔다. "무슨 내용인지 알지 못하지만, 어떤 발표가 있을 것 같습니다."

협상팀들이 사무실에서 짜장면을 배달시켜 막 먹기 시작할 때쯤, 안철수 후보의 긴급 기자회견이 생방송되기 시작했다. 오후 8시 20분. TV로 생방송된 안철수 후보의 사퇴회견은 조금 전까지 협상을 벌여온 우리에게도 놀라운 것이었다. "이제 문 후보님과 저 두 사람 중에 누군가는 양보해야 하는 상황입니다. 저는 얼마 전 제 모든 것을 걸고 단일화를 이루어내겠다고 말씀드린 적이 있습니다. 제가 후보직을 내려놓겠습니다." 기존의 정치문법을 뛰어넘은 것이었다. 양측이 밀고 당기기를 할 때만 해도 나는 안 후보가 "지금껏 진다는 생각은 해본 적이 없다"는 그의 말처럼 시종일관 자신감에 차 있는 것으로 생각했는데, 합의에 의한 단일화 절차를 밟지 않고 던져버린 것이다. 그 순간 잠시 세상이 멈춰서는 듯했다. 숨막히는 승부의 순간은 피했지만, 단일화 절차가 부여할 역동성은 반감되는 아쉬운 순간이었다.

운 좋은 쪽이 이기는 거야!

문재인 후보는 야권 단일후보로서 역할과 책임은 물론이고 '정치인 안철수의 꿈'을 실현할 책무까지 지게 됐다. 그만큼 정권교체에 대한 무거운 책임감이 더해진 것이다. 단일후보가 결정된 이후 민주통합당과 안철수 후보 쪽은 단일화를 염원한 사람들 모두의 마음을 담아내기 위한 말을 쏟아냈다. 민주통합당은 대변인 논평을 통해 "안철수 후보와 그를 지지한 모든 국민과 힘을 모아서 반드시 정권교체를 이룩하고 새 정치와 새로운 시대를 개척하겠다"고 밝혔다. 안철수 후보 자신도 사퇴회견을 "단일화 과정의 모든 불협화음에 대해 저를 꾸짖어주시고, 문 후보님께는 성원을 보내 달라"는 말로 마무리했다. 그러나 이런 말들이 현실과 맞닿았을 때는 또 다른 불협화음을 낳았고 그 불협화음은 12월 19일 투표일까지 민주통합당 대선캠프를 힘들게 했다.

문재인 후보의 입장에서 2012년 대선은 밖으로는 박근혜와의 대립구도를 형성해야 하고, 안으로는 안철수 후보와의 협력체제를 만들어가야 했다. 또한 가급적 당을 내세우지 않는 문 후보의 선거운동방식으로 인해 당의 힘을 하나로 모으는데 어려움을 자초했다. 문-안 단일화 이후의 흐름이 결코 순탄치 않았던 것은 몇 갈래로 설명할 수 있으나, 단순화하면 양쪽의 화학적 결합(Chemistry)이 잘 이루어지지 않았기 때문이다. 외부적으로는 문 후보의 고집스러운 면과 오랜 측근들의 인의 장막이 비판의 대상이었고, 안철수 후보 쪽에서는 안 후보의 의중인지 주변의 오버

인지 알 수 없는 얘기들이 나돌며 서로의 감정에 깊은 상처를 내곤했다.

2012년 대선 당시, 나는 선대본부장으로 크게 세 가지 일에 반대했다.

첫째, 10월12일 문재인 후보의 평택 2함대 천안함 방문 일정을 반대했다. 새누리당이 일정한 의도를 가지고 2007년 남북정상회담 비공개대화록의 존재를 주장하고 나선 직후였기에, 천안함 방문 자체가 NLL논란의 함정에 빠지는 것이라고 생각했기 때문이다. 당시 나는 이명박 정권이 NLL이슈를 갑자기 제기한 것이 박근혜 후보를 위한 것이라기보다 문재인-안철수의 후보경선에서 문재인을 곤경에 빠뜨리기 위한 것이라고 판단했다. 문 후보를 조용히 만나 NLL과 관련한 발언을 자제해 줄 것을 요청했다. 문 후보의 반응은 역시 그다웠으나 절박한 대선후보의 모습은 아니었다. "설령 이것이 내게 불리할지라도 노무현 대통령에 대한 명예를 지켜야 하고, 그 명예를 지킬 수 있는 사람은 나밖에 없습니다." 난 더 이상 아무 말을 하지 않았다.

둘째, 지역유세를 할 때, 그 지역의 지역구 국회의원을 소개하지 않는 문재인 후보의 선거유세 진행 방식에 대해 강하게 반대했다. 당을 앞세우지 않는 전략을 택하는 것이야 후보 측의 판단이라지만, 지역유세에 모인 청중들 앞에 그 지역 국회의원을 소개조차 하지 않는 것은 옳지 않다는 얘기를 한 것이다. 이 제안 또한 받아들여지지 않았다.

셋째, 선거 전날 마지막 유세를 부산에서 하기로 한 계획을 반대했다. 문재인 후보의 지역구가 부산이고 부산민심이 중요한 선거이기는 했지만, 그래도 마지막 날 유세는 서울에서 부산으로 하행선을 타기보다는 부산에서 서울로 치고 올라오는 상행선을 타야 한다는 것이 나의 생각이었다. 이 또한 수용되지 않았다.

2012년 12월 18일 마지막 부산 연설회에서 인파 속에 밀려 내 구두굽이 부러졌다. 불길한 예감이 스쳐갔다. 2007년 대선 막바지에 남편이 "흰색 오토바이가 광화문 해태상을 들이받고 산산조각 나는 꿈을 꿨다"고 말했던 것이 연상됐지만, 애써 의미부여를 하지 않으려 했다. 부산 연설회는 예상외로 두 차례의 광화문 연설회보다 더 많은 인파가 몰렸다.

마지막 유세를 마치고 서울로 올라오는 경부선 KTX 안에서 박근혜 캠프에 합류해 활동 중이던 김종인 박사와 통화를 했다. "내일 선거가 어떨 것 같아?"라는 김 박사의 물음에 "부정선거가 없다면 문재인 후보가 이깁니다"라고 자신 있게 답했다. 김 박사는 확신에 찬 나의 관측에 대해 이렇게 응수했다. "내일은 아마 운이 좋은 사람이 이길 거야."

다 던지지 못한 아쉬움

2007년과 달리 2012년 대선 선거운동은 손을 뻗으면 정권이 닿을 듯한 분위기에서 진행됐다. 선거캠프 핵심참모들 중 몇몇 사람은 선거일이 가까워질수록 당선인 비서진 마냥 움직이기도 했다. 당선이 유력한 대선후보의 캠프에서 늘 있는 일처럼, 문재인 선거 캠프 안에서도 "선거참모가 대통령 참모가 되려고 해서는 안 된다"는 논의가 여러 각도로 진행됐다. 나 스스로도 대통령을 탄생시키는 사람과 당선된 이후 보좌하는 사람은 같은 선상에 있어서는 캠페인이 되지 않는다고 생각했다. 마지막 유세를 마치고 부산에서 귀경하던 기차 안에서 밀려오는 아쉬움 중 하나는 주요 선대본부 책임자들이 새 정부 임명직 공직에 참여하지 않는다는 발표를 하지 못한 것이었다. 뭔가 모를 미진함을 느끼며 시험을 치르러 교실에 입장하는 기분이었다.

12월 19일 대선 당일, 오전부터 정체불명의 출구조사 결과가 문자메시지를 통해 확산되고 있었다. 문재인 후보가 우세하다는 내용이었다. 최대 재벌기업 연구소가 선거 전날 실시한 광범위한 여론조사 결과도 문재인 후보의 승리로 나왔다는 것이었다. 캠프는 승리에 대한 기대감으로 한껏 고조되고 있었다. 그때 방송사 후배로부터 전화가 걸려왔다. "지금 돌고 있는 문자메시지는 모두 가짜수치입니다. 출구조사의 설계상 오후 3시 이전에 잠정수치도 나올 수가 없습니다."

정체불명의 문자메시지는 보수진영에 위기감을 자극해서 자기 진영 사람들을 투표소로 끌어내기 위해 고안된 장치라는 생각이 퍼뜩 스쳤다. 나는 상황실로 달려가 큰 소리로 외쳤다. "문자메시지는 모두 가짜입니다!" 갑자기 찬바람이 스치는 듯했던 그 순간을 기억한다. 오후 들어서도 투표율 수치는 계속 올라갔다. 특히 오후 5시 이후에 급등하는 투표율 수치가 뭘 의미하는지 감이 오지 않았다. 어리둥절한 상태에서 투표가 종료됐다.

상대를 교란하고 자기 진영을 뭉치게 할 목적으로 만들어진 것으로 보이는 그 문자메시지는 분명 조직적 댓글과 같은 영향을 미쳤다. 박근혜 후보를 지지하는 층의 위기감을 고조시켜 어둑해질 무렵까지 투표소에 줄을 서게 했다. 반면 야권은 일희일비하며 안일함에 취해 있었던 것인지도 모른다. 그 문자 메시지는 계획에 따라, 가장 효과적인 시점에 가장 파급력이 큰 수난을 통해 일제히 유포됐다는 의혹을 사고 있다. 결국 2002년 노무현을 찍자며 지지자들이 자발적으로 문자를 돌렸던 그 열정이 우리에겐 없었던 것이다. 치밀하게 대비하지 못한 아쉬움을 남긴 2012년 대선. 이런 측면에서 2017년을 바라본다면 논란 끝에 발표된 민주통합당 대선평가위원회 보고서에도 유념할 대목은 여러 군데 있다. "문재인 후보는 본인의 이미지와 캐릭터를 명확하게 정립하지 못했다. 따라서 국민들에게 강한 인상을 남기지 못했다." 이런 평가는 물론 절반의 진실이다. 하지만 철저히 반추해볼 대목이다.

다시, 정치사선에 서다

치열했던 대선이 끝나고 문재인 후보는 평의원 신분으로 돌아갔다. 그를 정치로 부른 《운명》이 노무현에서 비롯된 것처럼, 다시 노무현 대통령과 관련된 일들이 국회의원 문재인을 격랑 속에 끌어들였다. 2012년 말 대선유세 과정에서 새누리당 일각이 제기했던 소위 '노무현 NLL

포기 발언'이 점점 확대되면서 문재인의 평상심도 흔들렸다.

박근혜 정부가 출범한 이후에도 'NLL 포기 발언'의 출처를 둔 논란은 계속됐고, 결국 국정원에 대한 국정조사가 결정되는 상황이 되었다. 이에 남재준 국가정보원장은 2013년 6월 24일 〈2007년 남북정상회담 회의록 전문〉을 국회에 제출하는 형식으로 공개했다. 세계 외교사에 유례가 없는 비문명국가적 행태가 대한민국에서 벌어진 것이다.

민주당은 "비열한 공작이자 권력의 횡포"라는 긴급성명을 발표하고, "10.4 남북정상회담 기록을 공개한 것은 공공기록물 관리법을 위반한 범죄행위이고 노무현 대통령을 두 번 죽이는 일"이라고 분노를 표했다. 문재인 의원의 반응은 민주당의 공식반응보다 한층 더 격했다. "국정원의 사유화가 심각한 정도에 달한 것이 안타깝다"면서 "이렇게까지 된 이상 남북정상회담 대화록을 모두 공개할 수밖에 없다"는 입장을 밝혔다. "NLL포기 발언이 없었다는 것을 국회의원직을 걸고 밝히겠다." 개인 블로그에는 〈새누리당에 제안합니다〉라는 제목의 글을 올렸다.

"NLL 논란은 공동어로구역의 위치와 범위가 확실히 정해지지 않았기에 벌어진 일이다. 결국 2007년 10.4 정상회담 당시 공동어로구역을 어떻게 계획하고 북측에 요구했는지 확인하면 논란을 끝낼 수 있다."

문 의원은 특히 당시 대통령 비서실장으로서 정상회담의 최전선에 있었던 만큼 자신이 알고 있는 바를 명확히 털어놓겠다면서 "당시 상황은 NLL을 손대지 않는다는 전제하에 NLL을 기선으로 해서 남북으로 등거리 또는 등면적의 수역을 공동어로구역으로 설정하자는 것이었다. 그리고 남북 쌍방의 해군 함정의 출입을 금지하는 대신 경찰과 행정조직 중심의 남북공동 관리기구를 운영하자는 것이었다"고 정리했다.

문재인 의원은 "남북관계를 안정시키려면 군사적 충돌 가능성이 가장 높은 서해안에서 평화유지가 절실한데 그 밖에 다른 어떤 방안이 있을 수 있는지 새누리당에 묻고 싶다"고도 했다. 또한 회담을 준비하고 성사되기까지는 현장에 김장수 국방장관과 김관진 합참의장, 윤병세 외교안보수석 등 박근혜 정부의 핵심인사들이 같이 했다는 점을 부각하며 박근혜 정부의 의혹제기를 정면으로 비판했다.

국정원장의 정상회담 회의록 공개로 NLL논란이 전개되던 열흘 동안 문재인 의원이 자신의 트위터에 올린 글만 33개였다. 국정원 국정조사에 새누리당이 문재인 전 비서실장의 증인출석을 요구한데 대해서는 "피해자인 저를 불러 피해가 어느 정도인지, 제가 얼마나 억울한 심정인지 물어보려는 것일까요?"라는 말로 불편한 심기를 드러냈다. 항상 말과 행동이 신중한 그의 이런 반응은 다소 놀라운 것이었으나, 참여정부를 보호해야 한다는 소명의식이 얼마나 강한지를 엿보게 하는 것이기도 했다. 동시에 노무현 대통령에 대한 굳은 신뢰와 자기 자신에 대한 떳떳함, 국기문란을 자행하는 새누리당을 향한 분노로 보였다.

정치적 북방한계선 NLL

2013년은 어찌 보면 시계가 온통 2007년에 맞춰져 있다고 해도 과언이 아니었다. 민주당은 정상회담 대화록과 준비회의록, 보도자료 모두를 열람공개하도록 요구하는 '남북정상회담 대화록 제출 요구서'를 냈고 2013년 7월 2일 국회 본회의를 통과했다. 이에 따라 국가기록원이 남북정상회담 원본과 사전회의록, 녹취파일 등을 국회 운영위원회에 제출하게 됐고, 문서와 녹취의 원본이 세상에 공개되는 것은 시간문제였다.

발언진위에 대한 논란이 격화되자 문재인 의원은 "노무현 대통령의 NLL포기 발언이 사실이라면 사과하고 정치를 그만둘 것"(문재인 의원 보도자료, 2013. 6. 30.) 이라고 밝히는 초강수를 뒀다. 내가 위원장을 맡고 있던 법제사법위원회에서도 NLL대화록을 둘러싼 여야 공방이 심화되며 정작 처리해야 할 법안들이 뒷전으로 밀려났다.

일부 언론에서는 '죽은 노무현과 산 국정원의 대결'이라는 자극적인 제목까지 붙이며 문제를 격화시키고 있었다. 결국 이 사건은 국회 본회의에서 2007년 남북정상회담 관련 회의록과 녹음기록물 등 자료 일체의 열람·공개를 국가기록원에 요구하는 자료제출요구안을 의결하면서 가닥이 잡혔다. 자료확인 결과 노무현 대통령이 NLL 포기 발언을 했다는 주장은 사실이 아니라는 것이 입증되었지만 그 후유증과 상처는 너무 컸다.

2013년 정치를 삼켜버린 NLL포기발언 논란은 결국 집권을 위한 권력의 집착이 대한민국 정치를 얼마만큼 저급하게 만들었는지를 웅변하는 한 사례로 남았다.

사람이 먼저인 세상을 위해서

우연이겠지만 2007년 대선은 MBC 선배, 2012년 대선은 대학선배가 대선후보가 되었고, 나는 그들을 돕는 처지가 됐다. 때문에 두 번의 대선에서 후보와 나의 관계가 실제 이상으로 비친 부분이 있다. 문재인 후보의 선대본부장으로 일하면서는 '알고 지낸 세월이 그리 길지 않아' 말을 멈춘 경우는 여러 번 있었다. 그렇다고 꼭 해야 할 말을 참은 적은 없다. 하지만 두 번의 큰 경험에서 나는 대선후보에게는 마음을 터놓을 수 있는 편한 참모, 제3자적 입장에서 날카롭게 조언하는 참모가 모두 필요하다'는 사실을 배웠다.

2007년, 2012년 모두 '편한 참모'와 '독려하는 참모' 이 둘 사이에서 나 스스로 역할을 찾느라 마음의 담금질을 하곤 했다. 특히 대선후보는 너무도 큰 흐름에 몸을 맡기고 달리는 피곤한 처지여서 냉정한 비판의 소리를 접하면 기가 꺾이는 경향이 있어 조심스러웠다. 또한 여론조사 결과에 심리적으로 매우 민감할 수밖에 없기 때문에 후보에게 냉정하기는 쉽지 않았다. 두 번 모두 패배로 끝난 선거에서 나 역시 심각한 후유증을 겪으면서도 전쟁에 패한 장수를 위로하고 향후 행보를 조언하는 일도 맡아야 했다.

2012년 대선 이후 나는 문재인 후보가 좀 더 오래, 더 깊게 침묵하고 사색하기를 바랐다. 자신의 당락을 바꿨을 수 있는 국정원 선거개입 사건이었지만 문 후보 본인은 침묵하고 지켜봐야 한다고 생각했다. 문 후보가 내게 이에 관한 의견을 직접 물어봤을 때도 후보 자신은 정말 억울한 점이 많겠지만 말을 아끼는 편이 낫지 않겠느냐고 얘기했었다.

나는 문재인 후보에게 좀 더 침묵할 것을 권했지만 그럼에도 문재인 후보가 박근혜 대통령을 향해 포문을 연 〈잘못된 과거와 용기 있게 결별하십시오〉(2014. 6. 14.)라는 제목의 글은 꼭 해야 할 말을 한 것이었다고 생각한다.

"잘못된 과거와 용기 있게 결별하십시오."

'국가정보원의 대선 여론조작 및 정치개입 의혹 사건'에 대한 검찰 수사가 막바지입니다. 저는 검찰이 이 사건을 역사적 책무감으로, 어느 사건보다 신념을 갖고, 반드시 법과 원칙대로 처리하기를 바랍니다. 그렇지 않으면 대통령도 검찰도 국정원도, 돌이킬 수 없는 불행한 상황에 직면할 것이라는 우려를 갖고 있습니다.

이 사건의 처리가 매우 중요한 것은, 두 가지 측면 때문입니다. 하나는, 이번 수사로 국가정보기관과 수사기관에 의한 대선 여론조작과 정치개입 같은 사태가 또다시 반복될지, 아니면 종지부를 찍게 될 수 있을지 판가름 날 것입니다. 또 하나는, 이번 수사로 검찰이 스스로의 명예와 법질서를 함께 지킬지, 아니면 다시 정치검찰로 예속될지 여부가 판가름 날 것입니다.

먼저, 이미 확인된 사실만 놓고 봐도 국정원은 헌정파괴와 국기문란에 가까운 일을 저질렀음이 드러났습니다. 국가정보원법상의 정치관여죄뿐 아니라 공직선거법 위반죄에 해당하는 행위가 계속 드러나고 있습니다. 또한 당시 김용판 서울지방경찰청장도 선거에 영향을 미칠 목적으로 수사를 가로막아 진실을 은폐·왜곡히거나 부당한 수사 발표를 하게 한 의혹들이 속속 드러나고 있습니다.

이 시점에 꼭 필요한 것은 국민의 주권행사를 왜곡시키는 그와 같은 행태가 다시는 일어나지 않도록 법과 원칙을 바로 세우는 일입니다. 따라서 엄정하게 법을 집행해서 과감하게 최고 책임자를 단죄해야만 합니다. 국정원을 오직 국익에만 복무하는 정예 정보기관으로 되돌려야 합니다. 또한 경찰의 정치적 중립을 확립해야 합니다. 안 그러면 비극의 역사는 되풀이됩니다. 중요한 기회입니다. 그런 일을 단죄한다 해서 정권의 정당성이 흔들린다고는 보지 않습니다. 오히려 잘못된 과거와 용기 있게 결별하는 것만이, 정권의 정통성과 정당성을 세우는 방법입니다.

다음으로, 법질서와 정의는 국민들에게 강요해서 바로 서는 일이 아닙니다. 수사기관이나 권력기관 스스로가 정의로워져야 가능합니다. 검찰의 명예와 자존심, 검찰권 독립도 누가 만들어주는 것이 아닙니다. 검찰 스스로 만들어 가야합니다. 이미 이 사건은 경찰 수뇌부가 전체 조직의 자존을 저버리고 권력의 눈치를 보며 정권 앞잡이 노릇을 하다 커진 일입니다. 검찰도 같은 길을 걷는다면, 더 큰 불신과 저항에 부딪힐 게 뻔합니다.

그러면 모든 수사기관 모든 권력기관이 법의 정의를 팽개치는 꼴이 됩니다. 법질서와 정의는 추락하게 됩니다. 새로 출범한 정부와 대통령에게 족쇄가 되고, 돌이킬 수 없는 불행한 위기가 올지도 모릅니다. 대통령도 법무부도 검찰도, 잘못된 과거와 용기 있게 결별한다는 각오로 각자의 정도를 걸어야 법의 정의가 바로 섭니다. 정권의 신뢰도 높아집니다.

가는 길은 달라도, 저는 박근혜 정부의 성공을 진심으로 바랍니다. 대한민국의 발전과 국민의 행복을 위해 이명박 정부의 실패를 되풀이해서는 안 되기 때문입니다. 이 일도 마찬가지입니다. 법의 정의를 위해서도, 대통령과 정부와 검찰과 국정원이 과거와 단절하고 새로운 길을 가기 위해서라도, 이 사건이 아주 중요한 시금석입니다.

부디 이번 사건에 대한 정의로운 법 집행에, 정치적 피해 당사자라 할수 있는 제가 가장 먼저 박수를 보낼 수 있게 되는 것이 국민들의 바람이기도 하다는 점을 진심어린 충정으로 말씀드립니다.

— 문재인 의원 블로그 글, 2013. 6. 4.

나는 종종 지난 대선에서 문재인 후보가 당선되고 박근혜 대통령이 낙선했다면 지금 나라는 어떤 모습일까를 상상해본다. 이런 상상은 곧 '국정원 댓글 사건을 바라보는 문 후보의 마음은 어떨까…'하는 안타까움으로 이어진다. "박근혜 정부의 성공을 진심으로 바란다"는 말과 "정치적 피해 당사자라 할 수 있는 제가 가장 먼저 박수를 보낼 수 있게 되는 것이 국민들의 바람이기도 하다"는 대목에선 전율이 느껴진다. 박근

혜 대통령이 이 점에 공감하면 '나라는 퍽 편안해질 텐데…' 하는 아쉬움
과 함께.

문재인 후보의 단식과 비대위원장

2014년 원내대표 출마를 위해 나는 문재인 후보를 찾아갔다.

"제 입장을 잘 아시잖아요. 그 어느 편에도 설 수 없다는 것을. 그러
나 잘 되리라고 믿어요."

여기서 '그 어느 편'이라 함은 노영민 의원을 이야기하는 것이었다.
원내대표에 노영민 의원과 내가 출사표를 던지자 문재인 후보는 대선
당시 비서실장을 했던 노영민 의원과 선대본부장을 했던 나와의 사이에
서 매우 곤혹스러운 입장에 서게 되었다. 나는 그러한 문재인 후보의 입
장을 충분히 이해할 수 있었다. 원내대표에 당선된 후 7.30 재보선 전까
지는 두 사람의 총리후보를 낙마시키는 등 야당으로서 원내전략과 대여
협상이 순항했다.

그런 와중에 세월호 유가족들의 한을 풀어주기 위해 원내당직자들이
7월 23일과 24일 양일간 안산부터 서울까지 도보행진 계획을 세웠다.
처음에는 새정치민주연합 원내 주관으로 도보행진을 할 생각이었다. 그
러나 정당이 지나치게 한 곳에 관여하는 것은 좋지 않다는 여론에 따라
이 아이디어를 시민단체에게 넘겨주고 우리는 그 행사에 참가하는 형식

으로 진행하기로 했다. 그래서 참가인원도 소수로 하고 상징적으로 원내대표인 내가 참가하는 것으로 결정했다.

그런데 갑자기 문재인 의원에게서 전화가 걸려왔다. 내용은 도보행진에 관한 문의였고 그 행진에 함께 하면 어떻겠냐는 것이었다. 원내대표단에서는 문재인 후보가 도보행진을 할 경우 무게감이나 상징성이 너무 과중되는 경향이 있다며 반대의사를 표시하는 사람들이 많았다. 하지만 나는 문 의원에게 같이 하셔도 좋겠다는 의사를 전달했다. 도보행진으로 시작된 세월호 협상에 대한 문재인 의원의 의사표현은 결국 단식으로까지 이어졌다. 이를 두고 일부에서는 처음부터 문재인 의원 측근들이 세월호 협상에 영향력을 행사하기 위해 계획한 행보가 아니냐는 분석을 하기도 했다.

내 입장에서 보면 문재인 의원의 단식은 협상에 큰 부담감으로 다가왔다. 특히 침묵하는 다수가 찬성했던 8월 19일 2차 협상안을 놓고 강행할 것인지 아니면 포기할 것인지를 결정해야 하는 상황에서 문재인 후보의 단식은 나를 곤혹스럽고 힘들게 하는 상징적인 사건이 되고 말았다.

세간에서는 대통령 후보를 했던 사람이 단식을 한다고 비판하는 소리도 많았다. 내가 중요한 결정을 해야 하는 기로였던 8월 19일 2차 협상안. 그러나 나는 문재인 의원의 단식과 함께 김영오 씨의 단식이 더 큰 불행을 가져올까봐 내 뜻을 접었다. 나를 응원하던 사람들은 그때 왜 2차 협상을 밀고 나가지 못했느냐고 많은 아쉬움을 표하면서 문재인 대표의 단식을 비판했다.

7. 30 재보선 이후 겸임하게 된 비대위원장직을 빠른 시일 안에 외부 인사에게 넘겨주려고 했다. 2004년 정치입문 이후 이 당의 당대표가 수없이 바뀌는 부침을 보면서, 이제는 당이 골고루 인재를 영입하여 총선, 대선에 대비한 혁신을 해야 한다고 생각했기 때문이다. 원내대표만 맡았을 때는 그렇지 않았지만 전당대회 룰을 정한다는 비대위원장을 맡고 나서부터는 이 당의 고질병처럼 이야기되는 계파들의 모임이 감지되었다. 나는 늘 파도 위에 떠있는 배와 같다고 느꼈다.

비대위원장의 외부영입을 위해 진보진영의 선배들의 의견을 들었는데 결론은 그 나물에 그 밥은 안된다는 것이었다. 새정치민주연합이 국민의 사랑을 받기 위해서는 반대진영의 사람도 포용할 줄 아는 모습을 보여줘야 한다는 점이 강조되었다. 여러 명의 사람이 추천되었고, 조국 교수와 이 문제를 놓고 여러 차례 의견을 나눴다. 처음에 부정적이던 조국 교수가 마음을 약간 바꾸기 시작한 것은 8월 말경이었다. 조국 교수의 마음을 완전히 돌리기 위해서는 누군가의 도움이 필요했다.

2014년 9월 4일 고리원전 문제로 부산을 방문하면서 문재인 후보에게 도움을 요청했다. 조국 교수를 만나서 힘을 실어 달라는 부탁이었다. 문재인 후보는 그렇게 해보겠노라고 답변했다. 그 후 추석 연휴 기간 동안 조국 교수와의 만남을 통해 긍정적인 답변을 얻어냈지만 이미 2학기 수업을 시작한 것이 문제가 되었다. 서울대학교 총장은 수업을 시작했기 때문에 휴직계를 내는 것이 좋겠다는 의견을 냈다. 조국 교수 주변의 교수들은 대학교수가 특정 정당의 비상대책위원장을 맡는 것은 교수로서의 비난 위험을 감수해야 하는 것이라고 말했다. 그러면서 조국 교수를 영입하려면 새정치민주연합에서는 4선 이상의 중진 의원들 가운데 몇 사람 정도는 불출마 선언을 해줘야 하는 것 아니냐는 요구를 하기도 했다.

결국 새 학기 강의라는 벽에 부딪혀 조국 교수의 영입이 무산되었다. 그 나물에 그 밥은 절대 안된다며 특히 문재인 후보와 가까운 인상을 주는 사람은 안된다고 강조하던 안경환 교수가 이상돈 교수를 추천했다.

"박근혜 대통령을 만든 사람인데…. 너무 자존심 상하는 일 아닐까요?"라고 반문하자 안경환 교수는 그 자존심 상하는 일을 해야 국민들로부터 사랑받을 수 있다고 답변했다.

이상돈 교수 문제를 놓고 당의 몇몇 선배의원님들과 의논했다. 문재인 후보도 처음에는 자존심 문제가 걸리지 않느냐며 반문하면서도 그렇게 해볼 필요가 있겠다는 뜻을 피력했다. 이상돈 교수 카드를 어떻게 당과 접목시키느냐를 궁리하던 중 언론에 알려진 이상돈 교수 카드는 흔들리는 배 위에 서 있던 나를 더욱 흔드는 파도가 되었다. 마치 기다리고 있었다는 듯이, 이상돈 교수는 절대 안된다는 몇몇 의원들의 목소리가 터져 나왔다. 그로부터 약 1년 후, 2015년 6월 그렇게 절대 안 되다던 그 의원들이 이상돈 교수를 초청하여 답을 찾겠다는 토론회를 열었다.

2014년 10월 2일 아침. 그날은 내가 원내대표를 사퇴하기로 마음먹은 날이었다. 그날 아침 문재인 대표에게는 사전에 알려드려야 할 것 같아서 전화를 걸었다.

"잘 생각했어요. 짐을 내려놓는 편이 훨씬 나을 거예요."

"오늘 최고위원회에는 가지 않으려고 합니다. 대신 사퇴의 변을 언론에 이메일로 보내려고 합니다."

나는 사퇴의 변의 일부 내용을 문재인 대표에게 사전에 이야기했다.

"허허. 좀 논란이 있겠네요."

그날 아침 8시 30분. "원내대표직, 그 짐을 내려 놓으려고 합니다."로 시작하는 사퇴의 변을 의원들과 언론에 알리고 나는 원내대표직을 사임했다.

원내대표직 그 짐을 내려놓으려합니다.

책임이란 단어에 묶여 소신도 체면도 자존심도 다 버리고 걸어온 힘든 시간이었습니다. 세월호 비극의 한복판인 지난 5월 8일 원내대표로 선출되던 순간부터 예감했던 일일지도 모릅니다. 다행이라 여기는 것은 유가족분들께는 매우 미흡하지만 작은 매듭이라도 짓고 떠나는 것입니다.

어제 안산에서 만나 뵌 유가족분들로부터 수고하셨다는 말과 함께 들었던 끝까지 함께해달라는 호소가 가슴속 깊이 남아 있습니다. 세월호 참사 진상 조사위원회는 가능한 한 빨리 출범해야 합니다. 빠르게 사라져가는 증거들을 멈춰 세울 수 있는 방안을 마련하기 위해서입니다. 그 증거들을 현명하게 붙잡아야 합니다. '세상에서 가장 슬픈 법'을 만들기 위해 벌인 협상을 일단락하며 그간 드리고 싶었던 수많은 얘기들의 아주 작은 조각을 말씀드리고 싶습니다.

저는 세월호 특별법만은 정직하게 협상하고 반드시 결실을 보아야 한다고 믿었습니다. 낯선 정치에 뛰어든 뒤 지난 10년의 경험에서 저는 소리는 요란했지만 정작 목표는 이뤄지지 않는 많은 경우를 보았습니다. 2004년 국가보안법 협상이 그랬고 과반의석을 가지고 있으면서도 17대 국회의 검경수사권조정 협상이 그랬습니다. 지난해 국정원 개혁법 역시 우리가 개혁특위위원장까지 맡았지만, 결국 법 한 줄도 고치지 못했습니다. 세월호 특별법만은 그렇게 돼서는 안 된다고 생각했습니다.

안 되는 일을 되는 것처럼 포장해 시간을 지체시키는 것은 진실의 증거들이 사라지는 것을 뻔히 알면서 그냥 바라보는 것이라고 여겼습니다. 진상규명이 가능한 법을 가능한 한 빨리 제정해야 한다는 일념으로 끌고 온 협상과정에서 제가 받은 비난들 중 상당 부분에 대해 드릴 말씀도 많지만 그저 다시 한 번 용서를 구합니다. 흔들리는 배 위에서 활을 들고 협상이라는 씨름을 벌인 시간이었습니다.

직업적 당 대표를 위해서라면 그 배의 평형수라도 빼버릴 것 같은 움직임과 일부 극단적 주장이 요동치고 있었던 것도 부인할 수 없습니다. 이런 일들이 반복되는 한 지금 우리당이 겪고 있는 고통은 치유되기 힘들다는 것을 어렵사리 말씀드립니다.

'세상에서 가장 슬픈 법' 이름만 법일 뿐 세상을 떠난 이들에게 보내는 가슴 아픈 편지 같은… 이런 법을 만드는 일은 이제 더는 없어야겠습니다. 여러모로 부족한 제가 폭풍의 언덕에서 힘들어할 때 격려해주신 많은 동료 의원님들 힘내라고 성원해주신 국민 여러분께 깊이 감사드립니다.

박영선 올림

전당대회 출마를 만류하며

2014년 10월 초 비대위원장에 이어 원내대표직을 내려놓은 나는 정치란 무엇인가를 생각하며 지난 시간을 돌아봤다. 동료의원 가운데 한 사람은 나에게 《후흑학》(청말淸末 지사 이종오가 설파한 중국판 마키아벨리즘. 후흑은 면후심흑-面厚心黑의 줄임말로 뻔뻔하고 마음이 검어야 권력을 쟁취하고 유지할 수 있다는 정치적 처세술을 뜻함)이라는 책을 선물해줬다. 승리에 있어 정직함과 올곧음도 중요하지만, 때로는 뻔뻔함과 음흉함도 필요할 때가 있다는 것을 아마 그 동료의원은 내게 간접적으로 말해주고 싶었으리라.

새 대표를 뽑는 전대 날짜가 2월 6일로 잡히면서, 당 안팎에서는 차기 구도를 두고 설이 난무했다. 전임 비대위원장이었던 만큼 동료의원들의 문의가 많았다. 문의 내용은 대부분 전대에 나설 것인지, 나서지 않는다면 누구를 지원할 것인지에 모아졌다. 애초부터 2015년 2월 전대에는 나갈 생각이 없었다. 그것보다 나에게는 쉼없이 달려온 지난 10년의 정치경험에서 얻은 것과 잘못된 것을 정리하고, 정치란 무엇인가를 되짚어보는 시간이 필요하다고 생각했다. 그리고 이번 전대에서는 당의 얼굴이 새로워져야 한다는 생각을 갖고 있었다. 2014년 12월 어느날 문재인 후보가 나를 만나자고 했을 때, 나는 문재인 후보의 전대출마를 만류했다. "이번 전대에 나서지 않는 것이 어떻겠습니까? 이미 대선후보를 한 번 하셨고 또 대선후보에 도전하실텐데 당대표를 하게 되면 상처가 너무 많이 남지 않겠습니까?"라고 직설적으로 말했다.

문재인 후보는 진지하게 고민하는 표정이었지만 출마결심을 굳히고 있다고 느꼈다. 그는 대신 이런 말을 했다. "좋은 말입니다. 이 당의 젊은 사람들은 뭐하고 있습니까. 문재인 뿐 아니라 박지원, 정세균 모두 나오지 말라고 요구하세요." 그러면서 한 마디 덧붙였다. 거기에 방점이 있었다. "박지원, 정세균 두 사람이 모두 안 나온다면 저도 당연히 안 나갑니다." 나는 "김부겸 의원을 도와주셨으면 합니다"라고 말하고 방을 나왔다.

나는 김부겸 전 의원이 나서는 것이 옳은 방향이라고 여겨 출마를 촉구했지만, 김 의원은 결국 불출마를 택했다. 나는 이인영 의원에게 "젊은 사람들 뭐하나. 모두 나오지 말라고 요구하세요"라는 말을 전했다. 그 후 이인영 의원이 가장 먼저 출마선언을 하고, 박지원 의원, 문재인 후보가 이어서 전대출마를 선언했다. 2월 8일 마지막 날까지 가는 치열한 경합 끝에 문재인 후보는 박지원 후보를 근소한 표차로 누르고 당대표에 선출됐다.

차기대선을 2년 10개월 앞두고 당 대표직에 오른 그의 선택이 두 번째 대선 도전을 열어주는 첩경일지, 막다른 골목일지 현재로서는 알 수 없다. 하지만 당대표로서 당을 이끈다는 것은 처절한 현실정치이고, 그의 최대 강점인 '선해 보이는 이미지'에 흠집이 나고 있는 것 같다는 생각이 들어 안타깝다. 당의 대표직을 수행해야 하는 입장에선 "나는 정치를 잘 모른다"는 말은 더 이상 매력일 수가 없다. 어찌할 도리 없이 정치에 익숙해져야 하는 것이다. 2017년 대선에서 그가 다시 후보가 되는 것은 어쩌면 현실정치라는 탁한 물에서 다시 연꽃으로 피는 것이다. 문제는 그 연꽃을 받쳐주며 탁한 물을 덮어줄 연잎이 필요하다는 것인데, 누가 문재인의 연잎이 될 것인가.

　노무현이 말한 최고의 원칙주의자라는 말은 문재인 후보에게는 큰 덕담이지만 또한 뛰어넘어야 할 벽이기도 하다. 이 말은 법률가 문재인에게는 부족함이 없는 칭찬이다. 하시만 시대를 뚫고 나가는 창조적 상상력과 통합적 타협의 자질이 요구되는 정치인 문재인에게는 '절반의 미덕'일 수 있다. 나머지 50%인 정치적 통합의 능력이 정치인 문재인이 채워야 할 또 다른 미완의 《운명》이다. 사람이 먼저인 세상을 위해….

첫 여성
대통령

박근혜

1994년 8월 13일 육영수 여사 서거 20주기를 앞둔 인터뷰(장소 : 비원)

"내 삶의 목표는 아버님의 명예를 회복하는 것입니다. 아버지는 아무런 사심 없이 소신과 비전을 가지고 나라 일에 임하셨습니다. 그리고 그것을 하나하나 실천해가셨던 분입니다. 바로 그런 점이 세월이 아무리 바뀌고 시대가 달라진다고 해도 제가 마음에 간직하고 있는 원칙입니다."

– 1994년 8월 육영수 여사 서거 20주기 특집방송
MBC 박영선 기자와의 인터뷰에서

어머니의 모습으로 아버지를 말하다

수십 년 만의 폭염이 온 나라를 달궜던 1994년, 광복절을 이틀 앞둔 8월 13일 창덕궁(비원).

육영수 여사 서거 20주기를 맞아 박근혜 이사장(재단법인 육영수기념 사업회)을 인터뷰하기 위해 만났다. 79년 청와대를 쫓겨나듯 떠난 이후 10년 가까운 은둔생활을 거쳐 89년 부친 10주기를 기점으로 기념사업을 시작했고, 모친 20주기를 맞아 텔레비전 인터뷰를 결심한 마당이었다.

그해 여름은 무척 더웠다. 날짜까지 잡혀 있던 남북정상회담이 김일성의 갑작스런 사망으로 무산되고, 미국의 영변폭격설이 더운 땅을 더욱 끓게 만들어 언론은 연일 '가마솥 더위'를 톱뉴스로 다뤘다. 그 여름 뙤약볕에서 인터뷰를 하는 것은 보통 곤혹스러운 것이 아니었다. 인터뷰 내내 연신 땀을 닦느라 정신이 없는 나와는 달리 당시 박 이사장은 땀 한 방울 흘리지 않고 앉아 있었다.

박근혜 이사장은 하얀색 원피스 차림에 올린 머리를 하고 있었다. 하얀 원피스는 어깨를 부풀린 소매스타일로 아주 오래된 것이었다. 촬영 감독이 진지한 얼굴로 색깔이 있는 옷으로 갈아입어달라고 박 이사장에게 부탁을 했다. 야외에서 흰색 옷을 입을 경우 얼굴이 검게 나올 수밖에 없다는 것이었다. 하지만 박근혜 이사장의 반응은 '그냥 하죠'였다.

생전에 하얀 목련을 좋아했던 어머니의 20주기를 맞은 인터뷰여서일까? 박근혜 이사장은 목련을 연상케 하는 옷을 입기로 마음 먹은 것 같았다. 제작진은 그 모습을 보며 '육 여사의 이미지를 재현하려는 계산된 행동'이라고 말했을 정도였다.

또한 인터뷰 장소를 창덕궁(비원)으로 하자는 박근혜 이사장측의 제안에 대해서도 치밀한 준비가 아니냐는 이야기가 흘러나왔다. 그 당시 창덕궁(비원)은 공사를 이유로 일반인의 출입이 금지되어 있었다. 그래서 당초 창덕궁(비원)으로 하자는 연락에 취재진들은 국민들로부터 비판을 받을 수 있다고 다른 장소를 제안했으나 박근혜 이사장측은 창덕궁(비원)을 고집했다. 조선시대 왕실 정원인 비원이 주는 상징성과 신비감 때문에 그곳을 고집한 것이 아니냐는 분석이었다.

박 이사장은 이날 인터뷰에서 아버지 얘기를 많이 했다.

"내 삶의 목표는 아버님의 명예를 회복하는 것입니다. 아버지는 아무런 사심이 없이 소신과 비전을 가지고 나라 일에 임하셨습니다. 그리고 그것을 하나하나 실천해가셨던 분입니다. 바로 그런 점이 세월이 아무리 바뀌고 시대가 달라진다고 해도 제가 마음에 간직하고 있는 원칙입니다."

어머니 20주기 인터뷰였지만, 진정 말하고 싶은 아버지의 명예에 대해 또박 또박 차분하게 말을 이어갔다. 오랜 은둔에서 벗어나 TV 앞에 나선 박근혜 이사장은 어머니의 모습으로 아버지를 말한 것이다. 94년 여름날의 인터뷰를 되돌아보면 박근혜 이사장의 의상 선택과 메시지는 성공적이었다. 이후 정치적으로 성장해가는 과정을 분석한 전문가들도 '육영수 여사에 대한 국민의 그리움과 박정희 대통령에 대한 향수'가 가장 크게 작용했다고 분석하고 있기 때문이다.

인터뷰 이후 박근혜 이사장의 초대로 국립극장 내에 있는 한 식당에서 점심식사를 한 적이 있다. 도란도란 하루일과며 살아가는 얘기를 나누면서 은둔생활만 하지 말고 활동을 해야 하지 않겠느냐고 이야기를 꺼내자 박근혜 이사장은 긍정도 부정도 하지 않고 말없이 미소만 지었다. 그 당시 내가 언급했던 활동의 의미는 여성 정치인으로 거듭나야 하지 않겠냐는 것이었다.

그때 박근혜 이사장은 하루일과를 묻는 내 질문에 "TV프로그램 중 '동물의 왕국'과 중국어 등 EBS 언어 교육 프로그램을 즐겨본다"고 했다. '왜 동물의 왕국을 즐겨보세요?'라고 재차 질문하자 "동물은 배신을 하지 않으니까요"라고 답변했다.

'동물은 배신하지 않는다'

내 뇌리에 또렷이 각인된 이 말은 박정희 대통령 사후 당시 은둔생활을 하며 박근혜 이사장이 삼켰을 분노를 짐작케 했으나 또한 잔잔한 미소 뒤에 숨어있는 설욕을 위한 비장함을 느끼게 했다.

인터뷰 이후 4년 뒤 박근혜 이사장은 정계에 진출했고, 한나라당 부총재 시절인 2002년 초 출입기자들을 서울 삼성동 자택으로 초청하여 계영배(戒盈杯)를 선물했다는 소식이 인상 깊게 남았다. 계영배는 잔에 술이 과하게 채워지면 잔 밑의 작은 구멍으로 술이 모두 새어 나가도록 만들어진 잔인데, 그런 잔을 손님들에게 선물로 준다는 것은 박근혜 의원 스스로 과함을 극도로 경계한다는 뜻을 밝힌 것이리라.

한나라당 탈당 의사와 정윤회 실장

박근혜 의원은 한나라당에 입당한 이후 여러 차례 이회창 총재와 갈등을 빚었다. 99년 한나라당의 박정희 전 대통령에 대한 평가에 불만을 표시하며 부총재직을 사퇴한다고 선언하기도 했고, 2001년 초부터는 이회창 총재의 당 운영 방식에 직간접적으로 불만을 표시해 언론이 박 의원의 거취를 주목하고 있었다.

2001년 5월 8일 박근혜 의원실로부터 '사전에 요청한 인터뷰에 응하겠다'고 연락이 왔다. 전화를 해온 사람은 당시 박근혜 의원실에서 '실장'으로 통하던 정윤회 씨였다. 즉시 의원회관으로 달려가 저녁 7시 무렵부터 인터뷰를 시작했다.

무궁화 꽃 그림과 파도가 바위에 부딪히는 그림이 걸려있던 의원회관은 아버지 박정희 대통령과 어머니 육영수 여사의 분위기를 연상시켰다. 기억하건대 좀처럼 속 시원하게 대답을 내놓지 않았던 박근혜 의원과의 인터뷰는 처음에는 헛돌았다. 박근혜 의원은 3김(김영삼, 김대중, 김종필)의 역할론에 대한 대답으로 이야기를 시작했다. 지역구도 문제는 우리나라 발전을 가로막는 큰 장애물 중 하나라며 그들이 나라를 위해 지역감정이 극복될 수 있도록 좋은 방향으로 헌신해 주기를 바란다고 말했다.

"3김이 다음 대선에 어떤 역할을 모색한다는 얘기가 있는데 어떻게 생각하나요?"

"세 분이 각 지역의 대표로서의 역할도 쭉 해오셨고 하니까 뭔가 나라를 위해서 이렇게 가서는 안 된다는 생각으로 마음을 쓰신다면 좋은 방법이 나오지 않겠습니까?"

당시의 관심사는 박근혜 부총재가 이회창 총재에 대한 지지를 철회할 수도 있다는 것이었기 때문에 질문은 그 대목에 집중됐다. 1시간 반 정도 인터뷰를 진행하며 다각도로 물은 끝에 '이회창 총재의 태도가 변하지 않는다면 지지하지 않을 수도 있다'는 취지의 답변을 얻어냈다. '제3의 정당이 생길 경우 참여할 수도 있다'는 요지의 발언도 했다. 정치권 전체가 박근혜 의원의 입을 쳐다보고 있던 상황에서 큰 뉴스거리였다. 9시 뉴스는 30분도 채 남지 않았다. 회사에 상황보고를 하고 뉴스를 준비하기 위해 복귀한 순간 정윤회 실장이 전화를 걸어와 박근혜 의원을 바꿔줬다. '탈당 가능성, 이회창 총재 지지철회 가능성' 등은 방송하지 말아달라는 것이었다. 나는 "이미 제 손을 떠났습니다"라고 답했다. 그날 밤 9시 뉴스데스크는 박근혜 의원의 발언이 그대로 방송됐다.

"이회창 총재는 차기 대통령으로서 비전을 제시하지 못하고 있습니다. 제가 확신을 갖지 않은 상태에서 국민에게 말할 수가 없잖아요. (지금 같은 상황에서는 지원유세를 하실 수 없다는 그런 이야기 인가요?) 뭔가 마음에 여러 가지가 착잡합니다."

"(신당에 참여할 뜻이 있습니까?) 국민의 기대에 부응하는, 또 우리 시대가 정말 요구하는 그 어떤 것을 표방한다면 그것이 바람직할 수도 있습니다."

인터뷰 녹화를 마쳤을 때 발언 내용이 파문을 일으킬 것을 직감한 듯 박근혜 의원과 정윤회 실장은 심각한 표정으로 귀엣말을 계속했다. 걱정스런 표정으로 소곤소곤 보고하는 정 실장, 난감한 표정의 박근혜 의원의 모습은 지금도 나의 뇌리에 아주 생생하게 남아있다. 곱상한 외모의 정윤회 실장은 차분한 말과 행동으로 박근혜 의원을 '아주 세밀하게' 보좌하고 있었다.

2001년 인터뷰 현장에서 박근혜 의원을 보좌하던 정윤회 실장의 모습은 박근혜 의원에 대한 극진한 예우와 더불어 전방위적으로 여론의 반향을 살피는 촘촘한 태도가 남달라 보였다.

이듬해 2월 한나라당을 탈당한 박근혜 의원이 꾸렸던 미래연합에 참여했던 한 인사는 "미래연합이 얼마 못가고 해산한 데는 정윤회 실장을 비롯한 몇몇 보좌관들의 폐쇄적 태도가 작용했다. 나도 정윤회 실장을 내보내지 않으면 박근혜 의원을 도와줄 수가 없다고 말했을 정도였다"고 회고했다.

2004년 국회의원이 된 후 인사차 박근혜 의원 사무실에 들렀을 때 이미 정윤회 실장은 볼 수 없었다. 하지만 당시에도 이미 '당 대표가 무슨 중요한 일이 있을 때마다 누구의 조언을 받는지 알 수가 없다'는 이야기가 한나라당 주변에 파다했다. 여당 대변인으로 활동하던 나에게도 박근혜 대표 주변의 비선라인에 대해 많은 제보가 있었지만, 어느 언론도 그것을 문제 삼지 않았다. 결국은 박근혜 정권이 들어서고 2년 차에 들어서 나라를 뒤흔드는 비선논란으로 비화됐다가 일단 수면 아래로 가라앉았다. 정윤회 실장을 만난 일이 있는 나로서는 정 실장이 비선라인으로 지목되며 2014년 연말정국을 달군 것은 어느 정도 짐작이 가는 일이었다.

박근혜 의원은 인터뷰어로서 매우 힘든 인물 중 하나였다. 인터뷰 약속을 잡기도 어려웠지만 인터뷰를 한다고 해도 원하는 대답을 이끌어 내려면 큰 인내가 필요했다. 정치적으로 민감한 질문에 대해서는 답변을 피했고 예민한 질문에 대해서는 듣기에 따라 해석이 달라질 수 있거나 원론적인 대답만 해서 기자를 곤란하게 했다. 어릴 때부터 청와대 생활에서 얻은 몸에 밴 정치의식, 이른 나이에 권력의 핵심을 보좌한 퍼스트레이디로서 매사에 신중한 언행을 해 왔던 습관이 몸에 배인 것이 아닐까 하는 생각이 들었다.

박근혜 의원은 철저하게 자기관리를 하고 있었다. 테니스는 수준급이라고 알려져 있었고 두 손가락으로 하는 팔굽혀펴기를 매일 한다고 했다. 그것은 강인한 정신력이 아니고서는 불가능한 일이었다. 언제나 단정한 차림의 꼿꼿한 자세도 그런 의지에서 비롯된 것이 아닌가 생각했다. 공식석상이 아닌 사적인 자리에서도 단 한 번도 자세를 바꾸지 않고 앉아 있곤 했다. 그렇다고 그 자리의 분위기를 무겁게 하거나 어색하게 만들지도 않았다. 박 의원과 외국출장을 함께 다녀온 선배 의원 한 분은 아침식사 때도 늘 올린 머리에 곱게 화장한 얼굴로 나타나 흐트러진 모습을 한 번도 못봤다는 얘기를 한 적이 있다.

지금 생각해 보면 사람들은 박근혜 의원의 화사한 웃음에 마음을 풀어놓았고 조용하면서 느릿한 말투에 귀를 기울였던 것 같다. 박근혜 의원과 마주 앉아 대화를 나누다보면 무척 연약해 보였지만 대화를 마치고 돌아설 때면 마음속에 긴 잔상 같은 것이 남았는데 그것은 그만이 가진 독특한 카리스마 같은 것이었다.

기자 시절 나는 박근혜 대통령을 세 번 인터뷰 했다. 고집스러울 정도의 원칙주의와 그것을 표현해주는 절제된 대화방식은 박근혜의 무기가 되었고, 그 무기가 지금의 대통령 박근혜를 만들었다고 해도 과언이 아니다. 하지만 그 절제된 치밀함이 폐쇄적인 의사결정 구조에서 생산된 것이라면, 수많은 의견과 상충되고 이해관계를 수렴해야 하는 대통령에게는 약점으로 작용할 수 밖에 없다고 본다.

탈당과 복당, 이마저 정치자산으로 만드는 무게

2001년 5월 인터뷰에서 밝힌 이회창 총재에 대한 지지철회는 10개월 뒤 현실이 됐다. 2002년 2월 들어 이회창 총재의 당운영에 대해 비판의 강도를 부쩍 높이던 박근혜 부총재는 2월의 마지막 날 의원회관에서 기자회견을 갖고 탈당을 발표했다.

"국민이 원하는 정치를 거부한 채 어떻게든 집권만 하겠다는 기회주의적 생각에 더 이상 동참할 수 없다는 결론을 내리고 이제 한나라당을 떠나기로 결심했습니다. 한나라당은 책임 있는 민주정당, 국민정당으로 거듭나 국민의 신뢰를 받느냐, 아니면 총재 1인의 정당으로 남느냐 하는 기로에서 국민적 여망을 외면하는 불행한 선택을 하고 말았습니다."

단호한 입장 표명이었다. 보수 언론과 한나라당 지지자들도 박근혜 의원의 탈당을 비판하기 보다는 오히려 이회창 총재의 독선적 당 운영 방식에 문제가 있다고 평가했다. 심지어 야당인 민주당조차 '이회창 총재의 포용력 부족이 원인'이라고 논평했다. 이는 박근혜 의원이 정치를 시작한 지 4년 만에 보수진영에서 자신의 입지를 확고하게 구축했다는 증거이기도 했다. 그해 3월과 4월은 온통 박근혜 의원과 50대 초반의 차세대 정치인들이 연합해 당을 꾸릴 수 있을지를 전망하는 기사로 넘쳐났다. 이인제(IJ) 정몽준(J) 박근혜(P)의 연합 가능성을 IJP연대로 이름 붙였다.

한나라당을 탈당한 박근혜 의원은 3김의 정치적 후원을 모색하면서 신당 창당 작업을 개시했으나, 보수언론은 이미 '한나라당 복당'에 대한 희망을 담은 기사를 게재했다. 신당 창당을 위한 준비위원회를 띄우면서 3월 말에는 영국을 방문해 '영국에 대처, 한국엔 박근혜'란 제목의 신문기사를 만들어냈고, 5월엔 갑작스럽게 평양방문을 발표했다. 5월 17일 미래연합 창당대회를 앞둔 박근혜 의원의 평양방문에 대한민국의 눈이 쏠렸다. 뉴스메이커로서 대단한 위력이었다.

5월 11일 서울을 출발해 베이징을 거쳐 평양으로 가는데, 북한 정권은 고려항공 특별기를 보내 박근혜 '유럽-코리아재단 이사'를 영접했다. 5월 14일 평양-베이징-서울 항공편으로 귀환을 앞둔 5월 13일, 박근혜 의원은 김정일 국방위원장을 면담하고 그가 주최한 만찬에 참석했는데 '베이징으로 돌아갈 것 없이 육로로 편하게 가시라'는 김정일위원장의 제안으로 다음날 판문점을 통해 서울로 돌아왔다. 그는 남쪽 보수진영과 북쪽 권력자로부터 동시에 환대를 받는 특별한 존재였다.

3박 4일의 평양방문을 마치고 돌아온 박근혜 의원은 5.16 행사 다음날 한국미래연합 창당대회에서 대표로 추대됐고 수락연설을 통해 '또하나의 혁명'을 선언했다.

"이제 또 하나의 혁명이 시작됐고, 우리에겐 목숨을 걸고라도 나라를 구하고 국민을 구해야 하는 사명이 주어졌습니다. 그 목적을 위해 지방선거에 참여하고 대선에서 후보를 내 반드시 승리할 것입니다."

6.13 지방선거에 적극 참여 선언했지만, 인물난에 시달리다 결국 대구 경북지역에서 광역의원 몇 명의 당선자를 내는 것으로 끝나면서 신당의 위력은 크게 축소됐다. '또 하나의 혁명'은 첫 걸음을 떼자마자 시들해진 것이다.

2002년 10월이 되자 박근혜 복당론이 줄을 이었다. 보수언론은 '박근혜 몸값 천정부지 치솟아'라는 제목의 기사를 쏟아냈다. 한나라당 당원은 '우리가 잘못했으니 돌아오라'는 것이고, 보수 언론은 박근혜의 복당을 위해 정지작업에 열중했다.

박근혜 의원은 '복당이 아니다. 한나라당과 미래연합의 당대당 통합을 하는 것이다'라고 무리한 주장을 했지만 그런 논리를 정면으로 비판하고 나서는 언론은 찾아보기 어려웠다. 11월 19일 박근혜 미래연합 대표와 이회창 한나라당 총재는 공동기자회견을 갖고 두 정당의 합당을 발표했다. 합당이란 이름의 복당이었다. 가출 9개월 만의 귀가였는데 가족이 모두 도열해 아무런 말없이 박수를 치고 있는 형국이었다.

"새로운 시대를 여는 중요한 시기인 이번 대선에서 정치개혁을 이루고 국민에게 신뢰받은 새로운 정부를 탄생시키기 위해 합당을 결정했다"는 말을 덧붙였다.

2002년 대선 정국의 주인공은 노무현과 정몽준, 이회창 등이었지만 박근혜 의원은 주인공 못지않은 스포트라이트를 받았다. 탈당으로 온 뉴스의 중심에 서고, 곧바로 복당 가능성으로 전 언론의 집중 조명을 받더니 9개월 만에 환영을 받으며 복당했다. 자신의 정치적 몸값을 부풀리는 데는 탁월한 능력을 갖고 있는 정치인임을 확실하게 증명해보였다.

흉탄에 쓰러진 어머니를 대신해 스물셋에 퍼스트레이디가 되었고 스물일곱 살에 아버지마저 총탄에 잃으면서 18년 동안 생활했던 청와대를 떠난 지 18년이 지나 정계에 입문한 박근혜. 그로부터 5년이 지난 박근혜 의원은 당을 떠나도 언론의 중심에 있었고, 당을 만들었다 실패해도 관심에서 멀어지지 않았으며, 사실상 백기투항 하듯 복당을 해도 비판받지 않았다. 이는 대구 경북이라는 탄탄한 지역기반과 대통령의 딸이라는 정치자산 등을 기반으로 몫이 확실한 정치인으로 자리를 잡았다는 뜻이었다. 그것은 한국 경제의 성장신화만큼이나 놀라운 박근혜 정치의 성장신화였다.

구원투수로서의 박근혜

2004년 노무현 대통령 탄핵은 한나라당을 존폐의 위기에 빠트렸다. 2003년 말부터 대선자금 수사의 윤곽이 드러나면서 '차떼기 정당'이란 오명에 시달리던 한나라당이 2004년 3월 12일 대통령 탄핵을 의결하자 국민의 분노가 폭발한 것이다. 탄핵의 여풍은 심각했다. 사태 열흘 만에 최병렬 새누리당 당대표가 사퇴하자, 박근혜 의원이 구원투수로 당 대표직에 올랐다. 총선을 23일 남겨둔 시점이었다. '천막당사'와 '운동화 끈' 이벤트로 위기의 당을 추스르며 '붕괴 위기감에 빠진 보수진영'을 묶어세우는 데 성공한 박근혜 대표는 4.14 총선에서 121석의 의석을 얻어냈다. 18석이 줄었지만 인상적인 선전으로 받아들여졌다. 박근혜 대표는 '당의 구원자'로 확고히 자리매김하면서, 대권주자로 떠올랐다.

2004년 정기국회는 국가보안법 폐지 논란으로 시작해 그것으로 끝이 났다. 그 과정에서 한나라당 박근혜 대표의 정치적 성향, 교섭가로서의 특징, 리더로서의 자질 등이 그대로 드러났다.

노무현 정부는 출범과 함께 국가보안법 폐지, 사학법 개정, 신문법 개정, 과거사 청산 등을 4대 개혁과제로 앞세웠다. 열린우리당은 일찌감치 국가보안법 폐지를 당론으로 정해놓고 정기국회를 맞으며 전열을 정비하고 있었다. 신호탄은 노무현 대통령이 쐈다.

9월 5일 MBC 시사프로 〈2580〉에 특별출연한 노 대통령은 국가보안법 폐지 문제를 거론하면서 "국민이 주인이 되는 국민주권시대, 인권존

중의 시대로 간다고 하면 독재시대의 낡은 유물은 폐기하고 칼집에 넣어서 박물관에 보내는 것이 좋지 않겠습니까?"라고 했다. 국가보안법에 대해 헌재가 합헌결정을 내린 직후여서 대통령의 공개발언은 정치권에 더욱 큰 논란을 촉발했다.

보수진영의 우상이나 다름없던 박근혜 대표 특유의 숨 막히는 '진지전(陣地戰, Position Warfare)'이 시작됐다. 협상이 본질인 정치에서 박근혜 의원의 '진지전'은 경험해보지 않은 사람은 알 수가 없다. 나도 말로만 듣던 그 모습을 국가보안법 협상과정에 대변인으로 참여하며 목격했다. 그 하이라이트는 12월말 입법과제와 자이툰부대 파병연장 동의안 처리를 둘러싼 막바지 협상이었다.

긴 협상에서 세 문장을 반복하다

2004년 12월 21일 진통 끝에 쟁점법안 일괄교섭을 위한 양당의 당대표, 원내대표 연석회담이 성사됐다. 열린우리당의 이부영 당의장과 천정배 원내대표, 한나라당의 박근혜 대표와 김덕룡 원내대표가 연일 국가보안법 문제로 씨름을 했다. 21일 첫 4자회담에 이어 23일 제2차 4자회담, 24일~26일에는 제3~5차 4자회담이 계속됐으나 논의는 제자리걸음이었다. 본회의 처리를 약속한 전날, 12월 27일 제6차 4자회담은 격하게 진행됐다. 협상의 마지막 기회이기도 했지만, 결렬로 끝났을 때

언론이 어떤 평가를 내릴 지를 두고 양당이 민감한 신경전을 벌이고 있었기 때문이다.

〈국가보안법, 사학법, 신문법, 과거사 규명법 등 4대 개혁입법을 여야가 합의로 처리한다〉는 원칙에 합의했기 때문에 여당인 열린우리당도 끝까지 박근혜 대표의 일부 양보를 집요하게 설득하고 있었다. 특히 국가보안법을 대체하는 입법을 위해 협조해달라는 것이 이부영 의장의 계속된 요구였으나, 박근혜 대표는 당일 3시간 동안 진행된 협상에서 3개의 문장을 반복했던 것으로 기억한다. 어디에선가 보내온 문자메시지를 체크하고, 그 내용을 그대로 읽는 것처럼 보였다. 그래서 그때 '수첩공주'라는 별명이 붙여지게 되었다.

"국보법이 없어지면 휴전선을 지키는 군인들은 어떻게 합니까?"

"그렇게 되면 38선은 어떻게 되는 것입니까?"

"앞으로 광화문에 인공기가 내걸리면 어떻게 하나요? 나라가 혼란스럽지 않을까요?"

실로 대단하다고 할 수 밖에 없는 일관성이었다. 협상의 상대를 면전에 놓고, 3시간 반 동안 똑같은 소리를 반복할 수 있는 집요함과 일관성은 흉내조차 내기 어려운 것이었다. 당시 상황, 열린우리당 대변인 명의의 논평에서 "박근혜 대표가 똑같은 표정과 목소리로 원칙론만 되풀이하고 있다"고 표현했는데, 한나라당 대변인은 적반하장으로 반박했다. "박근혜 대표의 변함없는 신념을 전혀 고려하지 않고 있는 열린우리당에 문제가 있다. 융통성이 없는 것은 오히려 여당이다."

바로 그 집요한 일관성이 방향을 잘못 잡는다면 그것은 모두의 불행이다. 박근혜 대통령 취임 이후 우리 모두가 체험하고 있는 것이다.

위기 속의 속도전, 독주하는 대선후보

탄핵역풍에서 한나라당을 구한 박근혜 대표는 2005년 정기국회 기간 중엔 참여정부 개혁의 상징이었던 국가보안법 개정, 사학법 개정, 신문법 개정, 과거사 진상규명법 제정 등 '4대 개혁입법'을 장외투쟁으로 막아서며 한나라당을 넘어 보수진영 전체를 대표하는 정치인으로 컸다. 2006년 지방선거에서는 '커터 테러'를 침착하게 넘기면서 위기에 강한 지도자의 이미지까지 구축했다.

2007년 한나라당 대선후보 경선에서 박근혜 의원은 이명박 서울시장 측과의 경선 룰 협상과정에서도 대범한 이미지를 구축했고, 여론조사 반영비율 때문에 경선에서 패배하고도 깨끗이 승복해 강한 인상을 남겼다.

2008년 총선에서 친이(親李)계가 주도한 공천이 '친박(親朴)학살 공천'으로 인식되면서 박근혜 의원을 당 밖에서 지지하는 세력이 친박연대를 결성했고, 친박 성향 무소속 후보들은 별도로 연대해 20여 명이 당선되며 두툼한 원내세력을 형성했다. 총선 이후에는 전원 한나라당에 복당하면서 정치적 친위대가 됐다.

2011년 12월 9일. 한나라당은 또 한 번 엄청난 내홍에 휩싸인다. 홍준표 대표가 '디도스 파문'을 견디지 못하고 사퇴하자, 총선을 넉 달 앞두고 위기감을 느낀 의원들이 선거의 여왕 박근혜 의원을 비상대책위원 장으로 선출했다. 대선을 1년 앞둔 시점에서 현직 대통령의 정적을 당 비대위원장으로 뽑은 것이다. 이는 당이 권력자의 손을 떠났다는 뜻이 며 새로운 권력이 등장했음을 의미하는 것이었다. 이때 친박계였던 유 승민 의원은 최고위원직을 사퇴하면서 홍준표 체제를 흔들었다. 2015 년 6월 말 박근혜 대통령과 유승민 원내대표의 전면전으로 비화된 국회 법 개정안 사태는 그 화살이 거꾸로 당겨진 것이라고 할 수 있다.

박근혜 비대위원장은 즉각 당명 변경을 선언했고 2012년 2월 2일 '새 누리당'을 탄생시켰다. 이명박 심판론에도 불구하고 박근혜 비대위원장 이 이끄는 새누리당은 2012년 제19대 총선에서 152석의 원내 과반의석 을 획득했고, 그 여세를 몰아 박근혜 대표가 대선후보로 확정됐다. 2004 년 이후 보수진영을 꾸준히 지배해온 실력자가 8년 만에 대선후보 자리 에 오른 것이었다.

만사형통에서 인사불통으로

2012년 12월 19일. 국정원의 선거개입과 댓글 여론조작 징후가 여러 곳에서 포착됐지만 박근혜 후보가 51.6%라는 과반이 조금 넘는 득표율 로 문재인 후보를 누르고 대통령에 당선됐다. 기자 시절 내가 기억하는 박근혜 대통령은 침착하고 말이 신중했다. 그래서 자신이 한 대선공약으로 부르짖은 경제민주화, 검찰개혁 약속은 반드시 지킬 것이라고 기대했다. 그러나 인수위원회 시절부터 국민을 실망시키기 시작했다. 인수위원장 인사는 물론, 인수위원들의 인사가 깜깜이로 진행됐다.

종편에 출연해서 지나친 극우발언을 일삼던 인물을 대변인으로 기용해 국민을 놀라게 하더니, 어느 인수위원은 이유도 모르게 사퇴한 뒤 사라졌다. 국무총리로 인수위원장이 지명되더니 검증이 진행되자 자진사퇴했다.

박근혜 대통령은 정부 출범 후 2주가 지났는데도 국무회의를 열지 않았다. 또한 국민에게 '대통령의 일정 없음'에 대한 설명도 하지 않았다. 장관 청문회가 끝나고 국회가 청문보고서를 채택했음에도 청와대는 장관을 일괄적으로 임명하겠다면서 임명을 미뤘다. 청와대 비서관으로 누가 임명됐는지도 국민들은 명쾌하게 알 수 없었다. 떠도는 소문만 무성했다. 민정비서관만 해도 처음에는 임명됐다고 했다가 나중에는 철회됐다고 하더니 어느새 슬그머니 현직 검사가 청와대로 자리를 옮겨 일을 했다. '현직 검사의 청와대 파견 금지'는 박근혜 대통령의 공약이었는데 정부 출범부터 현직 검사의 청와대 파견이 줄을 이었다.

청와대 보건복지비서관 내정자도 돌연 교체됐다. 헌법재판소장과 헌법재판관의 임명이 지체되면서 헌법재판소의 공백은 한동안 방치되었다. 대통령 경호, 정보라인은 군인 출신으로 채워져 군사정권을 연상케 했다. 대국민 담화를 발표한다며 텔레비전에 등장한 대통령의 표정은 의도한 것인지 아닌지는 알 수 없으나 근엄한 여왕의 모습이었다. 혹자는 대통령 박근혜의 얼굴에 왕정 혹은 유신의 망령이 떠돌고 있다며 공포감을 드러냈다.

2013년 3월 4일 국회 본회의에서 박근혜 정부의 첫 법무장관 황교안 후보의 인사 청문 결과 보고서가 제출되었다. 여당 '적격', 야당 '부적격'의 서로 다른 시각을 담은 이 보고서는 박근혜식 인사의 문제점을 요약한 듯 했다.

　검사로 근무하는 동안 〈안기부 X파일 사건〉 등의 수사에서 재벌 총수 및 검찰 측에 대한 봐주기로 국민의 법 감정을 거슬렀고 공익 제보자에 대해서만 일방적인 편파 수사를 했다는 지적과 후보자의 과거 수사 경력 등을 볼 때 새 정부에서 공안정국 조성이 우려된다는 지적, 공직을 떠나 법무법인에 근무하면서 많은 급여를 받은 부분은 전관예우로서 공직에서 쌓은 이력을 이용하여 부당한 사익을 취한 것으로 국민들이 바라는 공직자의 상에 부합하지 않으며 지나친 종교 편향적 입장으로 공공성을 담보하지 못할 우려가 있다는 지적, 그리고 투명한 사건처리 여부가 중요함에도 불구하고 법무법인에 근무하는 동안 담당한 사건 및 수임내역 등 관련 자료제출 요구에 대해서 명확한 자료 제출을 해태함으로써 의혹의 해소를 회피한 점, 5·16 쿠데타에 대한 명확한 입장표명을 하지 않다가 추궁이 이어지자 교과서에 5·16 군사정변으로 나와 있는 것에 공감한다는 취지로 답변하는 등 역사관이 부족한 점, 다섯 번에 걸쳐 과태료를 체납하여 차량이 압류되는 등 준법의식이 결여된 점, 장남에게 대여한 전세자금에 대해서 후보 지명을 받은 후 갑자기 증여로 전환하게 된 배경을 충분히 해명하지 못한 점,

병역 면제 사유에 대한 구체적인 소명자료를 제출하지 못한 점 등을 고려해 볼 때 법무부장관으로서 필요한 준법성, 도덕성 등의 덕목을 갖추지 못한 것으로 판단되어 부적격하다. 여기에 한 가지 덧붙인다면 법무장관 후보 황교안은 장관을 그만두고 다시 로펌으로 갈 것인가 하는 질문에도 명쾌한 답을 내놓지 않았다.

나는 국회 법제법사위원장으로서 인사청문보고서를 또박또박 본회의장에서 읽어내려갔다. 황교안 후보자 청문회를 마치며 갑자기 '무솔리니가 집권하니 열차가 정시에 도착했다'는 말이 떠올랐다. 열차가 정시에 오는 이익의 대가는 무엇일까? 그것이 대중의 희생으로 강요된다면 어떨까 하는 생각이다. 법질서의 수호만큼 중요한 법무장관의 임무가 국민의 인권과 권익보호인데, 청문회를 통해 그런 자질을 전혀 보지 못했다는 생각때문인지도 모른다.

박근혜 대통령의 인사가 비정상으로 움직인다는 것은 대선을 앞둔 상황에서 경제민주화 공약의 창안자인 김종인 박사를 내칠 때 감지된 일이다. 후보 주변의 문고리 권력의 문제점을 제기한 이상돈 비대위원 등을 멀리한 것도 같은 맥락이다. 사람들은 그런 박근혜식 사람쓰기가 '측근의 배신으로 타계한 아버지' 트라우마에서 비롯됐다고 말한다.

박근혜 대통령의 사람 쓰는 기준을 상징하는 것이 소위 '7인회'인데, 면면을 보면 김용환 전재무장관(1932년생), 김용갑 전총무처장관(1936년생), 김기춘 전비서실장(1939년생), 현경대 민주평통 수석부의장(1939년생), 최병렬 전대표(1938년생), 안병훈 전조선일보 부사장(1938년생), 강창희 전국회의장(1946년생) 등이다. 대부분 부친인 박정희 전대통령과 같이 일을 한 경험이 있고, 부친에 대한 충성심이 공인된 사람들이다. 이들이 축적된 경험을 기반으로 미래를 꿰뚫어보는 인물들인가, 과거를 그리워하는 사람들인가 생각해볼 필요가 있다.

실종된 검찰 개혁

박근혜 대통령은 대선전 막바지인 2012년 12월 2일, 장문의 '검찰개혁안'을 발표했다. 문재인 후보의 검찰개혁안이 나오던 날, 맞불차원에서 급하게 마련된 인상이 짙었지만 여러 가지 내용을 담은 것이었다.

대검중앙수사부를 폐지하기로 한다는 이미 발표된 내용부터 시작해서 검찰총장의 인선을 검찰총장인사추천위원회에 맡긴다는 것, 검찰 인사를 객관화, 합리화하기 위해 검찰인사위 의견을 중시한다는 것으로 이어졌다. 55명 선인 차관급 공직자인 검사장 이상 검찰간부의 수가 지나치게 많다면서 대폭적인 감축을 약속했다. 검사의 외부기관 파견을 제한하겠다는 약속도 담았다. 경찰과 검찰의 수사권 분점을 통해 경찰의 수사 독립성을 인정하겠다는 말도 했다.

박근혜 대통령은 대선후보 수락 연설(2012년 8월 20일)에서 부패척결을 유별나게 강조하면서 대통령 친인척 비리를 근절하고 고위공직자 비리를 감시하기 위해 특별감찰관제 도입을 약속했다. 검찰개혁의 일환으로 상설특검제 도입을 공약하기도 했다. 사실 특별감찰관은 청와대 민정수석실이 수행하는 기능과 다른 바가 없는 것이다.

특별감찰관제는 이명박 정권에서 민간인 사찰을 위한 조직으로 운영한 '공직윤리지원관실'과 유사한 기구가 될 수 있다는 우려도 제기되었다. 더욱이 박근혜 대선후보는 민주주의의 근간을 흔드는 민간인불법사찰 논란 때나, 삼화저축은행 수사 때 한 번도 검찰 수사의 문제점을 지적한 사실이 없어 특별감찰관제도를 제대로 운영할 것이라는 믿음을 주지 못했다. 상설특검제 또한 검찰개혁의 일환으로 고위공직자 비리를 전담하는 조직(공직자비리수사처 등)을 신설하자는 요구에 대응해 검찰 내부에서 차선책으로 제시해온 제도였다.

2014년 3월 18일 특별감찰관법과 함께 제정된 상설특검법(특별검사의 임명 등에 관한 법률)은 결국 특검 임명주체가 대통령이란 점에서 독립적 수사를 보장받는 것이 어려워 온전한 검찰개혁이라고 평가하긴 어렵다. 오히려 수사기록이 공개되지 않고, 특검보 이하 특검 검사들이 사실상 검찰총장의 영향력 하에서 움직인다는 점에서 역시 검찰개혁을 바라는 국민여론으로부터 검찰을 방어해주는 장치일 뿐이다. (특별감찰관법과 상설특검법을 처리할 때 나는 법사위원장으로서 이러한 문제점을 인식하고 있었다. 그러나 새누리당이 다수의석을 차지하고 있는 상황에서 내 의사를 관철시키기는 어려웠다. 2보 전진을 위해 1보 후퇴한다는 마음으로 양보된 법안을 통과시킬 수 밖에 없었다. 단계론적 접근이 불가피했다. 이 같은 특검의 허상을 너무나 잘 알기에 나는 원내대표 시절 세월호 협상 책임자로서 특검을 얻겠다고 진상조사위원회 구성 방식 같은 핵심사항을 양보할 수는 없었다. 오히려 유가족의 의사가 최대한 반영될 수 있는 진상조사위원회를 빨리 구성해서 신속하게 진상규명에 착수하는 것이 중요하다는 차원에서 협상을 진행했고, 그것은 당초 새정치민주연합의 협상전략이기도 했다. 그런데 협상의 이런 흐름은 누군가가 유가족 대표들에게 왜곡된 정보를 제공하면서 일이 틀어졌다. 결국 진상규명은 뒤로 밀리고 특검이 모든 협상의제를 점령해 버린 것이다. 그 결과 사건 발생 후 1년이 되도록 진상조사위원회는 겉돌고 있고, 그토록 치열했던 특검 요구는 온데간데없어졌다. 그 때 좀 더 의원들을 설득하지 못한 것이 후회스럽다.)

박근혜 정부가 할 수 있고 해야만 하는 검찰개혁은 ▲검찰총장추천위원회의 합리적 운영 ▲검사장급 직위의 축소 ▲검사의 외부기관 파견 제한 ▲검경수사권 분점 등의 실무적 차원의 일들인데, 이 작은 실천조차 제대로 이뤄지지 않고 있다.

2013년 4월 12일, 청와대에서 국회 상임위원장단 초청 만찬에 참석했을 때 나는 검찰개혁 공약의 이행을 진지하게 건의 했고 박 대통령은 소상하게 메모를 했다. "2013년 상반기 중에 이뤄지도록 힘을 써 보겠습니다"라는 말까지 했지만 이후 박근혜 대통령이 검찰 개혁을 위한 어떤 조치를 취했다는 소식을 들어본 적이 없다. 현실적으로 실천할 수 있는 가장 손쉬운 검찰개혁이 '현직 검사의 청와대 파견을 금지한다'는 것인데, 오히려 역대 어느 정권보다도 활발하게 파견이 이뤄지고 있을 따름이다.

또 다른 의혹, 국정원과 NLL

대선 당시 국정원의 선거개입과 NLL 논쟁은 2012년 대선과 2013년 박근혜 정부 1년을 매우 곤혹스럽게 만들었다. 그리고 이런 국기문란 사건과 관련해 민주당에는 이미 지난 대선 때부터 국정원과 관련된 제보가 많이 들어와 있는 상태였다. 가장 충격적인 것은 권영세 사무총장(전 주중 대사)의 발언이었다. 대선을 앞둔 12월 10일 여의도의 한 식당에서 권영세 사무총장은 2007년 남북 정상회담 대화록 공개 방안을 컨틴전시플랜(contingency plan, 비상계획)에 대비한 시나리오로 검토했으며 집권 시 대화록을 공개할 계획을 갖고 있다고 발언한 녹음 파일이 있다는 제보가 당에 접수되었다.

당 내부에서는 대한민국의 국기문란을 야기할 수 있는 이 제보를 어떻게 할 것인가에 대해 논의했다. 그러나 이미 문재인 후보는 대선 패배를 선언한 상태였고 대한민국의 미래와 국가의 안정을 위해서 민주당이 자제하는 게 좋겠다는 생각에서 집권초반에는 그 제보를 덮었다.

2013년 7월 7일 워싱턴포스트는 국제면 기사에서 한국 국정원의 대선 개입 의혹에 대해 "국정원이 권력을 이용해 당파적 분열을 조장하고 있다"고 전했다. 보수 세력은 고 노무현 전 대통령이 북한과의 협력 때문에 국가 안보를 등한시했다고 주장하는 한편 현 집권 세력은 국정원 대선개입 의혹에 물타기를 하기 위해 일부러 NLL논란을 만들어냈다는 것이다. 특히 보수 세력이 자신들의 명분을 위해 국정원 권한을 남용했다는 비판을 자세히 보도하며 "한국의 정보기관은 정치적 선동꾼(political provocateur)이 됐다"는 낯부끄러운 표현까지 사용했다. 특히 박근혜 대통령이 이 사건에 대한 언급을 피하고 있다고 지적했다.

이름만 남은 경제민주화

박근혜 후보 당선에 크게 기여한 공약은 경제민주화였다. 국민들은 경제적 양극화를 해소하고 복지를 늘리겠다고 한 박근혜표 공약을 믿었다. 독일의 메르켈 총리를 떠올리며 우리도 박근혜 대통령이 메르켈 총리처럼 해주기를 바랐던 것이다. 하지만 박근혜 정부는 집권 초기부터 경제민주화는 뒷전인 채 재벌들의 민원을 해소하는 법안을 경제활성화 법안으로 둔갑시켰다. 그 대표적인 것이 2014년 새해 벽두에 통과된 외국인투자촉진법(이하 외촉법)이다.

외촉법은 2014년 새해 예산안처리와 국정원개혁 법안 처리를 앞두고 정부여당에서 야당을 압박하는 카드로 쓰였다. 나는 국회 법제사법위원장으로서 양심상 이 법안을 상정할 수 없었다. 그 이유는 IMF 외환위기 당시 재벌들의 고질적 병폐였던 순환출자 문제를 개선해보고자 만든 지주회사법의 근간을 흔드는 법이기에 그러했다. 지주회사법은 IMF를 겪으면서 재벌의 경제력 집중, 그리고 문어발식 확장의 폐해에 대한 반성 아래 그 해법의 하나로 만들어진 법이다. 재벌오너가 적은 지분으로 전체 계열사를 지배하는 순환출자를 막고 지주회사 체제로 지배 구조를 전환시키는데 크게 일조한 법이었다. 그런데 박근혜 정권은 외국인투자라는 빌미로 재벌이 계열사를 쉽게 만들 수 있도록 또 다시 길을 터준 것이다. 2014년 1월 1일 새벽 국회 본회의에서 외촉법이 통과될 때 나는 반대토론에 나섰다.

2014년 갑오년이 밝았습니다마는 제가 오늘 이 자리에서 우리나라의 IMF 사태를 초래했던 재벌의 문어발식 확장 그리고 경제력 집중의, 나쁜 경제 체질로 돌리는 이러한 법을 상정한 것에 대해 반대토론을 하러 나온 것을 매우 슬프게 생각합니다. 새누리당의 몇몇 의원님들이 저에게 이런 이야기를 했습니다. "외국인투자 촉진법 여기에 문제가 있는 것을 안다. 그런데 대통령에게 이 법은 입력이 잘못됐다" 그래서 제가 이렇게 말씀드렸습니다. "대통령에게 제대로 설명하십시오, 이 법이 앞으로 끼칠 우리나라의 경제 체질의 악영향에 대해서" 그랬더니 한 의원님께서는 "대통령이 만나 주지 않습니다"라고 답변하셨습니다. 또 다른 한 의원님께서는 "대통령에게 잘못 입력된 것을 고치는 것이 정말 쉽지가 않습니다. 시간이 오래 걸립니다"라고 말씀하셨습니다.

바로 지금 박근혜 정권의 한 단면을 이야기해 주는 대목입니다. 고양이에게 방울 달 사람이 없는 것입니다. 이제 고양이에게 방울을 달 수 있는 것은 국민밖에 없습니다. 이 법은 잠자던 아이가 울면 사탕을 물려주면 바로 울음은 그치지만 치아가 썩습니다. 바로 그러한 법입니다. 우리나라는

IMF 이후에 재벌의 잘못된 경제 체질을 개선하기 위해서, 문어발식 확장 그리고 경제력 집중을 막기 위해서 지주회사 체제를 권유해 왔습니다. 이 지주회사 체제는 현재 자회사, 손자회사까지 20% 투자하면 됩니다. 현재의 법으로도 외국인들이 투자할 수 있습니다. 그리고 외국인 투자를 누가 막겠습니까? 문제는 100% 지분을 투자해야 되는 증손자회사에 대한 법을 고쳐 달라는 데 있습니다. 왜 이들이 법을 고쳐 달라고 할까요? 여기에는 여러 가지 함정이 있기 때문에 그렇습니다. 그동안 지주회사는 체질을 바꾼다는 긍정적인 면도 있었지만 재벌기업들이 아들·손자에게 자기의 재산을 대물림하는 그러한 합법적인 창구로도 악용된 점이 있습니다. 그것을 원하는 것입니다. 이제 우리나라 재벌들이 증손자에게 재산을 물려줘야 할 때가 된 것입니다. 이 법이 통과되면 외국인들이 투자하겠다는 그 50%가 우리나라 재벌들이 한때 빼돌렸던, 외국으로 빼돌렸던 돈이 들어오는 것인지 아니면 검은머리 외국인 돈이 들어오는 것인지 재벌의 증손자의 시민권자의 돈이 들어오는 것인지 알 수 없습니다. 만약에 우리나라 기업들이 미국에 가서 '2조 투자할 테니까 지주회사법, 미국의 지주회사법 좀 고쳐 달라', 미국 의회가 고쳐 주겠습니까?

우리나라가 G20 국가입니다. 이제 G10으로 진입해야 되지 않겠습니까? 그러려면 우리나라도 이제는 이렇게 재벌에 굴하는 국회가 돼서는 안 된다고 생각합니다. 마치 외국인 투자를 못 하게 하는 것처럼 호도하는 것 그것은 정말로 잘못된 것입니다. 이 법은 GS와 SK가 불법인 줄 알면서 그동안에 여러 곳에 로비를 하러 다녔었습니다. 왜 로비를 해야 되겠습니까?

사실상 SK와 GS가 그동안 어디에 로비를 했는지 수사해야 되는 부분입니다. 그리고 이명박 정권 때도 이 법을 손대려고 했었습니다. 그런데 SK가 검찰 수사를 받으면서 이 법을 재벌회사 스스로 '아, 지금은 아니구나, 지금은 때가 아니구나' 하고 미뤄 왔던 법입니다. 그런데 그렇게 원칙을 강조하는 대통령이 이제 와서 경제의 근간을 흔드는 법을 무원칙적으로 이렇게, 어떤 특정 재벌회사에게 특혜를 주기 위해서 법을 고쳐 달라고 간청하는 민원법을 우리가 지금 이 새해 벽두부터 왜 통과시켜야 합니까?

저는 21세기 대한민국의 국회는 정의로운 원칙 그리고 공익을, 공생을 위한 원칙을 지켜 나가는 그러한 선진국의 의회가 돼야 한다고 생각합니다. 따라서 의원님들께서는, 현명한 의원님들께서는 이 법안에 반대투표를 해 주십시오. 대한민국의 건강한 경제 체질을 위해서 반대 투표해 주실 것을 간곡하게 호소합니다.

사실은 당초부터 재벌의 순환출자 구조와 문어발식 계열사가 만연한 우리 기업지배구조의 특수성을 감안해 지주회사 체제로 전환할 때 모회사를 포함해서 3대까지 회사를 만들 수 있도록 허용해 주었다. 여기에 재벌기업들이 참여정부의 레임덕을 틈타 정부와 국회에 압력을 가해 2007년 8월 4대인 증손자회사까지 만들 수 있도록 지주회사법이 개정된다. 이후 이명박 정부 5년 동안 재벌의 계열사는 5백여 개가 늘어나고 결국 재벌 2세, 3세들이 콩나물회사, 떡볶이 회사, 빵집까지 차리면서 골목상권은 쓰러져갔다. 못살겠다는 영세상인들의 아우성 속에 국민들은 경제민주화를 요구하기 시작했다.

하지만 박근혜 정권은 이 증손자회사를 외국인 투자 촉진법이라는 편법을 이용해 재벌이 100% 투자해야 만들 수 있었던 증손자회사를 50%의 지분만으로 만들 수 있도록 하는 법을 허용해버린 것이다. 이렇게 되면 재벌의 순환출자와 문어발식 확장을 막기 위한 노력들이 수포로 돌아가는 것이다. 재벌이 동그라미식 순환출자를 하는 것과 줄줄이사탕식 지주회사를 만드는 것의 차이가 없어지면 결국 자연스럽게 창업자 → 아들 → 손자 → 증손자의 세습 구조도 형성되기 때문이다.

내가 끝까지 반대하자 외국인투자촉진법에는 '외국자본의 증손자회사 설립 시 공정거래위원회의 심의를 통과해야 한다'는 규제 조항이 들어가긴 했다. 그러나 재벌에게 특혜를 주는 법이었고 재벌의 민원을 해결하는 법이라는 본질이 바뀌는 것은 아니다. 또 국회 정무위에서 논의해야 할 법을 산자위에 올린 것 자체가 원칙에 어긋나는 변칙이자 편법이었다. 또한 이런 경제민주화에 역행하는 법을 단 하루 만에 날조해 통과시키는 것은 국민을 기만하는 한편 특정재벌을 봐주기 위한 것이었다. 이 법이 통과되면서 재벌의 경제력 집중을 막으려 했던 종래의 노력에서 점점 멀어져 갔다. 이런 법을 강행 통과시킨 세력이 경제민주화를 말하는 것 자체가 이율배반인 것이다.

이렇게 통과시킨 법으로 실제 투자와 고용이 얼마나 이뤄졌는지 보면 어처구니가 없다. 박근혜 대통령은 2013년 11월 18일 국회에서 행한 시정연설에서 외국인투자촉진법이 통과되면 약 2조 3천억 원 규모의 투자와 1만 4천여 명의 일자리가 창출된다고 말했다. 그러나 2년이 돼가는 시점까지 대통령의 말은 허구가 되고 있다. 결국 이 법은 누군가 재벌의 민원을 받아 대통령을 이용한 것이었고, 대통령이 앞장서자 국회가 거수기 역할을 한 것이었다. 결국 외국인투자촉진법은 특정 재벌의 민원 해결법이었다.

(참고 : 외국인투자촉진법은 SK와 GS를 내세워 재벌들이 손쉽게 증손자회사를 만들려는 편법이 숨어 있었다. SK와 GS의 논리는 '석유화학 공장을 세우기 위해서 증손자회사를 외국인투자지분 50%와 함께 만들어야한다'는 것인데, 이는 터무니없는 억지 주장이다.

2014년 그 당시의 전세계 석유화학계의 움직임은 전반적으로 공급과잉 상태였다. 미국과 사우디아라비아가 세일가스 전쟁을 벌인 결과 중동의 산유국들도 원유를 수출하는데 그치지 않고 정유공장과 석유화학산업 투자를 늘리고 있어 비산유국의 석유화학투자는 줄여야 할 처지였다. 중국도 석유화학공장을 세우고 있어서 선진국 석유화학업계는 구조조정을 시작하려던 단계였다. 이런 상황에서 신규 석유화학 투자는 실패 확률이 높았기 때문에 채산성이 없었다. 결국 무리해서 외국인투자촉진법을 통과시켰지만 실제로 GS가 주장하던 외국인투자는 들어오지 않았고 결과적으로 SK만 혜택을 보게 된 셈이 되었다. 여수에 공장이 있었던 GS는 마치 투자를 할 것처럼 변죽을 울리다가 결국 투자를 하지 않아서 호남인들의 마음을 서운하게 했다.)

박근혜 대통령의 위기관리

직책은 책임이다. 가장 큰 책임을 맡은 대통령은 국민의 생명과 재산이 위협받는 상황을 관리, 수습하는 능력으로 평가받는다. 동서고금을 망라하고 지도자의 전기에 전쟁, 가뭄과 홍수, 기아, 역병 같은 위기 상황에서 어떤 역할을 했는지를 상세히 기록하는 것도 이런 이유일 것이다.

박근혜 대통령은 위기에 강한 것으로 알려져 있다. 10.26 때 부친의 사망 소식을 듣고도 "휴전선은요?"라고 물으며 국가안보를 걱정한 것으로 돼 있다. 실제 정계에 입문한 1997년부터 대통령에 당선된 2012년까지 15년 동안 정당, 정파의 리더로서 많은 위기를 넘으며 탁월한 관리 능력을 보여줬던 것도 사실이다. 그런 박근혜 대통령은 무슨 이유로 세월호 사태, 메르스 사태에서 그토록 허둥댄 것일까.

2014년 4월 16일 아침 8시 50분쯤. 승객 471명을 태우고 제주도로 가던 민간여객선 세월호가 침몰하고 있다는 전화 신고가 목포해경에 접수되면서 세월호 사태가 시작됐다. 오전 10시 30분, 첫 브리핑에 나선 청와대 민경욱 대변인은 "박근혜 대통령은 김장수 국가안보실장으로부터 즉각적인 보고를 받고, 해군과 해경의 인력과 장비를 총동원해 구조에 최선을 다하라고 지시하셨습니다. 여객선의 객실과 엔진실까지 철저히 확인해서 단 한명의 인명피해도 발생하지 않도록 하라고 지시하셨습니다." 그 시각 세월호는 선수 끝부분만 물위에 보이고 선체 대부분이 바닷물에 잠긴 상태였다.

이 브리핑은 청와대가 사고 초기 상황을 제대로 보고받지 않아, 사망자는 없거나 있어도 극소수일 것으로 이해하고 있었다는 것을 보여준다. 특히 '단 한명의 인명피해도 발생하지 않도록 하라는 박근혜 대통령의 지시가 있었다'는 말은 사고의 성격에 대한 청와대의 인식을 드러낸 증거인 셈이다.

실제 안전행정부는 11시 30분이 돼서야 중앙사고대책본부를 꾸렸다. 세월호가 바다 속으로 사라진 시점이었다. 사고현장을 취재하던 지역 방송사들은 이미 실종자가 많아 피해가 클 것 같다는 현장보도를 하고 있었다. 중대본은 오후 2시 4차 브리핑을 통해 "모두 368명이 구조됐다"고 발표했다. 방송사 일부는 '전원구조' 소식을 자막으로 내보내기도 했다. 오후 4시 30분이 돼서야 중대본은 "탑승자는 모두 459명이며 164명이 구조됐고, 사망자는 2명이 확인됐으며 실종자는 293명입니다"라고 발표했다. 대형사고 초기에 발생한 어처구니없는 '전원구조' 보고는 해경의 상황조치 보고내용의 구조자 숫자가 중복 집계된 채 중앙사고대책본부에 보고되면서 일어난 것이었다.

사고 초기에 해경과 안행부, 해양수산부 등 모든 관련기관이 우왕좌왕한 것은 다 알려진 사실이지만 초점을 청와대에 맞춰서 다시 보면 이해할 수 없는 일이 너무도 많았다. 오후 2시의 중대본 '전원구조' 브리핑은 사고현장을 취재하는 언론으로부터 즉시 의문이 제기됐고 곧 바로 잡힌 사실인데, 오후 5시 넘어 중앙사고대책본부에 온 박근혜 대통령은 사고현장 상황을 제대로 보고받지 못한 것처럼 발언을 했기 때문이다.

오후 5시 15분 세종로 정부종합청사에 마련된 중앙사고대책본부를 방문한 박근혜 대통령은 먼저 "구조 인원이 어떻게 그렇게 큰 차이가 있을 수 있습니까?"라고 물으며 전원구조 발표의 경위를 물었다. 이경옥 안행부 2차관은 "구조할 때와 또 인도됐을 때 숫자가 중복카운트 되다 보니까 그런 일이 발생했습니다"라고 해명했다. 박 대통령은 "가장 중요한 것은 생존자를 빨리 구출하는 일이니 여기에 총력을 기울여야 할 것입니다"라며 구조를 독려하던 중, 현장 상황을 제대로 파악하고 있지 못함을 드러내는 듯한 발언을 했다.

"학생들은 구명조끼를 입었다고 하는데, 그렇게 발견하기가 힘듭니까?"

이 말이 국민의 눈에는 배를 탈출한 사람은 일부이고, 대다수 승객들은 배 안에서 익사했거나 배 속에 갇혀 죽음을 기다리고 있는 처절한 상황임을 알고 있지 못한 듯 보였다. 이 엉뚱한 질문에 대한 안행부 2차관의 답변은 국민의 가슴을 쳤다. "예… 구명동의를 입어도 선체 내부에 있으면 찾기가 용이하지 않습니다."

맙소사. 더 무슨 첨언이 필요할까 싶다. 이 때문에 '최초 보고로부터 오후 5시까지 대통령은 무엇을 한 것이냐'는 〈7시간 미스터리〉 문제가 제기된 것이다. 2014년 7월 7일 국회 운영위원회에서 나는 김기춘 비서실장에게 4월 16일 당일 대통령의 행적에 대하여 다음과 같이 물었다.

박영선 : 김기춘 비서실장님, '대통령께 세월호 참사가 있던 날 서면보고로 10시에 했다'라는 답변이 있었지요?

김기춘 : 예.

박영선 : 지금 이것이 문제가 되고 있는데요. 이때 대통령께서는 어디에 계셨습니까?

김기춘 : 그것은 제가 정확하게 알지 못하고 국가안보실에서 1보를 보고드린 것으로 알고 있습니다.

박영선 : 그러니까 대통령께서 어디에 계셨는데 서면보고를 합니까?

김기춘 : 대통령께 서면보고하는 경우는 많이 있습니다.

박영선 : "많이 있습니다." 지금 이 상황이 긴박한 상황이라는 것을 청와대가 인지하지 못했나요?

김기춘 : 그렇지 않습니다.

박영선 : 그런데 왜 서면보고를 하지요?

김기춘 : 아마 정확한 사항을 보고하기 위해서 그렇게 한 것으로 압니다.

박영선 : 그럼 대통령께서 집무실에 계셨습니까?

김기춘 : 그 위치에 대해서는 제가 알지 못합니다.

박영선 : 비서실장님이 모르시면 누가 아십니까?

김기춘 : 비서실장이 일일이 일거수일투족을 다 아는 것은 아닙니다.

박영선 : 대통령은 이날 일정이 없었던 것으로 알고 있는데요. 집무실에 안 계셨다는 얘기지요, 지금?

김기춘 : 그렇지 않습니다.

박영선 : 그렇지 않은데, 집무실에 계신데 왜 서면보고를 하나요?

김기춘 : 집무실도 좀 떨어져 있기 때문에 저희들이 서면으로 많이 올립니다.

박영선 : 이 부분은 지금 답변이 명확하지 않습니다. 실장님.

김기춘 : 서면으로 많이 올립니다.

박영선 : 그리고 이것은 국민들이 납득을 하기가 굉장히 힘들 것입니다. 왜냐하면 대통령의 서면보고가 여러 가지로 지금 문제가 되고 있습니다.

2015년 6월 온 나라를 휩쓴 메르스(중동호흡기증후군) 사태도 위기관리 측면에서 박근혜 대통령의 한계를 노정한 대표 사례이다. 우선 질병관리본부와 복건복지부의 무능과 무원칙, 콘트롤타워 청와대의 무지와 오기 등이 민간의료기관에 대한 효과적 통제를 잃게 했고, 결과적으로 골든타임이 생명인 방역전쟁에서 패하게 만들었다.

5.17일 삼성서울병원이 질병관리본부에 메르스 의심환자의 검체를 채취해 판정을 의뢰했으나, '해당 환자가 다녀온 바레인은 메르스 발병 국가가 아님'을 이유로 주목하지 않았다. 질병관리본부가 이틀 뒤에 환자의 검체를 가져가 검사를 했기에 확진이 그만큼 늦어진 것이다. 그런가 하면 '낙타고기와 낙타우유 먹지 않기'란 대책을 내놔 국민을 허탈하게 했다. 환자가 중국으로 출국하게 해 국제적 소동을 일으켰다.

메르스 격리조치에 협조하지 않는 감염자와 의료진을 처벌하겠다고 하더니, '괴담 유포자를 수사하겠다'고도 했다. 사태의 본질에 집중하기보다는 지엽 말단적인 것에 매달렸고, 국민의 알 권리, 말할 권리마저 침해하는 어리석음을 범했다.

6월 1일 박근혜 대통령이 주재한 수석비서관회의에서 메르스 사태를 처음 언급하며 메르스 초기대응이 미흡했다며 '질타'했다. 자신이 국정의 최고책임을 직접 지고 있다는 것을 잊은 '유체이탈' 화법이었다.

이날 수석비서관회의의 방점은 오히려 국회법 개정을 성토하는데 맞춰졌다. 방역현장을 직접 지휘하는 모습을 보여 국민을 안심시켜야 할 순간에 박근혜 대통령은 정부 시행령이 법률의 취지에 부합하지 않으면 수정을 요구한다는 내용의 국회법 개정안이 통과된데 대해 "정부 시행령까지 국회가 번번이 수정을 요구하게 되면 정부의 정책 추진은 악영향을 받을 수밖에 없으며 국정은 결과적으로 마비되고 정부는 무기력화될 것"이라고 했다.

대통령이 메르스 확산을 막는 방역전쟁보다는 국회법 거부권을 통해 여야를 동시에 겨냥하는 정치싸움에 더 몰두해 있었던 것이다. 대통령의 이런 생각은 결국 6월 25일, 한국전쟁 발발 65주년에 어마어마한 '말폭탄'으로 터졌다. 온 국민이 메르스 공포에 두려워하고 있는 와중에 대통령은 국회법 개정안에 거부권을 행사하며 국회를 맹비난하는 대국회 선전포고를 한 것이다. 여당 원내대표를 대놓고 공격하며, 공공연히 사퇴를 요구했다. 저주의 기운이 감도는 격문이었다.

"저는 보다 근본적인 문제로 정치권이 국민을 위해 거듭나야 한다고 생각합니다. 정치권의 존재의 이유는 본인들의 정치생명이 아니라 국민들에게 둬야함에도 그것은 변하지 않는 것 같습니다. 여당의 원내사령탑도 정부 여당의 경제살리기에 어떤 국회의 협조를 구했는지 의문이 가는 부분입니다. 정치는 국민들의 민의를 대신하는 것이고, 국민들의 대변자이지 자기의 정치철학과 정치적 논리에 이용해서는 안 되는 것입니다.

(중략) 저도 결국 그렇게 당선의 기회를 달라고 당과 후보를 지원하고 다녔지만 돌아온 것은 정치적, 도덕적 공허함만이 남았습니다. (중략) 이제 우리 정치는 국민을 중심에 두는 새로운 정치를 하는 정치인들만이 존재할 수 있도록 해야 할 것입니다. (중략) 정치적으로 선거 수단으로 삼아서 당선된 후에 신뢰를 어기는 배신의 정치는 결국 패권주의와 줄 세우기 정치를 양산하는 것으로 반드시 선거에서 국민들께서 심판해 주셔야 할 것입니다."

메르스 사태로 온 국민이 두려움에 떨고 있는 동안 대통령이 무엇에 몰두해 있었는지 명백하게 드러난 것이었다. 자신의 뜻을 따르지 않는 행위는 여야를 불문하고 '배신의 정치'로 규정했다. '선거에서 심판해야 한다'고도 했다. 우리 정치사에 유례없는 이런 현직 대통령의 정치권 성토는 향후 심각한 정치격랑을 예고하는 것이다.

2015년 6월 4일, 페이스북에 〈박근혜 번역기〉라는 묘한 이름의 계정이 등장하기까지 했다. 박근혜 번역기는 "보건 당국의 초반 대응이 미흡했습니다. 죄송스럽습니다"라는 말을 듣고 싶은 국민의 심리를 그대로 표현하고 있다. 〈박근혜 번역기〉는 급속히 가입자를 늘려가고 있다. 그만큼 대통령의 말이 일반 국민의 공감을 얻지 못하고 있다는 뜻이다.

세월호와 메르스는 박근혜 대통령의 위기관리 능력에 심각한 의문을 제기했다. 위기 상황에서 모든 책임을 자신의 어깨에 짊어지고 앞장서 위기를 돌파하는 지도자, 자신의 잘못을 인정하고 바로잡을 수 있는 인간적 감성을 가진 지도자를 그리는 국민들은 배신 트라우마, 복수 콤플렉스에 시달리는 지도자가 국민을 얼마나 힘들게 하는지를 절감하고 있다.

임기가 시작되자 벌어진 인사파동, 비선실세 의혹, 국정원 댓글사건, 세월호 사태 등을 거치며 깊어져온 국민의 실망은 급기야 앞으로 남은 절반의 임기를 어떻게 견딜까를 걱정하는 데까지 이르렀다. 동시에 2017년의 선택을 위한 걱정도 시작한 듯하다. 한때 국민의 기대를 한 몸에 받았던 박근혜 대통령이 어떤 매력으로 그런 기대를 받았으며, 무슨 이유로 그것을 잃게 되었을까? 또 '모든 잘못은 남의 책임'이라는 유체이탈 화법의 심리적 기저는 무엇일까?

첫 여성대통령과 첫 여성원내대표의 만남

원내대표 시절인 2014년 7월 10일 오전 10시 30분. 나는 청와대에서 박근혜 대통령을 만났다. 언론에서도 무척 관심을 모은 회동이었지만, 내 입장에서도 엄청난 압박감과 기대감을 동시에 느꼈던 날이기도 했다. 어떤 옷을 입을지도 생각해야 했고 선물도 준비해야 했다. 오래된 검정색 긴 슈트에 당 색깔을 상징하는 푸른색 브라우스를 입었다. 그리고 한글문양의 스카프를 선물로 준비했다.

대통령은 먼저 나에게 헌정사상 첫 여성원내대표가 된 것에 대해서 축하 인사를 건넸다. 나도 헌정사상 첫 여성대통령이 탄생했기 때문에 가능한 일 아니었겠느냐고 화답했다. 우리 앞에는 세월호 문제, 국무총리, 교육부장관, 문화부장관, 국정원장인사청문회 문제, 경기침체 문제 등 많은 난제가 있었지만 회담 분위기는 비교적 진지하고 순조롭게 진행된 편이다.

나는 이날 A4용지 다섯 장에 빼곡하게 해야 할 말을 적어 갔다. 그리고 한 부는 아예 복사를 해서 조윤선 정무수석에게 건넸다. 나는 처음부터 끝까지 준비된 내용을 조목조목 다 이야기했다. 박근혜 정부 출범 1년 반에 대한 나의 관찰과 남은 3년 반을 위한 간절한 고언이었기 때문이다. 예상보다 대담시간이 길어지자 새누리당 이완구 원내대표는 안절부절못했지만 대통령은 내 이야기를 끝까지 들었다.

"태풍 너구리가 몰려오고 있습니다. 11명의 실종자 가족들은 시신이 유실될까 발을 동동 구르며 마음 아파하고 계십니다. 세월호 참사 이후에 새로운 대한민국을 만들어야 한다는 여론이 국민들 사이에서 강하게 일고 있습니다. 오늘 대통령과 여야 원내 지도부의 만남에 대해서 야당 안에서는 부정적인 시각도 많이 있습니다.

그러나 새로운 대한민국과 대한민국의 발전을 위하여 이 자리에 왔습니다. 오늘 저희가 드리는 말씀을 야당이 아니라 국민의 목소리로 생각하고 들으셨으면 좋겠습니다. 혹시나 기분 상하실 내용이 있더라도 국민의 목소

리로 아시고 이해해 주시기 바랍니다. (중략)

세월호특별법이 제정되고 진상조사위원회가 구성되면 적절한 시점에 대통령께서 새로운 총리를 선임해서 새롭게 출발하시는 것이 좋겠습니다. 세월호 참사에 책임을 지고 물러나겠다던 총리가 어느 날 다시 나타나 '새로운 대한민국'을 만들겠다고 하면 누가 그 말을 믿고 따르겠습니까?

정홍원 총리께서 며칠 전에 '국가대개조 범국민위원회'를 얘기하면서 국가개조를 말했습니다. 제가 지난 5월 대표연설에서도 말씀드린 바 있습니다만, 국가개조라는 말은 역사적으로 보면 전제군주나 군국주의자들이 썼던 말입니다. 일본의 군국주의자들이 1930년대 위기에 처한 조국을 구한다는 명분으로 사용한 말이 국가개조론이었습니다. (중략)

오늘로 인사청문회가 마무리됩니다. 제2기 내각 출범에 대해 국민들의 기대가 있었지만 지금 이 문제는 매우 심각한 상황이 되어버렸습니다. 일일이 나열하지 않겠습니다. 인사청문보고서가 채택되지 않은 후보자들은 재고해주시기 바랍니다.

이병기 국정원장의 경우, 야당이 결코 받아들일 수 없는 분이지만 국정원의 공백이 길어지는 것을 막기 위해 부적격이나마 인사청문보고서를 채택해드렸다는 점을 꼭 기억해주시고, 약속대로 국정원 개혁에 박차를 가해주시기 바랍니다. (중략)

오늘이 세월호 86일째입니다만 세월호의 아픔은 조금도 아물지 않았습니다. 지금 국회에서 진행되고 있는 국정조사에 임하는 여당과 청와대의 태도가 반드시 바뀌어야 합니다. 청와대가 국조 자료를 거의 제출하지 않앉습니다. 자료 269건 중에 단지 13건만 제출했다는 것은 아마 국민이 납득하기 힘들 것입니다. 특히 새누리당은 어떤 핑계를 만들어서든지 국조를 하지 않으려는 듯한 태도를 참 많이 보이고 있어서 저는 물론 유가족들을 힘들게 합니다. 국조에 대해서 이 시간 이후부터라도 새누리당과 청와대는 전향적인 자세로 대해주셨으면 참 좋겠습니다. (중략)

저는 인사청문회와 세월호 참사만큼 당면한 중요한 것이 민생문제라고 생각합니다. 대한민국은 불평등의 격차만 더욱 벌어지고, 서민과 중산층의 고통과 절망은 깊어만 가고 있습니다. 대통령께서도 후보시절 경제 민주화와 복지국가를 공약하셨습니다. 이건 반드시 실천해야 합니다. 시대가 그것을 요구하고 있습니다.

이번에 최경환 부총리 후보를 내정하셨는데, 사실 최경환 후보는 대통령께서 편하신 사람이시겠지만, 재벌에 너무 치우친 철지난 성장주의자라는 비판도 있습니다. 지금 힘 빠진 경제를 다시 일으켜 세우려면 가계소득 중심 성장으로 경제 패턴을 바꿔야 한다고 생각합니다. 경제패턴을 바꾸는 핵심은 재벌 감세 철회, 최저임금인상과 같은 정책입니다. (중략)

청와대가 모든 인사권을 쥐고 있어서 공무원들이 일을 안 하고 있습니다. 정부가 사실상 개점휴업 중이라는 말이 나오고 있습니다. 부처 국장·과장도 임명하기 어렵다고 보도되고 있습니다. 장관들에게 인사권을 주어야 합니다. 그래야 대한민국이 돌아갑니다. 이대로 놔두면 청와대 눈치만 보는 관료만 양산하게 됩니다. 대통령께서 확인하시고 시정하시면 좋겠습니다. 또한 세월호 참사 이후 관피아 문제가 대두되면서 성실하게 일하는 공무원까지도 너무 위축이 되어 있습니다. 이 문제도 풀어주셔야 합니다.

검찰과 국정원 그리고 국세청, 이 세 기관이 지나치게 권한이 비대해지고, 부패척결을 빌미로 공안 통치를 하려는 것이 아니냐는 불안이 높아지고 있습니다. 이 문제도 대통령께서 염두에 두셔야 합니다. (중략)

남북관계에 대해 말씀드리겠습니다. 평화와 번영의 문을 여는 대통령이 되어주시기를 바랍니다. 그 핵심은 남북대화입니다. 남북대화가 진정성 있으려면 5.24 조치가 철회되어야 합니다. 남북대화가 안 되면 '드레스덴 선언'도 힘을 발휘하지 못할 것입니다. 며칠 전 만나신 시진핑 주석도 부주석 시절 제가 만났을 때, 이명박 대통령의 한반도정책을 비판하면서 남북대화를 해야만 한반도에 힘이 생긴다고 강조했습니다.

2014년 대한민국은 이익보다 사람, 경쟁보다는 공존, 속도보다는 과정을 중시하는 나라로 전환해야 합니다. 국정운영기조를 바꿔달라고 말씀드리면 마음 상하실 수도 있지만 국민의 요구를 말씀드리는 것입니다. 대통령께서 새로운 대한민국을 만드는 올바른 일에 적극 협력하겠습니다.

저는 기자 시절 대통령을 인터뷰했던 사람으로서 대통령의 장점을 잘 알고 있습니다. 그 장점을 십분 활용하십시오. 그리고 국민의 목소리를 직접 들으시고 지금이라도 잘못된 것이라고 판단되면 시정해 주십시오."

이날의 대통령–여야원내대표 3자회담 이후 야당이 반대하던 장관 후보는 모두 낙마 하게 되었다. 또한 회담이 끝나고 나서 그동안 대통령이 즐겨 쓰던 '국가개조'라는 말 대신 '국가혁신'이라는 말로 대통령의 어법이 바뀌었다.

회담이 끝나고 나서 대통령은 청와대 본관 현관까지 배웅을 나왔다. 2층 회담장에서 현관까지의 긴 계단을 함께 걸어 내려오며 대통령과 나는 옛 이야기를 나눴다. 박근혜 대통령은 1994년 8월 육영수 여사 서거 20주기를 맞아 나와 했던 창덕궁(비원)에서의 인터뷰 이야기를 꺼냈다.

"그 때도 키가 참 크시다고 생각했지만 여전하시네요. 키가 크셔서 아무 옷이나 입으셔도 잘 어울리시겠어요."

"대통령께서는 늘 기품이 있으시지 않습니까. 건강 잘 챙기세요."

이런 대화가 오가는 동안 박근혜 대통령은 20년 전의 기억들을 떠올리며 미소를 지었다. 계단을 함께 걸어내려 왔던 그 순간만큼은 대통령과 야당 원내대표로서가 아니라 한 시대를 살아가는 여성으로서 공감과 기억을 나누는 순간이었을 것이다.

괴테가 《파우스트》의 맨 마지막에 쓴 구절이 떠올랐다. 어쩌면 박근혜 대통령이 현재 국정운영과 정치에서 보여주고 있는 모습이 그러하지 못하기에, 더욱 소망스러운 문구라고 느낀 것일까.

"영원한 여성다움이 우리를 이끌어 간다."

Das Ewig−Weibliche zieht uns hinan.

저녁이 있는 삶

손학규

2011년 손학규 당대표와 박영선 정책위의장

2014년 11월 15일, 내가 강진을 찾던 날 손 대표는 등산복 차림에 지팡이를 짚고서 부인 이윤영 여사와 함께 멀리 서서 나를 기다리고 있었다. 손 대표와 대화를 나누고 있는 동안 이 여사는 개울가로 내려가 빨래를 했다. 요즘도 개울가에서 손빨래하는 사람이 있을까 싶은 마음에 콧등이 시큰했다. 가슴이 아팠다.

– 본문 중에서

손학규.

그가 한나라당을 탈당하기 전까지 내게 '손학규'는 이름이 귀에 익은 여러 정치인 중 한 사람이었다. 내 눈에 '생각하는 사람' 손학규가 보이기 시작한 것은 2007년 3월, 한나라당 탈당을 고민하며 강원도 낙산사에서 중앙 일간지와 인터뷰를 하던 때의 모습 때문이었다. 바닷바람이 스쳐가던 사진 속 그는 황소를 연상시키는 순한 표정 속에 매의 눈을 떠올리게 하는 매서움이 서린 눈매로 회한을 쏟아내고 있는 느낌이었다.

그 강한 느낌 때문이었는지, 3월 19일 월요일 아침 그가 발표할 한나라당 탈당 메시지가 무척 궁금했다. 1993년 정치를 시작한 지 14년 만에 한나라당을 떠나는 그의 회한과 미래에 대한 장정의 메시지가 듣고 싶었다.

저는 오늘 한국정치의 낡은 틀을 깨뜨리기 위해 자신을 깨뜨리며 광야로 나섭니다. 백척간두에서 한발 더 나아가는 심정으로 새로운 정치질서 창조의 길에 저 자신을 던지고자 합니다.

한나라당은 군정의 잔당들과 개발독재시대의 잔재들이 버젓이 주인 행세를 하고 있습니다. 무능한 진보와 수구 보수가 서로 얽혀 한국정치는 한발짝도 앞으로 나갈 수 없는 상태가 되었습니다. 이제 낡은 정치의 틀을 깨뜨리기 위한 고통스런 도전이 필요합니다.

주몽은 새로운 가치로 운영되는 새로운 나라를 원했습니다. 그리고 결국 고구려를 건국했습니다. 주몽이 부여를 떠난 이유, 그것이 지금 제가 한나라 당을 떠나는 이유입니다. 진정으로 만천하의 인재가 모이고 국민과 함께 꿈을 나누는 대한민국 드림팀을 창조하는 데 저의 모든 것을 바칠 것입니다.

— 백범기념관 손학규 전 경기지사 한나라당 탈당 기자회견문 중에서.

2007. 3. 19.

낡은 수구와 무능 진보의 질곡을 깨고 새로운 길을 창조하겠다는 그의 일성은 여야 모두에게 던지는 경고이기도 했다. 그의 탈당을 놓고 여론의 평가는 엇갈렸다. 한나라당에서 3선 의원, 최연소 장관(보건복지부), 그리고 경기도지사까지 한 사람이 어떻게 그럴 수 있느냐는 보수언론의 비판이 있었는가 하면, 그가 살아온 내력을 잘 아는 사람들은 이제야 비로소 그의 길을 찾았다며 반겼다.

손학규의 가슴속 소리를 듣고 싶었던 나는 그의 한나라당 탈당 선언문을 보면서 과연 그가 주몽처럼 새로운 가치로 운영되는 진보와 보수를 넘어서는 새로운 나라를 꾸릴 수 있을지 궁금해지기 시작했다. 그는 과연 어떤 사람이기에 한국정치에서 보수와 진보를 오가며 바람을 몰고 왔을까? 그리고 그로부터 8년이 지나 내가 이 글을 쓰고 있는 2015년 6월 현재, 전남 강진의 흙집에서 칩거생활을 하고 있는 그에게 왜 세상은 아직도 기대 어린 시선을 보내고 있는 것일까? "가끔 곰팡이처럼 피어

오르는 정치욕심을 산 생활로 닦아내고 또 닦아낸다"는 손학규 대표의 곰팡이론. 그것은 과연 닦아낼 수 있는 것일까?

무능한 진보와 수구 보수를 넘어서는 국민들이 갈망하는 새로운 한국 정치는 왜 2007년에도, 2012년에도 그리고 지금도 무지개처럼 떠다니기만 할 뿐 우리 손에는 잡히지 않는 것일까?

학생 – 재야운동에 청춘을 바치다

손학규 대표를 처음 만난 건 MBC 뉴스 앵커를 하던 1991년 봄이었다. 당시 노재봉 총리로부터 손학규 교수와 함께 몇몇이 저녁식사를 하자는 연락을 받았다. 손학규는 경기고–서울대–옥스퍼드로 이어지는 학벌에 운동권 출신 진보적 성향의 학자로 젊은이들 중심으로 인기를 구가하고 있었기에 어느 언론인이나 만나보고 싶어 하던 인물이었다.

넥타이는 매지 않았지만 와이셔츠 끝까지 단추를 채운 손학규 교수의 꼿꼿한 모습이 강한 인상을 주었다. 그날 손학규 교수는 노재봉 총리와 술잔을 거하게 주고받았다. 집으로 돌아오는 내내 손학규 교수와 노재봉 총리의 대화와 표정들이 머릿속에서 떠나지 않았는데, 지금 생각해 보면 당시 노재봉 총리가 마련했던 저녁식사는 단순한 식사자리가 아닌 미래의 정치인 손학규를 언론계에 소개하기 위한 정치적 성격의 만찬이었지 싶다.

4살 때인 1950년에 아버지를 여의고 홀어머니 슬하에서 어렵게 자란 손학규는 경기고등학교 3학년 때 한일협정 반대 데모에 참여할 정도로 청소년 시절부터 사회문제에 관심이 많았다. 서울대학교 재학 중에도 그는 조영래(작고, 변호사), 김근태(작고, 전 열린우리당 의장)와 더불어 이른바 '서울대 삼총사'로 통했으며, 운동권의 맏형 노릇을 했다. 삼성그룹 사카린 밀수사건 규탄시위로 무기정학을 받고 강원도 탄광에서 광산노동자 생활을 할 정도로, 청년 손학규는 정의를 위한 투사의 기질을 보여줬다.

대학 졸업 후 군대를 다녀온 손학규는 제대하자마자 구로공단에서 자취를 하며 기독교 빈민선교운동에 투신한다. 이로 인해 그는 수배를 당하게 되고, 원주의 과수원, 서울의 철공소 등지를 전전하며 2년간 숨어 살다 결국 검거되었다. 또한 1978년 부마사태 당시에는 부산으로 내려가서 활동하다가 검거되어 보안대에 연행되기도 한다.

10.26사태로 박정희 정권이 무너지자 1980년 그는 영국 옥스퍼드대학교로 유학을 가 그곳에서 석·박사학위를 취득하게 된다. 1987년 귀국 후에는 부천서 성고문사건 자료집 발간을 시작으로 노동, 인권운동을 활발하게 펼쳤다. 또한 1988년부터는 교수로 재직하면서 학계의 진보적 인사들과 친분을 쌓아 갔다. 이러한 손학규를 두고 소설가 황석영 선생이 "우리 옛날에 같이 술 마시며 놀던 친구지…"라고 내게 말한 적이 있다.

대학교수에서 정치인이 되다

젊은 시절 반독재운동에 가담했던 그는 1993년 보수진영이었던 민주자유당에 입당해 광명시 보궐선거로 국회의원이 됐다. 젊은 시절 운동권 이력으로 비춰 볼 때 한나라당의 전신인 민주자유당 입당은 노동운동가 김문수의 입당처럼 변절 논란을 부를 수 있는 것이었지만, 그의 정계입문은 손학규의 유연함, 김영삼의 포용력으로 포장됐다. 그의 민자당 입당을 보면서 나는 노재봉 총리 앞에서 그렇게 꼿꼿하던 사람이 결국 민자당에 입당했구나 하는 정도로만 생각하고 넘어갔다.

1996년 재선을 한 뒤, 그는 보건복지부 장관으로 입각했다. 이어서 2000년 제16대 총선에서 3선 국회의원이 되고, 2002년 치러진 전국동시지방선거에서 민선 경기도지사에 당선되며, 정치인으로서 더 이상 바랄나위 없는 화려한 경력을 쌓아갔다. 세인들은 이제 그를 유력한 대선 주자로 바라보기 시작했고, 그것은 마치 해가 떠오르는 듯한 그의 기세에 비춰볼 때 어쩌면 당연한 것이었다.

그러나 그는 탈당이라는 정치생명을 건 선택을 단행한다. 2007년 대선을 앞둔 당시 그가 몸담고 있던 한나라당에서는 이명박 서울시장, 박근혜 대표와 더불어 손학규 전 지사가 3강 구도를 형성하고 있었다. 하지만 그가 빠지면서 양강 구도로 경선이 치러지게 되었다. 탈당 후 손학규 전 지사는 "이명박 전 시장은 검증에 나가떨어질 거고, 박근혜 전 대표는 한계가 있으니 참고 기다리라고 사람들이 말했지만, 남의 불행이나 기다리면서 요행을 바라는 정치인이 될 수는 없어서 결심했다"고 말한 바 있다.

2007년 한해 대선 정국에서는 유난히 경기고, 서울대 출신이라는 공통점을 가진 대선주자들이 손학규 대표와 함께 손꼽히고 있었다. 고건 전 총리, 정운찬 전 서울대 총장, 열린우리당 김근태 의장 등이 그러했다. 서울대 정치학과를 졸업한 고건 전 총리와 손학규 대표는 각각 경기고 52회, 61회 졸업생이었고, 서울대 경제학과를 졸업한 열린우리당 김근태 의장과 정운찬 전 서울대 총장은 각각 경기고 61회, 62회 졸업생이었다. 이들에 앞서 대선에서 패배한 이회창 총리 역시 경기고를 거친 서울대 출신 정치인이었다. 대부분의 경기고, 서울대 출신 후보들이 정치권에서 매우 조심스러운 행보를 했던 것과는 달리, 손학규 대표는 교수에서 정치인으로 변신한 이후 거침없는 광폭행보를 보였다고 할 수 있다.

과거에 학생운동과 노동운동에 헌신적으로 몸담았던 경험은 손학규 대표가 진보에서 보수 그리고 다시 진보로 말을 갈아타고도 정치력을 인정받으며 건재할 수 있었던 원동력이었다.

여당 대권주자에서 야당대표로

진보진영으로 건너와 2007년 대선후보 경선에서 정동영 후보에게 패한 이후 손학규 전 지사는 2008년 1월 대통합민주신당의 대표가 되었다. 그는 야당대표로서 2008년 제18대 총선을 치르게 된다. 대선 당시 정동영 캠프에서 일했던 많은 사람들은 대선패배에 따른 후유증으로 손학규 대표에게 가까이 다가가는 것을 불편해했다. 나 역시 2007년 대선이 끝난 이후 단 한 차례도 당사에 나가보지 못했다.

이때 동료의원이 나에게 공천과정에서 억울한 일이 있다며 대신 손학규 대표를 만나 자신의 얘기를 전해줬으면 하는 부탁을 했고, 나는 손 대표에게 전화를 걸었다. 2008년 2월 초 손학규 대표와는 무려 17년 만에 다시 가까이서 얼굴을 마주하게 되었다. 손 대표는 나와의 면담에서 특유의 웃음으로 "정동영 후보를 지지했다고 해서 당원들의 억울함이나 부당한 일이 발생하지 않도록 최선을 다 하겠다"고 약속했고 그 약속을 지켰다. 그리고 내게 지역구 출마를 권유했으나 나는 그때까지만 해도 고개를 설레설레 흔들며 당대표실을 나왔다.

그해 4월에 있었던 18대 총선을 이끌었던 손학규 대표는 총 국회의원 의석 299석 중 81석을 얻는데 그쳤다. 같은 해 7월 6일 민주당 전당대회로 정세균 대표체제가 출범했고, 손 대표는 반성의 시간을 갖겠다는 말을 남기고 강원도 춘천으로 떠나 칩거에 들어간다. 그리고 2010년 6월 4일 제5회 지방선거가 끝난 후 손학규 대표는 춘천 칩거생활을 마치고 8월 15일 춘천을 떠나며 "함께 잘 사는 나라를 만들겠습니다"라는 글을 발표한다.

손학규 대표는 이 글에서 신자유주의를 비판하며 "시혜적 복지, 잔여적 복지가 아니라 보편적 복지"를 강조한다. 또한 "진보적 자유주의의 새로운 길이 추구하는 사회는 정의로운 복지사회로서, 공동체주의와 보편적 복지를 기본 이념으로 할 것"이라며 정계에 복귀한다.

2010년 10월 3일, 인천 문학경기장에서 열린 민주당 전당대회에서 손학규 대표는 다시 당대표에 선출되었다. 당대표로 선출된 손학규 대표는 신자유주의 노선에 대한 반성과 무상복지를 내용으로 하는 보편적 복지의 새로운 노선을 제시했다. 2007년 한나라당 탈당 시절보다 한층 좌클릭한 행보였다.

값진 승리, 분당 보궐선거

2011년 3월 손학규 대표에게는 또 한 번의 정치적 승부수를 던지는 기회가 찾아온다. 경기도 분당의 보궐선거였다. 하지만 분당은 전통적으로 한나라당의 텃밭이었기 때문에 당선을 보장할 수 없었다. 보궐선거 출마를 앞두고 당대표가 나서야 한다는 의견과 나서서는 안 된다는 의견이 팽팽하게 맞섰다. 손학규 대표는 과감하게 출마하는 쪽을 선택했다. 나도 출마하는 것이 맞다는 의견을 개진했었다. 정치적 모험에 가까웠으므로 민주당의 모든 역량이 분당으로 모아졌다.

나도 분당을 찾아 주민들을 직접 만나러 다녔다. 아침 출근길에는 버스 정류장으로 저녁 퇴근길에는 분당의 식당가로, 주말에는 분당의 공원을 찾았다. 그해 봄은 그렇게 분당에서 보냈다. 분당의 어느 공원에 갔을 때 흐드러지게 핀 벚꽃 그늘 아래 봄꽃놀이를 나온 주민들을 일일이 만나 손학규 대표 지지를 간절히 호소했다.

분당은 지역 특성상 서울에 직장을 둔 분들이 많아 버스 정류장에는 아침 일찍부터 출근을 위해 버스를 기다리는 침묵의 긴 줄이 늘어서 있었다. 경건하리만큼 대화가 없던 버스정류장의 그 긴 줄에서 주민들 한 분 한 분과 악수를 나누며 그 침묵을 방해하지 않기 위해 속삭이듯 선거운동을 했다. 만원 버스에 오르고 내리는 바쁜 시간 속에서도 많은 분들이 작고 낮지만 결연하게 "걱정 마세요. 지지합니다"라며 속삭이듯 응원해주던 목소리는 지금도 잊을 수 없다. 당시 손학규 대표는 배수진을 친 장수처럼 혼신의 힘을 다해 선거에 임했다.

분당이라는 도시가 확성기나 마이크를 동원한 선거운동에 반감을 가지고 있다고 해서 연설은 자제한 채 유세차에 올라 손만 힘차게 흔들었다. 간절한 눈빛과 손짓으로 지지를 호소하던 손학규 대표의 모습은 지금도 기억 속에 인상적으로 남아 있다.

민주당의 그런 간절함이 통했는지 손학규 대표는 수도권에서 야당의 불모지와도 같았던 분당에서 당선된다. 아마도 손학규 대표를 비롯하여 민주당이 최선을 다한 것에 대한 유권자들의 보답이 아니었을까 생각한다. 역사적으로 봤을 때 변화를 바라는 간절함, 절실함에 대해서는 국민들도 항상 그에 상응하는 보답을 한다. 손학규 대표는 이렇게 분당 보궐선거에서 승리하며 차기 대권주자로 순항하는 듯했지만, 다시 당내에서 큰 파도를 만나게 된다.

486 강경그룹에 휘둘린 한·EU FTA 반대

당시 한나라당은 한·EU FTA 비준안을 단독으로 강행처리했다. 한나라당 출신이라는 점 때문에 때때로 정체성 논란에 휩싸였던 손학규 대표는 2011년 5월 한·EU FTA에 대한 한나라당의 강행처리를 두고 비판하며 자신의 정체성을 확인받으려 한듯했다.

당대표가 "한·EU FTA 자체를 반대한다"는 입장을 명확히 밝혀버린 것이다. 당내 어떤 소집단과 어떻게 소통한 것이 그런 결정에 작용을 했는지를 두고는 여러 관측이 있지만, 486 운동권 출신 그룹들이 강하게 손학규 대표를 압박한 결과라는 얘기가 많았다. 대표와 소통할 수 있는 기회가 적었던 나로서는 매우 안타까운 일이었다. 나는 비준안 처리 자체를 반대하기보다는 한·EU FTA 내용을 국회가 세밀하게 점검해야 할 필요가 있다는 선에서 입장을 밝히는 것이 합리적이라고 판단하고 있었다. 특히 한·EU FTA 이후 한·미 FTA가 기다리고 있었기 때문에 두 가지 모두 반대하는 것보다는 문제조항이 더 많았던 한·미 FTA에 민주당이 집중하는 것이 더 좋은 정책 방향이라고 나는 생각했다.

그러나 한·EU FTA 자체를 반대함으로써 손학규 대표가 이루려했던 민생정치에 먼저 브레이크가 걸려버리게 된다. 이때 민주당 내 강경파의 의견을 받아들여 결과적으로 한·EU FTA를 반대하게 된 손학규 대표의 모습을 보면서 사람들은 '손학규답지 않다'는 1차적인 평을 했지만, 많은 전문가들은 민주당 내에서 뿌리를 내리기 위한 고육지책이었다고 반응했다.

얼마 후 손학규 대표는 당직개편에서 내게 정책위의장 자리를 제안했다. 나는 개인적으로 손 대표와 특별한 인연이 없을 뿐만 아니라, 정책위의장 자리에 자천하던 인사들이 많았기에 내심 놀랐다. 손학규 대표는 나를 정책위의장에 기용하는 동시에 전략홍보본부장에 박선숙 의원, 수석사무부총장에 김현미 전 의원(현 19대 국회의원)을 임명했다. '손학규와 여성 3인방'이라는 호칭이 붙었다. 이로써 나는 여성으로는 처음으로 민주당의 정책위의장이 되었다. 정책위의장으로 임명된 후 한·미 FTA, 반값등록금과 같은 굵직굵직한 현안들을 정리해야 했다.

아쉬움으로 남은 〈반값등록금〉

반값등록금 문제가 뜨거운 쟁점이었던 초여름, 손학규 대표가 청와대를 향해 여야영수회담을 제의했고, 이를 청와대가 수용하면서 막전막후에서 신속하게 쟁점정리가 시작됐다. 약 열흘간의 준비기간 중에 당정책위의장이던 나와 청와대 백용호 정책실장이 서너 차례 실무회담을 갖고 반값등록금 문제를 포함한 쟁점들에 대해 집중 논의했다. 청와대의 입장도 야당의 협조를 얻어 정국을 풀어가겠다는 의지를 보이던 터여서 우선 국공립 대학의 등록금을 반값으로 낮추자는 데 합의가 이뤄졌다.

민주당의 공식적 입장은 물론 사립학교의 등록금도 반값으로 낮추자는 것이었지만, 단계적 접근을 통해 이 문제를 해결할 수 있다고 보았다. 백용호 정책실장은 사립학교의 등록금까지 반값으로 낮추는 것은 사립학교라는 특성상 예산편성 등의 문제로 하루 아침에 이루어지기는 힘들다는 의견을 개진하면서 "국공립 대학의 등록금을 반값으로 낮추자는 것은 우리가 미처 생각 못했던 부분인데 서로 윈윈할 수 있는 좋은 정책으로 생각한다"며 적극 검토하겠다고 했다. 그래서 일단 국공립 대학의 등록금을 반값으로 낮추자는데 합의했다. 그리고 이 합의내용은 이명박 대통령에게도 보고되었다.

처음에는 손학규 대표도 이러한 양측의 의견 접근에 대해 별다른 이견을 보이지 않았다. 그런데 영수회담을 앞두고 손학규 대표가 잇달아 학생들의 반값등록금 시위현장을 방문하면서 사정이 바뀌었다. 특히 손 대표가 트위터를 통해 "대학생들과 등록금 관련해 번개모임을 갖자"고 제안해 6월 19일 홍익대학교 인근 카페에서 개최된 간담회에서 대학생들은 반값등록금을 시행하려면 사립학교를 포함한 모든 대학교에서 반값등록금을 시행해야 한다고 요구했고 손 대표가 "그래서 내가 대통령을 만나자고 한 것이다. 그렇게 노력을 해보겠다"고 답을 한 것이다.

그 후 손학규 대표는 청계천 부근에서 시위를 하던 대학생들을 찾아갔다. 여기서도 학생들은 반값등록금을 사립학교까지 시행해야 한다고 완강하게 요구했고, 이에 손학규 대표는 그렇게 하겠다고 화답한 것이다.

그날 밤 11시가 넘어 손학규 대표가 전화를 해왔다. 국공립 대학의 반값등록금 뿐 아니라 사립대학의 반값등록금도 청와대와 다시 논의를 해봤으면 한다는 것이었다. 나는 더 이상의 추가 협상은 힘들겠지만 노력은 해보겠다는 대답을 했다. 그러나 결국 청와대와의 협상은 더 이상 진전되지 않았다. 민주당이 모든 대학의 반값등록금을 요구한다면 예산 문제로 정부로서도 더 이상 어쩔 수 없다는 답변이 돌아왔다.

손학규 대표는 영수회담에서 이명박 대통령을 직접 만나 이 문제를 해결하겠다는 강한 의지를 내보였지만 결국 반값등록금 협상은 결렬되고 말았다. 부족한대로 당초 합의했던 국공립 대학의 반값등록금 정책이 이루어졌더라면 손학규 대표의 업적으로 기록되어 반값등록금은 절반의 성공을 거두었을 것이다. 난 아직도 이때의 일을 참 아쉬워한다. 국공립대학 반값등록금이 사립대학의 반값등록금을 견인할 수 있는 좋은 기회였다고 보았기 때문이다. 영수회담은 결국 MB나 손학규 대표 모두에게 그 어떤 것도 선물하지 못했다.

서울시장 보궐선거, 승리 혹은 패배

2011년 10월 26일 서울시장 보궐선거를 앞두고 손학규 대표는 다시 한 번 정치적 격랑에 휩싸이게 된다. 곡절 끝에 서울시장 보궐선거 후보로 나선 나는 어쩔 수 없이 손학규 대표와 함께 그 파도를 넘게 되면서, 정치인 손학규의 독특한 정치스타일을 보게 되었다.

2011년 삼복더위를 더 덥게 한 무상급식 주민투표가 개표요건을 채

우지 못하고 끝나면서 8월 26일 오세훈 시장이 자진사퇴했다. 2010년 지방선거에서 근소한 표차로 서울시장직을 내준데 대한 아쉬움이 작용한 탓인지, 민주당 내에서 5~6명의 후보들이 서울시장직에 출마의사를 밝혔다. 하지만 당시 젊은이들에게 큰 인기를 모으며 정국의 중심에 진입하고 있던 서울대 융합과학기술대학원장 안철수 교수가 서울시장에 출마할 것이라는 말이 퍼지면서, 민주당 예비주자들이 하나 둘씩 출마의사를 포기하는 상황이 벌어졌다.

특히 서울시장 출마의사를 밝힌 박원순 희망제작소 상임이사와 안철수 교수의 단일화 논의가 마치 야권 전체의 서울시장 후보 경쟁으로 인식되는 상황이 벌어지면서, 민주당 내에서는 손학규 대표의 지도력에 대해 불만이 터져 나오기 시작했다.

9월 초부터 당내에서는 정동영, 천정배 의원을 중심으로 민주당 후보를 빨리 확정하라는 요구가 빗발치는 가운데, 9월 6일 안철수 교수의 일방적 양보로 박원순 희망제작소 상임이사의 서울시장 출마가 공식화됐다. 손학규 대표는 박원순 변호사를 민주당에 입당시키기 위해 노력하면서, 민주당 서울시장 후보를 선출하기 위한 절차도 병행했다.

박원순 변호사가 민주당 입당을 공개적으로 거절한 9월 13일부터 손학규 대표는 내게 서울시장 출마를 강력하게 권유했다. 나는 방송인 시절부터 '준비되지 않은 일은 하지 않는다'는 원칙을 고수해왔기에 생각조차 해본 적이 없는 서울시장 선거에 나선다는 것은 있을 수 없는 일이라 여기고 거절했다. 특히 다른 공직에 도전하는 것보다는 국회에 남아서 검찰개혁을 추진하며 MB악법을 저지하는 일이 더 급하다고 봤기 때문이었다. 하지만 손학규 대표의 출마권유는 강하고 집요한 것이었다. 손 대표는 밤에 몇 번을 집 앞에 찾아와 "박 의원이 나서줘야 합니다"라는 똑같은 말을 반복했다. 마주 앉아 차를 마시면서도 내가 답을 하지 않으면 끝까지 답을 기다리곤 했다. 많은 의원들에게 연락해서 나의 출마결심을 '압박'하기도 했다. 마치 질경이 같은 토속적 리더십이었다. 결국 나는 손학규 대표와 동료의원들의 권유와 설득에 밀려 출마했고, 정치를 시작한 이후 가장 큰 선거를 치르며 정치인 손학규를 경험했다. 이때 동료의원들이 결심이 서지 않은 선거를 나가야 하는 나를 중국집으로 불러 '울면'을 사주며 독려했던 기억은 늘 새롭다.

9월 25일 민주당 당내후보 경선에서 승리함과 동시에 나는 곧바로 당 밖의 박원순 후보와 단일화 절차를 시작해야 했다. 9월 28일 박영선-박원순 단일화 회동, 9월 30일 방송사 합동토론, 10월 1일 여론조사 경선, 10월 3일 통합경선으로 이어지는 불과 일주일의 질주였다. 숨이 턱에 찰 수밖에 없는 일정에 내몰리며, 당 지도부를 원망하기도 했지만 동시에 손학규 대표의 끈기도 봤다.

박원순 후보와의 경선과정에서 밤이 새도록 전화통을 붙잡고 민주당 후보인 박영선을 지지해달라며 백방으로 뛰던 손학규 대표의 모습은 매우 인상적이었다. 그는 누군가를 설득하기 위해서라면 새벽 5시까지 술을 마시고도 아침 7시 회의에 마치 아무 일도 없었던 사람처럼 참석하는 강인한 정신력과 체력의 소유자이기도 했다. 약간의 술 냄새가 아니라면 아무도 그를 보고 밤을 꼴딱 샌 사람으로 여기지 못했으니까.

야권 단일후보 선출을 위한 절차는 김현미, 이인영 의원이 전담해 순조롭게 진행됐다. 경선규칙에 대해 의견을 물어오면 나는 모든 협상을 두 사람에게 위임했다. 그 이유는 그동안 많은 경선을 지켜보며 후보 자신이 협상에 관여해 오히려 협상의 걸림돌로 작용하는 것을 수차례 봐왔던 터였고, 이번만큼은 순조로운 협상을 이끌어내고 싶었기 때문이었다. 그래도 몇 번의 난관이 닥쳤지만 '단일화 경선을 기점으로 민주당과 진보적 시민단체와 재야세력이 하나가 되는 것'이라는 대의에 비하면 작은 것이었다.

사람들은 박영선, 박원순의 경선을 아름다운 경선이라고 불렀다. 개인적으로는 안타깝게도 박원순 후보에게 근소한 차이로 패했지만, 후회스럽지는 않았다. 그 당시 내게는 반드시 서울시장이 되어야겠다는 의지보다는 당의 외연확장이 중요하다는 판단과 더불어, 국회에 남아서 MB악법을 저지하고 검찰개혁을 해야한다는 의무감이 더 강했었다.

서울시장 경선 다음 날, 나는 축하 인사를 위해 박원순 시장을 찾아갔다. 경선에서 패한 쪽이 먼저 승리한 후보를 찾아간 사례는 없었지만 야권 단일후보의 서울시장 당선을 위해 도움이 되는 일이라고 판단해 일부러 찾아갔다. 아름다운 경선이라는 세간의 평에 마침표를 찍고 싶은 마음도 작용했다. 박원순 후보의 선대위원장이 돼서 야권 단일후보의 승리를 위해 열심히 뛰었다. 그런 덕에 서울시장 선거 이후 손학규 대표의 당내 입지는 잠시 흔들리는 듯 했으나 곧바로 잠잠해졌다.

박원순 시장은 당선 이후 나의 서울시장 후보 공약이었던 '서울시립대학교 반값등록금'을 실천에 옮겼다. 내가 서울시립대학교의 반값등록금 공약을 내게 된 것은 손학규 대표와 이명박 대통령의 영수회담에서 이루지 못한 '순차적 반값등록금 실현'을 서울시 차원에서라도 해보이겠다는 생각 때문이었다. 박원순 시장이 나의 공약이었던 서울시립대학교 반값등록금을 실천함으로써 서울시립대는 더욱 우수한 인재가 모이는 대학으로 위상을 확고히 했다. 만약 손학규 대표 시절 국공립대학교의 반값등록금 정책이 실현되었다면, 손 대표에겐 큰 정치적 자산이 되었을 것이라는 아쉬움이 남아 있다.

저녁이 있는 삶

손학규 대표가 당대표에서 물러나기 직전 민주당과 '혁신과 통합'을 비롯한 한국노총, 진보 시민단체들은 2011년 11월 대통합을 위한 서명에 이른다. 그리고 민주통합당(2011. 12. 16.)이 탄생하게 된다. 하지만 나는 이런 대통합이 시기적으로 너무 빠르다는 생각이 들었다.

그동안 손학규 대표가 안팎으로 당력을 한 줌 한 줌 모아 다지기 시작했던 것과는 달리 이것은 다져지지 않은 흙 위에 왕모래를 뿌린 것처럼 불안했기 때문이다. 대표직을 물러나기 전에 통합을 이루고 싶은 그 마음은 이해가 됐지만, 우리에게 좀 더 다지는 시간이 필요하다고 봤다.

그러나 재고하라고 요청할 만큼 대안을 갖고 있지 못해서 그냥 지켜볼 수밖에 없었다.

손학규 대표가 대표직을 내려놓고 난 후 삼청동 한 레스토랑에서 저녁식사를 한 적이 있다. 그때 박선숙 의원과 강금실 장관이 함께 자리했다. 손학규 대표는 그날 '저녁이 있는 삶'에 대해 얘기했다. 우리가 여유를 가지고 마음을 나누고 싶은 사람들과 만나 얘기할 수 있고 때때로 즐길 수 있는 삶, 즉 저녁이 있는 삶을 갖는다는 것이 인생에서 얼마나 중요한 부분인지에 대해 나눴던 대화였다.

"저녁이 있는 삶을 돌려 드리겠다. 사람이 중심이 되는 경제, 사람이 중심이 되는 복지를 말하는 거다. 산업화다 민주화다 하면서 모두가 힘차게 달려왔는데 그 혜택을 누릴 수 없다면 누가 다시 뛸 수 있겠는가. 단순히 노동시간 단축만을 말하려는 것이 아니다. 우리가 함께 잘살고 함께 행복할 수 없는 길이라면 일을 줄인다고 달라지는 것은 없을 것이다. 그것은 올바른 선택이 될 수 없다. 저녁이 있는 삶이 상징하는 것은 결국 민생경제다. 민생경제를 한다고 모든 것이 해결되는 것은 아니지만 일단 우리는 거기서 출발한다."

2012년 대선출마 선언의 상징적 브랜드가 된 손학규 대표의 '저녁이 있는 삶'은 많은 사람들의 심금을 울렸다. 그동안 나 또한 잊고 살았던 '저녁이 있는 삶'이란 어떠한 삶인지에 대해 생각하게 되는 계기가 되었다. 손학규 대표의 말처럼 모두가 앞만 보고 달려가기만 했지 정작 삶이 주는 안온한 저녁 앞에서 쉬어 보지는 못했다는 생각이 들었다.

대한민국을 책임지고 있는 직장인, 자영업자, 그리고 미래를 짊어진 학생들까지 이 세상에 저녁이 있다는 사실조차 잊은 채 밤늦은 시간까지 열심히 일하고 공부하고 있다. 그러나 이러한 삶이 과연 누구를 위한 것인지 반문해 보지 않을 수 없었다.

'더 나은 삶'으로 무게중심을 옮기다

손학규 대표가 제기한 '저녁이 있는 삶'은 기존의 정치적 비전과는 다른 방향의 느낌을 주었고, 이 시대의 사람들이 절실히 원하는 곳을 제대로 짚었다. 그동안 우리는 '가족, 공동체와 함께 하는 저녁'을 잃었다. 우리보다 경제적 여건이 훨씬 좋지 않은 라틴아메리카 국가들에서도 토요일 저녁에는 사돈에 팔촌까지 말 그대로 온 가족이 모여서 식사를 하며 이런 저런 살아가는 얘기들을 한다. 또는 마을 사람들이 모여 식사한 끼를 하며 함께 살아가는 이웃으로서 공동체의식을 나눈다.

우리는 60~70년대 산업화 이후 가족과 공동체가 점점 해체되고 있다. 도시로 내몰린 사람들은 전쟁에서 살아남기와 비슷한 생존을 위해 앞만 보고 살아 왔고, 정부와 정치인들도 경제성장제일주의, 수출제일주의가 대한민국이 나아갈 길이라고 역설해 왔다. 경제적으로 부유한 것만이 우리가 추구해야 할 최고의 선인 양 모두 밤낮을 잊고 일해 왔다. 정부도 시민들도 이런 생활이 '더 나은 삶'을 위해 당연히 해야 할 일인 걸로 믿었다. 손학규의 '저녁이 있는 삶'이란 말이 잔잔한 감동을 주는 것은 그동안 우리사회에서 당연시 되던 것들에 대한 성찰이 필요한 시점에 왔기 때문일 것이다. 어떤 것들에 대한 성찰일까.

산업화를 주장해온 세력은 물론이고 민주화를 주장했던 쪽도 시민들의 구체적 삶을 되돌아보는 데는 소홀했다. 정치적 민주화가 가장 급하고 필요한 활동이었다. 인권, 민주주의, 한반도평화라는 거대담론에는 몰입하면서 일상생활에서 향유해야 할 개인의 평화는 소홀이 해온 것이다.

1997년 IMF 외환위기와 2008년 글로벌 금융위기는 그동안의 삶을 되돌아보게 했다. 세계적으로도 인간의 삶과 정부의 역할에 대해 반성이 일어났다. 마침 그해에 UN총회 의장이었던 사르코지는 세계적인 석학 조지프 스티글리츠와 아마르티아 센 등에게 1인당 GDP를 넘어서는 새로운 경제사회 지표를 개발해 달라고 의뢰했다. 사람이 살아가는 동안에 경제성장이나 1인당 소득 이외에 더 중요한 가치들도 있는 것이 아니냐고 많은 사람들이 반문하기 시작했다.

그 결과 OECD에서 2011년부터 '더 나은 삶의 지수(better life index)'를 개발해 발표했다. 더 나은 삶의 지수는 소득뿐만 아니라 주거, 일자리, 공동체, 교육, 환경, 시민참여, 건강, 삶의 만족도, 안전, 그리고 일과 삶의 균형까지 11개 분야에 관심을 갖고 조사, 비교해 회원국들의 상황을 점검하기 시작했다. 이는 '더 나은 삶을 위한 더 나은 정책(the better policies for the better lives)'이 사람들에게 더 큰 행복을 줄 것이라는 믿음에서 출발했다.

올해 5월 19일, 매년 발표되는 이 지수가 공개됐다. 한국은 교육과 안전 등에서 상위권에 오른 데 비해서 공동체, 건강, 일과 삶의 균형에서는 최하위권에 처져 있다. "당신은 건강하십니까?"라고 묻는 질문에 긍정적으로 답한 비율이 최하위였다. "어려움에 처했을 때 주위의 도움을 받을 수 있다고 생각하느냐?"는 질문에서 "그렇지 못하다"고 대답한 비율이 전체 36개국 중에서 꼴찌를 차지했다는 것은 우리 사회가 매우 각박해지고 있다는 것을 보여준다. 2015년 6월 온 나라를 강타한 메르스(중동호흡기증후군) 사태는 어쩌면 이런 건강하지 못한 대한민국의 현상을 그대로 노정한 것이라고 할 수 있다.

정치지도자에게 중요한 덕목이 남보다 한 발 먼저 세상의 위기를 느끼고 진단하고 새로운 비전을 제시하는 것이다. 그런 면에서 손학규 대표의 '저녁이 있는 삶'은 혜안이었다. 손 대표는 '저녁이 있는 삶'이라는 평범한 말 한마디로 지난 70년간의 우리 삶을 되돌아보는 계기를 제공했다. '저녁이 있는 삶'은 어쩌면 진보에서 보수로, 보수에서 진보로 몸을 바꿔가며 질주해온 손학규 자신의 인생이 가장 먼저 갈구했던 것이었을지도 모른다. 가장 높이 나는 새가 가장 멀리, 그리고 가장 먼저 보는 것처럼 세인의 비판을 여러 번 무릅쓴 그였기에 2008년 글로벌 금융위기 이후 새롭게 밀려오는 세상의 변화를 먼저 본 것이라고 생각한다.

그가 그렇게 던진 화두는 여전히 힘 있게 살아 숨 쉬고 있다.

2014년 수원(병)에서 강진 흙집으로

2012년 민주당 대선후보 경선에서 패한 뒤 정치 일선에서 물러나 지내던 손학규 대표는 지난해 7.30 재보선을 20일 남겨놓고 수원(병) 출마를 선언했다. 손 대표는 "국민 한 사람으로 박근혜 정부가 잘 해주기를 진심으로 바랐지만, 지금 국민은 무능과 무책임과 불통으로 좌절과 절망에 찌들어 있다. 매서운 비판과 따끔한 채찍이 필요한 때다"라며 2년간의 정치적 휴지기를 깨고 나선 것이다.

출마선언을 앞두고 손 대표가 의견을 물어왔을 때 나는 "물론 출마하셔야 합니다. 15곳 보궐선거에 대표님 같은 중량감 있는 정치인이 앞장서셔야 합니다"라고 말했기에 각종 선거 악재가 연일 터져 나오는 선거전 내내 마음이 무거웠다.

선거를 며칠 앞둔 마지막 주말이던 7월 26일. 작열하는 7월 햇볕 속 수원 재래시장에서 지원유세를 하던 나는 저쪽 멀리서 걸어오는 손 후보를 발견하고 가슴이 덜컹했다. 석양 때문이었을까 후보의 얼굴이 몹시 어두워보였다. 가까이 다가와 마주한 손 후보는 늘 그렇듯 미소 짓고 있었지만 그 미소는 뭔가를 다 내려놓은듯한 기운을 풍겼다. 마치 낙선을 예감한 표정으로 보였다. 나흘 뒤 선거는 그에게 패배를 안겼다. 그리곤 그는 잔잔하게 마음을 흔드는 '정계은퇴선언'을 남기고 여의도를 떠났다.

저는 오늘 정치를 떠납니다. 손학규가 정치를 그만두는 것이 무슨 대단한 일이겠습니까. 하지만 그간 저와 기쁨과 슬픔을 함께한 동지들, 어려운 상황마다 도움을 주셨던 지지자 여러분 그리고 분에 넘치는 사랑을 주셨던 국민 여러분께 인사를 드리고 떠나는 것이 도리라 생각해서 이 자리에 섰습니다. (중략) 국민 여러분께 함께 잘 사는 나라를 만들어 저녁이 있는 삶을 돌려드린다는 약속을 지키지 못해 송구스럽습니다. 떳떳하게 일하고 당당하게 누리는 세상. 모두 함께 일하고 일한 만큼 소외받지 않고 나누는 세상. 그러한 대한민국을 만들려 했던 저의 꿈을 이제 접습니다. 능력도 안 되면서 짊어지고 가려 했던 모든 짐들을 이제 내려놓습니다. 그동안 정치생활을 통해서 얻었던 보람은 고이 간직하고 아쉬움은 뒤로하고 떠나려 합니다.

– 손학규 전 경기지사 정계은퇴선언 기자회견문, 2014. 7. 31.

은퇴 선언 직후 원내대표실로 나를 찾아왔던 손 대표의 후련한 듯 그러나 매우 섭섭한 듯한 표정을 잊을 수가 없다. 그런 아련함이 있는 표정을 남기고 그는 전남 강진 백련사 근처 토굴(흙집)로 내려갔다.

손학규 대표를 생각하면 내 마음속에 늘 연민의 마음이 일어난다. 그때 내가 좀 더 잘해드렸더라면 하는 아쉬움이 내 마음속에 아지랑이처럼 깊게 남아 있다. 손 대표가 떠난 날은 김한길─안철수 지도부가 물러난 날이기도 했고, 원내대표 박영선이 감당하기 어려운 짐을 지고 걷기 시작한 날이기도 했다. 내 스스로 폭풍의 언덕이라고 말한 격랑이 끝난 어느 날, 가장 먼저 안부를 물어야 할 분으로 손학규 대표가 생각났다. 비대위원장, 원내대표직을 내려놓은 직후 강진에 전화를 했다. 한번 뵙고 싶다는 말에 손 대표는 흔쾌히 초대해줬다.

11월 15일, 내가 강진을 찾던 날 손 대표는 등산복 차림에 지팡이를 짚고서 부인 이윤영 여사와 함께 멀리 서서 나를 기다리고 있었다. 그 모습을 보는 순간 또 이유를 알 수 없는 울컥하는 마음이 솟았다. 백련사 주지스님이 마련해주신 점심을 함께 하며 이런저런 지난 얘기를 했다. 절에서 보기 힘든 짜장밥을 내주신 주지스님은 이런 말을 했다.

"내가 손 대표를 이곳에 오시라 할 때, 오면 2년은 채워야 한다고 했습니다. 2년 채우지 않으려면 오지도 말라고 했습니다. 그런데 박 의원께서 왔으니 1년으로 줄여야겠어요." 너털웃음과 함께 던진 주지스님의 말은 묘한 여운이 있었다.

백련사에서 20분 정도 더 걸어 올라가야 하는 토굴집은 주지스님이 손 대표를 위해 수리를 해줬다고 했다. 부엌도 없고 세수하기에도 불편한 움막을 잠잘 수 있는 거처로 만들어 준 정도였다. 그날 손 대표와 부인 두 사람 모두 배낭을 메고 있었는데 배낭 속에는 빨랫감이 들어 있었다. 손 대표와 대화를 나누고 있는 동안 손 대표 부인께서는 개울가로 내려가 빨래를 했다. 요즘도 개울가에서 손빨래하는 사람이 있을까 싶은 마음에 콧등이 시큰했다. 가슴이 아팠다.

불현듯 내가 정책위의장 시절 손학규 대표에게 왜 매일 똑같은 까만 양복을 입고 다니느냐며 남들처럼 옷맵시가 나는 좋은 질감의 양복을 입으시는 게 어떠냐고 말했던 기억이 났다. 그때 손학규 대표는 너털웃음을 지으면서 "아내가 동대문 시장에 가서 똑같은 감의 양복지를 끊어와 똑같은 양복이 두세 벌 있는데…. 이걸 매일 바꿔 입고 다니는 건데 뭐가 이상한가?"라며 겸연쩍게 미소 지었다. 그때 받은 인상, 그 소박함으로 살고 있었다.

백련사 주변은 고려 말 정도전이 귀양을 와서 때때로 산책을 했던 곳이라고 알려져 있다. 백련사에서 바라보는 남도의 풍경은 너무 아름답다. 지금 그곳에 아련한 풍경으로 손학규 대표가 살고 있다. 정치에 대한 욕심을 곰팡이로 표현할 정도로 그는 정치와 거리를 두려고 애를 쓰지만 세상은 자꾸 그에게 손짓을 하고 있다. 대선주자 여론조사 명단에도 다시 손학규란 이름이 등장했다. 낡은 수구와 무능 좌파의 질곡을 깨고 과연 손학규가 보수와 진보를 아우르는 그 중심에 설 수 있을까.

손학규.

그가 던진 '저녁이 있는 삶'이 아직 미완성이듯, 세상은 그러한 시선으로 다시 전남 강진의 흙집을 바라보고 있다.

새로운
정치의 꿈

안철수

2015년 2월 25일 박영선 · 안철수가 말하는 경제성장을 위한 공정한 시장경쟁 토론회

"지금 대한민국은 공정하지 않다. 치열하게 경쟁하고, 공정하게 경쟁하는 시장구조
를 만들면 40년 장기불황의 위험에서 벗어날 수 있다. 그 과정에서 대기업은 글로벌
전문 대기업으로 변화해야 하고, 그룹 내에서만 존재하는 기업들은 재편해야 한다."
                    ─ 2015년 2월 25일 '경제성장을 위한 공정한 시장경제' 좌담회에서

젊은이들을 꿈꾸게 하는 것은 나라를 흥하게 한다. 가보고 싶은 곳이 존재한다는 것은 문화적 동경으로 이어지고, 동경의 대상이 되는 곳은 더욱 발전하게 된다. 세계를 지배한 유럽의 천년은 이러한 꿈과 동경의 도시 로마, 런던, 파리가 있었기에 가능했다고들 한다.

팍스 아메리카로 불린 지난 100년 미국의 번영엔 뉴욕, 보스턴, 샌프란시스코와 같이 가슴 뛰게 하는 도시들이 만들어진 후에 가능했다. 우리에게도 70~80년대 '서울에 가면 뭔가 이룰 수 있다'는 꿈이 있었고 논 팔고 밭 팔아 서울에서 자식 공부시킨 것이 오늘의 대한민국을 만든 에너지였다고 본다.

나의 꿈이 이뤄질 것 같은 도시가 있듯이 '나도 저 사람처럼 되고 싶다'는 사람이 존재하는 것은 어쩌면 더 큰 힘을 발휘하게 한다. '저 사람처럼 되고 싶다'는 역할모델의 모습을 따르는 것을 현대 저널리즘은 '워너비(wannabe)'라 한다. 거대한 사회 조직 속에서 부속품으로 전락한 젊은이들이 '워너비'를 갖는 것은 축복이다. 지난 10년 우리 사회에 안철수라는 전문가가 대중의 관심을 모으며 정치인으로 등장하는 과정에는 이 같은 젊은이들의 워너비 광풍이 작용했다. 사람들은 그것을 '안철수 현상'이라 했다.

2009년 6월 MBC 예능프로그램 〈무릎팍도사〉에 출연한 안철수

KAIST 교수가 대중에게 강한 인상을 주면서 '새 인물에 대한 동경'이 시작됐다. 그것은 이명박 식(式) 국가운영에 지친 사람들의 마음을 위로하면서 큰 반향을 일으킨 것이다.

젊은이들을 열광시킨 청춘콘서트,

2011년 서울시장 보궐선거를 앞둔 양보,

2012년 《안철수의 생각》 출간 등으로 '안철수 현상'은 열기를 더했다. 모처럼 젊은이들의 롤모델이 될 만한 인물이 나왔는데 정치에 소진돼서는 안 된다는 여론, 직접 나서야 한다는 열망이 교차한 끝에 그는 결국 현실 정치에 몸을 던졌다.

거론되는 것만으로 기존의 여야 정치권을 휘청하게 만들었던 안철수 교수는 2012년 7월 SBS 〈힐링캠프〉에 출연해 대선 출마에 대한 자신의 생각을 이렇게 밝혔다. "저를 지지하는 사람들이 저의 생각에 대해 동의한다면 (대선출마를) 고려해 볼 수 있습니다."

9월 19일, 안철수 교수는 제18대 대선 출마를 선언했다.

"세상을 움직이는 것은 진심입니다. 진심의 정치를 하겠습니다. 더 나은 미래를 만들기 위해 싸워야 한다면 정정당당하게 싸우겠습니다."

안철수 교수는 대선 출마를 공식화하기 몇 달 전 한 강연에서 "사회에 긍정적인 발전을 일으킬 수 있는 도구로 쓰인다면 정치라도 감당할 수 있다(2012.3.27. 서울대 강연)"고 말한 적이 있다. 그는 결국 정치를 '감당'했고, 이제 도구로 쓰이는데 머무를 것인지, 자신이 '최고의 도구'가 될 것인지가 남았다.

2003년 1.25 인터넷 대란, 안철수를 주목하다

2003년 1월 25일 오후 2시. 전국의 인터넷 통신망이 일시에 작동불능상태에 빠졌다. 인터넷 서비스가 전면 중단됐고, 행정전산망이 완전히 불통되는 재난이었다. 토요일 오후여서 금융기관의 대혼란은 피했지만, 온라인쇼핑몰의 카드승인 거부로 인한 피해가 속출했다.

주무부처인 정보통신부와 KT는 "기계적 고장은 아니다. 혜화전화국의 도메인네임시스템 DNS서버에 대량의 데이터가 밀려들면서 서버가 마비됐고, 서버가 복구되면 다른 사업자의 망도 서서히 복구될 것"이라고 발표했다. 언론 인터뷰에 나선 이상철 정통부장관도 "윈도우 프로그램에 취약점이 있어서 그것을 타고 서비스를 하지 못하게 하는 그런 프로그램이 작동한 게 아니냐 보고 있다"고 했다.

컴퓨터 전문가들은 일제히 국제 해커집단에 의한 공격 가능성을 제기했다. 정부 관계당국은 기계적 고장은 아님을 강조했고, 전문가 집단은 해커 사이버 테러로 진단한 것이다.

정보통신부나 KT에 앞서 정확한 원인파악에 성공한 곳이 컴퓨터 바이러스 전문업체 안철수 연구소였다. 안철수 대표는 그날 밤 9시 보도자료를 내고, "이번 사건은 해킹에 의한 것이 아니라 신종 웜 바이러스의 공격에 의한 것으로 보인다"고 밝히면서 문제의 바이러스 치료 방법을 공개한 것이다. 언론들은 "국민의 혈세로 큰 공영기업과 주관부처가 위기 상황에서 조그만 벤처기업보다 못했다"라는 기사를 내보내고 있었다.

인터넷 대란 사건 직후 안철수 대표를 인터뷰했다. 나와 안철수 대표의 첫 만남이었다. 1995년 컴퓨터바이러스 보안프로그램 업체인 안철수연구소를 창업한 뒤 이미 1999년 체르노빌바이러스 사태 때 이름을 크게 알렸고 V1, V2, V3 시리즈를 무료 배포하는 것으로 업계에 크게 알려진 인물이었다. 인터뷰는 1.25대란의 원인을 찾아낸 배경부터 시작했다.

"우선 해킹이 아니라 웜에 의한 것일 거라는 걸 저희가 먼저 발표했고, 그 다음에 프로그램들을 만들었는데 저희들이 두 가지 프로그램을 만들고 하우리(컴퓨터보안프로그램업체)에서는 거기에 기능이 더 추가된 프로그램을 만들었고요. 그래서 어떻게 보면 서로 앞서거니 뒤서거니 하면서 상호 보완적인 관계. 서로 경쟁하면서 궁극적으로는 소비자들과 사용자들에게 보다 더 좋은 기능들을 제공해줄 수 있게 된 것 같습니다."

– 이번 인터넷 대란을 무엇과 비교할 수 있을까요?

"옛날 성수대교가 붕괴됐을 때를 생각해보면 그 당시는 우리나라가 너무 앞으로 나가는 데만 집중한 나머지 필요한 유지 보수를 하지 않아서 다리가 무너지고 결과적으로 굉장히 큰 피해가 났던 그런 사건이라고 생각하고 있는데요. 이번 보안 사건도 마찬가지인 것 같습니다."

– 이러한 국가적 대란이 일어나면 여기에 대처할 수 있는 전문가가 열 손가락에 꼽힐 정도로 적다는 것이 문제인데, 우리나라 보안업체 수준은 세계 어느 정도까지 와 있습니까?"

"전 세계적으로 마케팅 조사기관이 조사한 바에 의하면 약 400개 정도의 보안회사가 통계에 잡힐 정도인데요. 우리나라는 그 통계에 안 잡히는 회사가 200개 정도 있습니다. 그러니까 전 세계 400개를 생각해보면 우리나라는 시장규모에 비해서는 지나치게 많은 거죠. 그렇다고 인력이 많은 것은 아니다보니 결국은 기술 인력들이 모래알처럼 흩어져서 한 회사에 핵심 인력 한 두 명 정도밖에 없는 그런 회사도 많습니다. 그러다 보니 어느 누구도 기술 축적도 자본 축적도 못한 상태에서 서로 같이 공멸하는 그런 구조로 되어 있습니다."

언론은 정통부와 KT에 앞서 인터넷 대란의 원인을 정확하게 파악해 해법을 제시한 안철수 연구소의 저력을 칭송하고 있었지만 정작 당사자는 차분했다. 누구의 잘못도 지적하지 않으면서 자신이 한 일만을 설명하고 있었다. 보안소프트웨어 개발업계의 공멸을 걱정하는 안철수 대표의 견해는 IT강국 대한민국의 사각지대를 알리는 것이면서 동시에 그의 기업철학을 읽을 수 있는 것이었다.

일찍이 공유의 가치를 발견한 기업인

안철수란 인물에 앞서 'Internet Security V3'을 알게 된 사람이 더 많을 것이다. 기업에게는 유료 서비스, 개인에게는 무료 서비스라는 사업모델도 독특했지만, 안철수 연구소는 90년대 말부터 파도처럼 밀려온 컴퓨터바이러스들과의 전쟁에서 우리 국민의 뇌리에 확실하게 각인됐다.

창업의 계기부터가 영리와는 거리가 있었다. 서울대 의대 박사과정을 마칠 때인 1988년, 자신의 컴퓨터 파일에 숨어들어온 컴퓨터바이러스를 발견하고 이를 치료할 수 있는 앤티바이러스 프로그램을 만들어낸 뒤 의사답게 그 이름을 '백신'으로 명명했다. 그것이 V3 첫 버전인 '백신(vaccine)'이다. 자기 컴퓨터 파일은 쉽게 복구했는데, 방법을 가르쳐줘도 알아듣지 못하는 친구들을 위해 프로그램으로 만들었다고 한다.

90년대 들면서 전문 해커집단들이 만들어내는 바이러스들이 전 세계적 골칫거리로 등장했다. LBC, 예루살렘 바이러스 등이 등장할 때마다 안철수 교수는 V2, V2plus를 만들어 인터넷에 업데이트를 했다. 미켈란젤로 바이러스로 세상이 시끄러울 때, 며칠 밤을 세워가며 백신을 개발해 PC통신으로 전송하고 군의관으로 입대했다는 얘기는 방송에 소개될 정도였다.

낮에는 의사, 밤에는 컴퓨터바이러스 백신 개발자로 7년간 살던 안철수 교수는 1995년 '안철수 연구소'를 창업했다. 기업을 만든 후에도 독자 개발한 백신을 개인에게는 무료 보급하고, 기업에게만 사용료를 받아 운영한다는 원칙을 지켰다. 자연히 기업 경영은 어려울 수밖에 없었다. 그러던 중 1999년 4월 전 세계를 휩쓴 'CIH바이러스(체르노빌바이러스) 사건'을 기점으로 적자에 허덕이던 안철수 연구소는 단번에 흑자로 전환됐다. 체르노빌바이러스는 국내에서도 30만 대 가량의 컴퓨터를 파괴해 기업과 공공기관 등에서 수천 억 원의 피해가 발생했다. 이로 인해서 컴퓨터 바이러스는 일반 국민의 관심사로 등장했고 백신을 찾는 사람이 급증한 것이다.

안철수 대표는 "나의 성공은 시기와 맞물렸다"라고 평했다. 욕심을 부리지 않고 차분히 준비하며 기다린 자에게 행운이 온다는 격언이 현실로 나타난 경우이다. 그러나 사실 내면을 들여다보면, 시대의 요구를 꿰뚫어 보고 대비한 기업인의 성공이었다. 그것도 탐욕과 팽창을 자제하고 공유와 공생의 가치를 실천하면서 때를 기다린 보기드문 기업인이었던 것이다. 설령 그것이 행운이라 해도 준비됐기에 잡을 수 있었던 것이리라. 행운은 준비된 사람에게 신이 내린 선물이라는 말처럼.

새 기업가 정신

95년 창업 이후 정계입문까지 기업인으로 활동한 안철수 대표는 여러모로 특별한 경우이다. 통상적인 상인의식과 전혀 다른 사업마인드, 지식제품을 무료로 나누는 것으로 가치를 높이는 기법, 함께 사업을 일으킨 동료들에 대한 배려, 자신의 성공을 사회에 환원하려는 노력 등이 우리가 보아온 기업인과는 전혀 다른 모습이었다.

기업인 안철수 대표를 보면서 나는 1995년 LA특파원 시절 만났던 실리콘밸리의 벤쳐캐피털 '암벡스벤처그룹(AmBex Venture)' 이종문 회장을 떠올렸다. 종근당 가문의 아들인 그는 젊은 시절 미국에 건너가 골프 채 상점을 하다가 실패한 뒤, 애플과 IBM의 호환 가능성에 대해 관심을 갖고 파고들어 호환 기술을 개발했지만 이미 재산을 탕진한 상태였다. 제품의 기술력 하나만을 가지고 은행을 찾아다닌 끝에 '이종문의 열정과 기술만 보고 대출을 해준다'는 은행을 만났다. 그는 성공했고, 엄청난 부를 쌓았다.

이종문 회장은 벤처캐피탈을 운영하면서 기술력이 있지만 자본이 없는 인재들을 찾는 일에 종사하고 있다. 벌어들인 부(富)는 대부분 문화 사업에 기부했다. 샌프란시스코 만(灣)이 내려다보이는 곳에 '아시안 아트 뮤지엄' 〈이종문 아시아 문화예술센터(Chong-Moon Lee Center for Asian Art and Culture)〉를 만든 화제의 인물이기도 했다. 미국 박물관 건물에 한국인의 이름이 새겨진 것은 그가 처음이었다. 2005년 아시아 소사이어티 선정 올해의 인물로 뽑힌 이종문 회장은 수상연설에서 "창업주도 중요하지만 회사에 청춘을 바친 종업원들은 더욱 중요하다. 창업주가 사회에서 받은 혜택을 고스란히 자식들에게 물려주는 것은 개탄스러운 일"이라면서 전 재산을 사회에 환원하겠다고 말했다.

기업인 안철수 대표는 신세대 창업 기업인으로서 새로운 기업가 정신을 보여준 우리사회의 아이콘이다. 한국경제의 70~80년대를 이끌었던 삼성, 현대, LG의 재벌가 회장들은 창업자로서 목표나 꿈의 완성을 위해서 개미처럼 일하며 벌어들인 자본으로 사업 다각화에 집착했고 지금의 재벌구조를 구축했다면 안철수 대표는 달리 행동했다. 자신이 개발한 제품을 무료로 나누어줌으로써 그것을 바탕으로 또 다른 성장의 축을 만드는 새로운 형태의 기업 문화를 창조했다. 축적된 자본을 본래 사업방향과 다른 쪽에 한 푼도 투자하지 않았다.

2011년 세계경제의 흐름 속에 〈공유가치 창출(Creating Shared Value)〉이라는 개념이 부각된다. 기업의 사회적 책임과 헌신이 강조되면서 기본적인 사회적 인프라를 개인과 정부 그리고 기업이 함께 공유해야 한다는 개념이다. 안철수 대표의 안랩 경영은 바로 이러한 〈공유가치창출〉 개념과 맞물리면서 우리 사회에 새로운 기업경영철학을 일깨운다. 이는 우리나라 벤처기업의 선구적인 모델이 되었다.

공유가치 창출의 개념은 우리 사회에도 신속히 퍼져가고 있는데, IT기업 카카오의 무료 문자 서비스, 무료 통화, 카카오 택시가 그 좋은 예이다. 안철수를 시작으로 카카오의 이러한 공유가치창출 경영이 젊은이들에게 각광을 받은 것은 콘텐츠를 개발하고 조건 없이 공유하면서 거기서 기업의 수익모델을 만들어냈기 때문이다. 공유가치를 만들어내는 기업 문화는 1990년대 중반 안철수 의원이 무료 백신이란 씨앗을 심은 것을 원조로 해서 지금은 대기업에서도 중요한 경영방법으로 채택되고 있다.

안철수,

그에 대해 젊은이들이 열광하는 것은 이러한 안철수의 젊은 시절이 '공유'라는 개념을 통해서 가치창출이라는 경제의 새로운 틀을 보여줬기 때문이다. 그래서 젊은이들은 안철수에게 감동했고 그를 우상으로 받들었다. 새로운 기업가 정신을 몸으로 실천했다. 그런 실천을 정치 분야에 펼쳐보겠다는 것이 어쩌면 그가 그리는 새 정치일지 모른다.

안철수란 이름의 정치 신드롬

내가 정치에 입문한 2004년 1월 열린우리당 당사가 있던 여의도 국민일보 빌딩에서 당시 그곳에 둥지를 트고 있던 안철수 대표를 스치듯 만났다. 1.25 인터넷대란 때 인터뷰를 한지 꼭 1년만이었다. 그때 이미 안철수 대표는 젊은이들의 우상이었다. 안철수 대표와 마주쳤던 젊은이들은 엘리베이터에서 수근 거렸다.

"봤어? 저기 안철수야 안철수!!" "와!! 피부가 정말 좋다." 이런 대화가 오갔다. 안철수 대표에 대한 세인의 관심과 존재감이 강하게 느껴지는 장면이었다.

2010년 청춘콘서트의 열풍 속에 안철수 현상이 시작됐다. MB정부의 친재벌정책과 4대강 논란, 세종시수정안을 둔 여권 내 갈등, 나약해진 민주당 등에 짜증이 난 국민들의 눈에 안철수라는 인물이 들어온 것이다. 젊은이들에게서 시작된 바람은 점점 여성, 중년층을 거쳐 남성 40~50대로 확산돼 갔다. 2011년 9월 무상급식주민투표 소동으로 서울시장 자리가 비자, 안철수 교수가 출마할 것이라는 소식에 판세가 요동쳤다. 출마하면 당선을 맡아놓은 것과 다름없는 분위기에서 안 교수는 박원순 변호사에게 양보해 더욱 주가를 높였다. "지지율 50%가 5%에 양보하다"라는 감동 스토리가 만들어진 것이다.

이후 안철수 교수의 행보는 누가 봐도 대선 출마를 향한 것이었다. 2012년 6월, 나는 박선숙 의원의 권유로 함께 참석한 이헌재 전부총리의 출판기념회에서 우연히 안철수 대표를 다시 만나 잠시 인사를 나눴다. 돌이켜보면 박선숙 의원이 나에게 출판기념회 참석을 간곡히 권했던 것이 안철수 대표와 만날 기회를 갖게 하려는 것이 아니었나 싶다. 이날 출판기념회에 참석했던 사람들 중 많은 이가 몇 달 뒤 안철수 대선후보를 공개 지지한 것은 우연이 아닌듯하다.

그 행사에서도 안철수 대표는 마치 없는 사람처럼 느껴질 만큼이나 조용했다. 한 일간지 초년생 여기자가 그에게 다가가 명함을 주며 인사를 했을 뿐 다른 사람들과 대화하는 것을 보지 못했다. 반(半)비공개 행사로 진행된 출판기념회 임에도 불구하고 우리나라에서 알만한 금융인들이 참석한 자리에서 자신의 존재를 드러내지 않는 그의 모습이 매우 수줍어 보이면서도 특이해 보였다.

오랜만의 우연한 만남이었지만, 나와 안철수 교수는 풀어야할 인과관계가 만들어진 상태였다. 결과적으로 보면 안철수 교수 때문에 내가 민주당의 서울시장 후보에 나서게 되었기 때문이다. 오세훈 서울시장의 사퇴로 보궐선거가 있게 되자, 민주당 내에서는 7~8명이 자천타천 출마의사를 밝혔다. 그러던 중 안철수 출마설이 나오면서 대부분 슬그머니 포기했다. 정책위의장이던 나를 등 떠미는 분위기가 조성되면서 결국 당내 경선에 나서게 된 것이니, 갑작스런 출마의 원인제공자는 안철수 대표였던 셈이다. 결국 박원순 변호사와의 야권후보 단일화 경선에 나서게 된 것도 안 대표의 양보 때문인 것이다. 이른바 안철수−박원순 담판에서 무슨 이유로 양보를 했는지 궁금했다. 그래서 직접 물은 적이 있다.

"그때 왜 그렇게 쉽게 양보하셨나요?"

안 대표의 답은 간결했다.

"박원순 시장이 제게 본인이 서울시장에 출마하고 싶다는 간절한 이 메일을 보냈어요."

인간의 진심을 높이 사는 사람이란 뜻이리라. 이 단일화 과정에서 안 대표는 별다른 갈등 없이 매우 드라마틱하게 국민들에게 강한 인상을 남기며 물러났다. 안철수 새 정치의 가장 큰 자산 중 하나인 '감동적 양보'는 그렇게 만들어진 것이었다.

힘의 논리가 지배하는 정치에 익숙한 국민의 눈에 조건 없는 양보는 새로웠다. 희망을 발견한 것이었다. 그런 강렬한 희망을 언론은 '안철수 현상'이라 부르기 시작했다. 그것은 새로운 정치, 새로운 가치, 새로운 시대를 바라는 국민들의 염원을 담은 상징어가 되었다. 서울시장이라는 큰 공직에 컴퓨터바이러스 전문가인 대학교수가 출마할지 모른다는 설이 제기되자, 지지율이 50%가 넘게 나오는 것은 그 자체로 새로운 현상이었다. 그가 어떤 일을 하겠다고 말한 적도 없고, 기성 정치권과는 아무런 끈도 없는 상황에서 그런 지지세를 갖는다는 것은 기존의 정치문법으로는 설명이 어려웠다. 단지, "안철수가 정치를 하면 좀 나아지지 않겠는가"라는 기대감이 있었던 것이다. 그리고 그 기대감은 희망으로 바뀌어 마치 폭풍처럼 온 나라를 휩쓸었다.

안철수에 열광한 사람들

안철수 현상을 말하는 데 있어 가장 중요한 것은 젊은이들의 정치적·사회적 관심의 표출이었다. 나는 그것을 〈안철수 교수가 우리 사회에 던진 메시지〉라는 제목으로 홈페이지에 글을 올리면서 '워너비 현상'이라 표현했다. "저 사람처럼 되고 싶다" 젊은이들은 안철수처럼 창업해서 큰돈을 벌고 그 돈 가운데 일부는 무료백신을 나눠주듯 의미 있게 써보고 싶다는 강한 바람을 갖고 있다.

요즘 젊은이들에게 요구되는 것은 너무 많다. 학점, 영어를 비롯한 제2외국어능력, 봉사활동, 인턴 경력까지. 직업을 선택하는 것이 아니라 직업에게 선택받기를 기다리며 모자란 스펙을 채우기에 급급한 젊은 세대에게 안철수 현상은 잠시라도 그들의 머리를 상큼하게 해주는 바람이었을 것이다.

누구도 시원스러운 답을 해주지 못하고 어떻게 살아가야 할지 알려주지 않는 답답함에 대해 안철수 교수는 〈청춘콘서트〉로 젊은이들에게 오랜 가뭄 끝에 내리는 비처럼 소통하기 시작했다. 전국을 돌며 그들의 이야기를 듣고 '기성세대로써 미안하다'고 위로했다. 주어진 일상을 살아가는 나른한 청년들에게 끊임없이 꿈을 이야기했다. 젊은이들은 그 답답한 마음을 열어주는 안철수 교수에게 묻고 또 묻고, 대답을 기다렸다. 안철수 교수가 말을 들어 준다는 것만으로도 그들에겐 위안이었다.

많은 중장년층도 안철수 교수로부터 위로를 받았다. 특히 아무리 소리쳐 말해도 들어주지 않는 정치. 그에 대한 오랜 상처를 치유 받고 싶어 하는 것 같았다. 그동안 정치인들이 국민들의 이야기를 듣고 그것을 해결하려고 노력했지만 정작 국민들은 위로를 받는다고 느끼지는 못했던 것 같다. 그러나 안철수 교수는 〈위로와 치유〉라는 프레임 속에서 기존 정치인들이 갖지 못한 새로운 영역을 개척하고 있었다.

같이할 수 없었던 아쉬움

2012년 7월, 안철수 교수가 내게 사람을 보내와 도와달라고 요청했다. 직접 만나고 싶지만 혹시 잘못됐을 때 파장을 걱정해 사람을 보낼 수밖에 없었다고 양해를 구하면서 긴 제안을 했다. 메신저가 전해온 안철수 교수의 제안은 이런 것이었다.

"저는 우리나라를 크게 세 개의 축으로 경영해보고자 합니다. 첫째가 사회정의·경제정의의 축, 둘째 산업과 복지의 축, 셋째는 안보·외교의 축입니다. 이 3개 축 가운데 하나인 사회정의·경제정의의 축을 맡아주십시오. 그간 해온 재벌개혁, 경제민주화 그리고 사법개혁 등이 제 생각과 같아서 이 일을 맡을 수 있는 적격자라고 생각합니다."

나는 그 자리에서 고사했다. "저를 사회정의, 경제정의를 세울 적임자로 평가해 준 것은 감사하게 생각하지만 민주당을 탈당할 수는 없다"고 전하면서 "만약 안철수 후보가 민주당과 함께 하거나 민주당에 입당한다면 적극적으로 돕겠다"고 약속했다. 그 이후로도 몇 차례 답을 묻는 전화가 왔지만 나는 똑같은 답변을 되풀이했다. 내가 안철수 후보를 위해 해 줄 수 있는 일이라면 민주당과 안철수 후보 간의 소통, 즉 다리역할은 해 줄 수 있을 것이라고 답변했다.

솔직히 그날 국가를 '사회·경제정의의 축', '산업·복지의 축', '안보·외교의 축' 세 개의 축으로 운영하겠다는 그의 프레임은 상당히 정리가 잘 되어 있다고 생각했다. 그러나 안철수 교수가 과연 얼마나 재벌개혁이나 경제민주화, 검찰개혁의 실천 의지가 있는지에 대한 확신이 부족했다. 정의 구현이라는 말은 하기 쉽지만 재벌이나 검찰의 압력, 로비로부터 버텨낼 수 있는 강한 의지를 갖고 있느냐에 대해서는 직접 안철수 교수에게 들어봐야 하는 부분이라고 생각했다.

2012년 9월 19일.

당시 안철수 후보가 제18대 대선 출마를 선언하는 현장에 평소 내가 존경하던 이헌재 장관이 함께하는 모습을 TV로 지켜보면서 나도 모르게 탄식했다. 이미 문재인 후보 캠프에 몸을 담은 나로서는 뭔가 소중한 것을 빼앗긴 느낌이었다. 이헌재 전부총리는 내가 경제부 기자와 17대 국회의원으로 일하면서 가장 많이 의논했던 분 가운데 한분이었다.

훗날 안철수 캠프에는 전성인 교수와 장하성 교수도 참여했다. 전성인 교수는 금산분리 등 경제민주화를 위해 나와 함께 애쓰던 분이었다. 장하성 교수는 기업지배구조 개선과 소액주주운동을 활발히 펼쳤던 분이다. 과연 이런 분들의 개혁적 마인드를 안 교수가 소화할 수 있겠느냐는 의문도 들었다. 마치 주춧돌을 잃어버린 것 같은 상실감은 같이 일하자는 안철수 교수의 제안을 받아들일 수 없었기에 더욱 큰 것이었다.

안철수 교수의 대선출마 선언은 MB정권 5년 간 계속된 특권층 쏠림 현상에 실망한 국민들의 마음을 흔들었다. 허탈감을 위로받고 싶었던 국민들의 속심을 파고들었다. 특히 진보냐 보수냐 하는 이분법에서 벗어나고 싶은 젊은층의 관심이 폭등했다. 진보의 장점과 보수의 장점을 혼합한 국민중심의 정책, 생활중심의 정책을 추구하는 세력과 정당을 바라는 젊은이들의 바람을 탄 것이었다. 대중들은 안철수 교수에게 그들의 꿈을 실현해 줄 것을 요구했고, 그 요구는 너무도 컸다. 대중들은 유연하면서 경제정의, 사회정의를 실천할 온화한 현인정치 시대를 기대했는지도 모른다.

안철수 교수에 거는 기대는 큰 파도 같았으나, 그가 그 파도를 타고 넘을 만한 현실정치의 경험이 없다는 것이 문제였다. 어쩔 도리 없이 치러야 하는 기성 정치권과의 경쟁에서 사용할 기본적 방어무기도 갖고 있지 않다는 것이 약점이었다. 그리고 당장 대통령이 되어서 엄청난 개혁과제를 수행해가기엔 아직 준비가 덜 됐다는 인상을 준 것도 사실이었다. 장하성 교수가 후에 "우리나라의 재벌특혜, 세습주의를 극복하기 위한 단호한 철인정치를 해줄 수 있는 사람이 안철수라고 생각했지만 실은 그렇지 못했다"고 말한 것도 안철수 교수에 대한 시대의 요구와 당시 그의 한계를 이야기 한 것이다.

단일화 협상팀장으로서의 고민

2012년 대선 국면에서 문재인−안철수 후보단일화 협상은 최대 고비였다. 11월 11일 두 후보 간에 단일화가 필요하다는 전화 통화가 오간 뒤 곧바로 협상이 시작됐고, 11월 23일 안철수 후보가 양보선언을 하는 것으로 끝났다. 나는 문재인 후보 쪽 협상팀장으로 넘었다. 솔직히 내가 협상 팀장을 맡는 것을 주변에서는 무척 반대했다.

내가 협상팀을 책임지는 것에 반대하는 사람들은 사실 문재인 후보가 단일후보가 되는 것에 대하여 반대하는 것이었다. 그만큼 당시 민주당 내에도 안철수 후보가 나서야 한다는 여론이 상당했던 것도 사실이다. 그러나 나의 입장에서 후보단일화 팀장은 개인적 감정으로 '맡아야 한다' 또는 '맡아서는 안 된다'는 판단을 할 처지가 아니었다. 주어진 일로 받아들이고 최선을 다할 수밖에 없는 과제였다.

하지만 일각에서 제기하는 논리가 나를 괴롭혔다. "안철수 대 박근혜 대결은 새로움과 옛 것의 대결인데, 문재인 대 박근혜 대결은 노무현과 박정희의 대결로 보인다"는 식의 주장이 계속됐다. "안철수 후보는 박정희와 노무현의 그늘을 벗어난 새로운 인물이라는 점에서 변화를 요구하는 젊은이들의 기호와 맞아 떨어진다. 그래서 안철수 후보가 야당 단일 후보가 되어야 한다"며 나를 압박했던 의견들은 그 당시 협상팀장인 나를 참 힘들게 했다. 왜냐하면 내 마음 한 구석에는 그러한 분석이 충분히 일리가 있다고 동의하고 있었기 때문이었다. 하지만 나는 민주당의 후보를 대리한 협상 팀장으로서 그 주어진 위치를 굳게 지켜야 했다.

안철수 후보 쪽 협상팀장인 박선숙 전 의원과는 동년배 친구로서, 동료의원으로서 관계를 유지해 왔기에 편한 점도 있지만, 또 서로를 너무 잘 알고 있었기에 무척이나 조심스러웠다. 상대 협상팀에 속한 금태섭 변호사, 강인철 변호사 등과도 안면이 있었던 터라 처음에는 양측이 서로 잘 될 것이란 분위기가 강했다. 하지만 양측은 서로 상대가 양보해야 승리할 수 있다는 강한 믿음을 가지고 협상에 임했기에 시종일관 팽팽한 긴장감이 흘렀다.

협상 당시 내 수첩에는 서로 간의 표의 확장력을 둘러싼 매우 치열한 논쟁이 있었음을 말해주는 메모가 그득하다. 단일화 협상 3차 회의가 열렸던 11월 19일의 메모에는 TV토론 시간을 밤 8시부터 시작할 것인지, 밤 10시부터 시작할 것인지를 놓고 양측이 치열한 기싸움을 벌였다고 써 있다. 또한 여론조사 기관을 어떻게 선정할 것인가, 여론조사만이 아닌 양측의 지지자를 어떠한 방식으로 모아볼 것이냐 하는 시간단위별 변화와 고민이 적혀 있는 것을 보면 이 협상의 초반부는 매우 진지한 논의가 있었다는 것을 알 수 있다.

11월 20일의 메모에는 '본선 경쟁력' '적합도' '역선택'이라는 단어가 여러 차례 등장한다. 그리고 11월 20일 오후 2시의 메모를 보면 우리(문 후보측)가 TV토론과 단일화 방식에서 날짜와 방식을 다 받아들인다는 메모와 함께 양 후보들 생각의 같은 점과 다른 점, 절충 가능한 점을 정리해 놓았다. 그것으로 보아 적어도 11월 20일까지는 서로 진심으로 대화를 나눴다. 협상이 교착상태에 빠지면서 박선숙 전 의원과 나는 종로 뒷골목 식당에서 둘만의 비밀회동도 가졌다. 우리는 협상을 이어가기 위한 몇 가지 궁리를 했으나 그 궁리가 계획대로 되지 않으면서 협상은 진전 없이 며칠이 또 흘렀다.

후보등록일(11월25일)을 이틀 앞두고 두 후보가 직접 담판을 했으나, 결론이 나지 않았다. 시간상 여론조사 등의 방식은 쓸 수 없었고, 어느 한쪽의 양보 밖에는 남지 않게 된 것이다. 결국 11월 23일 밤 안철수 후보가 일방적으로 양보하고 사퇴했다.

안철수 후보의 일방적 사퇴로 끝난 단일화였기에 두 후보의 만남이 더욱 절실했다. 단일화 협상 팀장으로서의 역할은 끝났기 때문에 더 이상 개입할 수는 없었지만, 두 후보의 만남이 이뤄지는데 2주일이 걸렸다는 것은 무척 후회스러운 일이었다.

안철수와 문재인, 화법의 문제

안철수 후보는 꼭 필요한 말만을 조용히 에둘러서 표현하는 편이다.

대화 중 자신의 생각이 잘못 이해되는 듯해도 곧바로 지적하지 않는다. 점잖고 온화한 사람의 전형적인 특징이기도 하다. 반면 문재인 후보의 화법은 상대가 반론을 제기하지 않으면, 자신의 생각이나 의견에 동의한 것처럼 결론을 내리는 경우가 종종 있다.

단일화 협상 과정, 안철수 후보의 양보 이후 공동유세를 이루는 과정에서 안철수 후보와 문재인 후보의 서로 다른 화법 차이로 인해 예상치 못한 난관이 만들어졌다. 대표적인 사례가 12월 5일 문재인 후보가 안철수 후보의 용산 자택을 찾아간 사건이다.

나중에 안 후보측으로부터 전해들은 바에 의하면 이날 안철수 후보가 여의도에서 캠프 멤버들과 회의하고 있는 도중에 문 후보측에서 안 후보의 자택으로 가고 있다는 연락을 캠프에 전해왔다고 한다. 당시 문 후보측은 안 후보가 당연히 집에 있는 것으로 알았던 것이다. 이에 안 후보는 "집에 없으니 지금 가시지 말고 그런 일이면 사전에 협의하자"는 입장을 문 후보측에 전달했으나, 결국 이날 언론에는 문 후보가 안 후보의 자택이 있는 아파트로 찾아가 연락하고 기다리는 장면이 노출되었다. 그것은 마치 안철수 후보가 문재인 후보를 문전박대하는 것처럼 보였다.

안철수 교수가 일방적으로 양보하며 사퇴한지 2주일이 다 되도록 두 사람 간의 만남이 이뤄지지 않고 있는 것을 주목하던 언론에 이 사건은 큰 뉴스였다. 이 사건은 안철수, 문재인 두 후보에게 모두 상처로 남았다. 안철수 후보에게 문재인 후보는 '없다는데 찾아와서 옹졸한 사람을 만들었다'는 섭섭함이 있을 것이고, 문재인 후보에게 안철수 후보는 '가서 좀 기다리더라도 만나고 싶다 했는데 결국 안 만나준' 아쉬움이 남았던 것이다.

이런 우여곡절을 겪고 난 다음날 안철수 후보의 제안으로 두 사람이 만났다. 이 자리에서 안 후보는 "문재인 후보를 전폭적으로 지지하겠습니다"라는 공개발언을 했다. 안철수 후보는 "42차례의 전국 유세를 다녔고, 문재인 후보와의 합동 유세는 3차례 가졌다. 광화문에서 열린 마지막 합동 유세 때는 문 후보에게 목도리를 걸어주고 포용을 해줬다. 공식 선거운동 기간이 종료되는 선거 전날 자정까지 명동에서 끝까지 유세를 했다"고 그 이후의 상황을 설명했으나 이러한 장면은 어떤 이유인지 언론에 잘 보도되지 않았고 두 후보간의 삐걱거림으로 비춰졌다.

대선 선거일을 사흘 앞둔 오후 연합뉴스는 "안철수 전 후보측 복수의 핵심 관계자들은 안 전 후보가 대선 당일 투표를 마친 뒤 미국으로 가서 한 두 달 간 체류할 예정이라고 말했다"는 보도를 전했다. 이 소식은 야권 지지성향의 유권자들에게 적지 않은 충격을 안겨주었다. 일각에서는 안철수 지지층의 이탈을 점치기도 했다.

훗날 안철수 후보는 자신의 미국행에 대하여 "사전에 문재인 후보와 이야기를 나눴고, 문재인 후보가 당선되었을 때 서울에 없는 것이 백의종군 약속을 지키는 것이라고 생각했다"라고 했다. 또한 "문 후보가 선거에 이길 것으로 보고 선택한 미국행이었으며, 문 후보도 그것을 바랐을 것"이라고 하며 "질 경우를 예상했어야 하는데 그 부분은 지금도 아쉽다"고 내게 말한 적이 있다. 문재인 대표는 이에 대해 그의 저서 《1219 끝이 시작이다》에서 이렇게 기술하고 있다. "선거 당일에 출국하는 것도 안 후보가 사전에 저에게 연락해줬고, 필요할 경우의 연락채널도 알려 줬습니다. 그로서는 선거 후에 있을 여러 가지 상황에 대비할 필요가 있었을 것입니다. 특히 제가 승리할 경우 공동정부나 연정구성 같은, 예상되는 민감한 논란의 중심에 그가 직접 서게 되는 것을 피하기 위한 것으로 저는 이해했습니다. 선거가 끝나기 전에 출국한 것은 선거 결과를 낙관했거나, 그것이 선거에 영향을 미치리라고 예상하지 못했기 때문일 것입니다."

두 사람의 말하는 방식에서 비롯된 간극은 2015년 5월 '혁신위원장' 자리를 맡는 문제를 두고 또 한 번 확인됐다. 5월 19일 회동에서 문재인 대표와 안철수 의원은 '혁신위원장'을 맡을지를 놓고 대화를 나눴는데, 회동 이후에 발표에서는 말이 서로 달랐다. 이 문제 또한 꼼꼼히 따져보기에는 아직 부담이 있는 사안이겠지만, 정치인들 사이의 화법 차이가 종종 작지 않은 문제를 야기한다는 것을 일깨우는 또 하나의 사례이다.

격랑을 탄 초선의원

대선이 끝난지 넉 달 만에 치러진 4.24 서울 노원(병) 보궐선거를 통해 안철수 교수는 국회의원으로 당선돼 등원했다. 1년 전 출판기념회에서의 만남 이후 국회 본청에서 마주친 안철수 의원은 여전한 모습이었다. 격랑의 한해를 거치고 보궐선거 선거전을 치른 직후여서 조금은 다른 모습일 것이라 생각했는데, 아직도 아는 사람을 만나도 수줍게 웃는 예전의 그 모습 그대로였다.

2013년 11월 29일, 내게 너무도 슬픈 일이 찾아왔다. 호랑이 선생님 같았지만 내가 언제나 의지하던 아버지께서 돌아가셨다. 되도록 부음을 전하지 말라 하신 유지 때문에 공지하지 않고 조용히 치르려 했다. 그런데 뜻밖으로 안철수 의원이 빈소를 찾았다. 알고 찾아준 것도 고마운 일인데, 오랫동안 빈소를 지키며 나의 슬픔을 위로해줬다. 말을 전해 듣고 조문을 온 여러 의원들과도 격의 없이 긴 담소를 나누는 모습이었다.

2013년 11월 '국민과 함께하는 새정치추진위원회(새정추)'를 출범시켜 신당 창당 작업을 본격화했다. 정치권에 진입한 안철수 의원은 빠르게 움직였다. 1월 하순부터 창준위를 띄우고 지방조직을 준비하던 중, 민주당 김한길 대표와 비밀리에 협상을 진행해 제3신당을 창당하는 방식으로 새정치민주연합을 탄생시켰다. 갑작스런 신당 창당에 모두가 어리둥절 했으나 지방선거 앞이라 놀라움과 안도감이 교차되어 아무도 말을 꺼내지 못했다.

순간 몇 년 전 김한길 대표의 말이 생각났다. 2010년쯤으로 기억되는데 김한길 대표가 "박경철 시골의사가 찾아와 안철수 대통령 만들기를 하려면 어떻게 해야 하느냐"고 물어왔다고 내게 이야기한 적이 있다. 김한길 대표와 안철수 대표의 관계가 오랜 관계일 수 있다는 생각이 그제서야 들었다.

안철수 의원이 국회에 들어온 지 11개월 만에 나와 당을 같이하는 동지가 됐다. 안철수 의원은 새정치민주연합의 공동대표가 됐고, 나는 5월초 원내대표로 당선돼 당을 책임지는 공동운명체가 됐다.

안철수 대표가 정당정치를 시작하자마자 겪은 '기초단체장 정당공천 폐지'를 둔 논란은 그에겐 첫 시련이었을 듯하다. 민주당과 새정추의 합당으로 신당이 뜨자마자 불거진 정당공천 불가피론은 막 정당정치에 첫걸음을 내딛은 안철수 대표에겐 적지 않게 당황스러운 일이었을 것이다. 안철수 대표는 '기초공천폐지'를 새 정치의 중요 과제로 앞세웠던 터였다. 하지만 안철수 대표는 인상적인 현실 적응력을 보여줬다. 4월 8일 당원투표와 여론조사를 통해 결정할 것임을 밝히면서 "당원과 국민의 뜻을 물어 결론이 나오면 최종적 결론으로 알고 따르겠다"고 못을 박았다.

안철수 대표는 새정치연합을 창당한 직후 현실정치의 가장 적나라한 모습을 경험했다. 6.4지방선거, 7.30재보선의 공천과정을 겪은 것이다. 그 과정을 당 지도부로 함께 하면서 관찰한 결과 안철수 대표는 인상적일 정도로 말수가 적었다. 그가 느끼고 있을 정치의 생경함과 낯설음을 아는 나로서는 충분히 이해할만한 것이었으나, 사람들에게는 의아한 모습이었던 것 같다. 정치 경험이 없는 전문가들이 정치권에 들어오게 되면 우선 의사결정과정 자체를 이해하기 어렵다. 되는 것도 없는데, 있다 보면 또 안 되는 것도 없는 뭔가 투명하지 못한 의사결정 과정에 어리둥절하게 된다. 안철수 당대표의 초기 모습도 그런 것이 아닌가 싶었다.

창당과 함께 공동대표 자리에서 치른 두 번의 선거가 끝나고, 안철수 대표는 사퇴했다. 국회의원에 처음 당선된 순간부터 제1야당의 대표직에서 물러나기까지 15개월, 격랑에 올라탄 시간이었다.

비대위원장이 되어 바라본 안철수 대표

김한길·안철수 대표의 사퇴는 곧 나의 문제로 돌아왔다. 7월 재보선 전에 몇몇 분이 재보선 이후 김한길·안철수 두 사람이 사퇴하는 상황에 대비해야 한다고 말했다. '그럴 일은 없을 것'이라고 했지만 내심 불안했다. 비상대책위원회를 꾸릴 경우 원내대표에게 위원장 자리가 맡겨질 가능성이 높기 때문이었다. 나는 단호하게 '비대위를 꾸릴 일은 없다'고 했는데, 이유는 선거에 이겨야 한다고 생각했고 설령 진다고 해도 당대표를 바꾸는 것이 답일 수가 없다고 봤기 때문이다.

선거패배의 책임을 모두 당대표에게 뒤집어씌워 당의 자원을 소진하는 진보진영의 습성을 되풀이해서는 안 된다는 생각이었다. 무엇보다 우선 나 자신이 당대표로서 준비가 되지 않았다. 그러나 그 일은 내게 닥쳤다. 하지 못하겠다고 버틸 명분이 없었다. 올가미가 다가온다는 느낌을 받았으나 결국 빠져나가지 못했다.

비대위원장과 원내대표를 겸하면서도 우선은 진행 중인 세월호특별법 협상이란 원내대표 직무에 몰두할 수밖에 없었다. 당직인선도 쉽지 않은 과제였다. 하지만 당을 추스르는 과정에서 내가 가장 염두에 둔 점중의 하나가 김한길—안철수 대표간 통합의 전제들을 유지하는 것이었기에 중요한 결정을 위해서는 안철수 대표의 의견을 구했다. 안철수 대표가 대변해온 우리당의 절반을 지켜야 한다고 생각했기 때문이다. 그 과정에서 안철수 대표의 생각을 더 이해하게 됐다.

그 특별한 시기에 만난 안철수 대표는 정당 조직을 겪으며 느낀 점, 특히 정당조직의 비효율성에 대해 답답한 심정을 토로했다. "전문성을 가진 사람을 영입하지 못하고, 영입하고도 역량을 발휘할 기회를 주지 않는 구조로는 안 됩니다. 정당이 지향하는 바를 설정하고 그것을 이뤄내기 위한 계획을 세우는 전략이 부족한 점에 대해서도 이해할 수 없습니다." 친해지기 전에는 좀처럼 자신의 생각을 드러내지 않는 안 대표가 힘주어 언급한 당 조직과 개혁에 대한 생각은 나도 깊이 공감하고 있는 부분이다.

안 대표는 '경쟁은 피할 수 없는 사회의 속성이지만, 경쟁에서 생존하는 것만이 지상의 목표가 되는 사회는 불행하다'는 강한 신념을 피력했다. "저는 중소기업을 운영하면서 대기업에 치인 쓰라린 경험이 있습니다. 강자가 뒤쳐진 자를 밟아 없애고 생존하는 것은 경제이건 정치이건 옳지 않다고 생각합니다." 이명박, 박근혜로 이어진 우파정권의 신자유주의 경제논리에 치인 국민을 위로할 수 있는 메시지라는 생각이 들었다.

이명박 전 대통령은 성공신화의 주인공 이미지 속에 경제대통령이라는 슬로건으로 대통령에 당선됐다. 그가 대통령이 되면 경제가 살아날 것이라는 기대감을 활용한 것이다. 당시 우리 국민은 기업의 경영자로서 거둔 성공과 대통령이 갖추어야 할 자질과 철학의 문제를 구분할 여유가 없었다. 최소한 국가 지도자는 정글에서의 생존 법칙만을 따르는 기업인적 정신세계는 넘어서야 되는 것이었다. 국가의 발전을 주도하면서도 통합을 위해 뒤처지는 사람들을 보살피는 배려가 있어야 한다는 점을 그때는 자각하지 못한 것이다. 우리는 용산참사를 보고서야 불도저 식 국정운영이 얼마나 위험한 것인지를 깨달았다. 이명박, 박근혜 정부의 재벌 퍼주기 정책을 보고서야 왜 사회가 계속 양극화되는지를 논하기 시작했다. 그런 점에서 안철수 대표의 따뜻한 마음은 어쩌면 상처받은 사회에 필요한 치유의 리더십이 아닐까 생각했다.

그런 면에서 봤을 때 2012년 가장 강력한 대선주자였던 안철수 의원이 만약 야권 단일 후보로서 대통령이 됐다면 지금 대한민국은 어떤 모습일까. 분명 지금의 대한민국과는 다른 모습일 것이다. 2012년에 안철수 후보에게 가장 부족했던 것은 정치경험이 없다는 그 점이 50대 이상의 국민들에게 안정감을 주는데 하나의 장애물로 작용했을 것이다. 안철수 대표가 종종 2012년 대선을 통해 많은 것을 배웠다고 얘기하는 것도 이러한 맥락이리라.

안철수 대표는 "만약에 2012년 대선에서 제가 후보가 되었다면 대통령은 당선될 수 있었을지 모르지만, 아마도 정치경험 부족으로 많은 시행착오를 겪었을 것"이라면서 국회와 정당에서 너무나 많을 것을 배우고 있다고도 했다. 배운다는 말은 훌륭함을 본받는다는 뜻이지만, 종종 악한 것으로부터 자신을 보호하는 기술을 체득하는 것이기도 하다. 안

대표도 정당에서 중요한 결정, 특히 공천이 이뤄질 때 벌어지는 불투명한 의사결정의 과정에서 깨달은 바가 있는 것 같았다.

특정 정치인이 자신의 생각과 의도를 관철하기 위해 교묘한 정치적 술수를 쓰는 경우를 본 것인데, 예를 들면 이런 것이다. A라는 사람을 공천하고 싶을 때 A라는 사람에게 유리한 구도를 만들어주기 위해 끊임없이 정회를 요구하기도 하고, 산회를 주장하기도 한다. 그런 의도를 가진 공작적 회의기술자들은 참석자들을 질리게 한다. 의심과 분노가 생기는 시점쯤 어떻게 결정된 것인지 의문의 결정이 이뤄지곤 한다. 안철수 대표는 그러한 기이한 정당의 의사결정 구조에 대해 참 낯설어하고 있었고 나도 그런 것을 바로잡는 것이 얼마나 힘든 것인지를 얘기하기도 했다.

기술혁명과 경제, 그리고 안철수 대표

2014년 10월말 안철수 대표가 장인상을 당했다. 원내대표직을 내려놓고 가능한 사람들을 만나지 않고 있던 때여서 전남 순천 장지에 가보지 못했다. 얼마 뒤 미안한 마음에 먼저 식사를 모시고 싶다고 해 자리를 만들었다. 이날의 대화는 모처럼 지적교감을 만끽한 자리이기도 했다.

경제 문제에 천착해온 나는 정치적 리더들의 경제학적 식견, 경제운용가로서의 자질 등에 관심이 많다. 앞으로도 한국의 리더는 경제 전문가의 소양을 갖춰야 한다고 믿기 때문이다. 나는 대뜸 안 대표에게 "기술혁명이 경제를 이끌어가고 있는 시대입니다. 기술혁명과 경제, 이 두 개념은 안 대표의 이미지와 연결됩니다. 3D프린터, 드론, 사물인터넷. 기술혁명 시대의 3대 화두를 소화할 몇 안 되는 정치인이니 이 분야 브랜드를 더 강화시킬 필요가 있습니다. 기술혁명과 경제를 키워드로 국민 앞에 다시 일어서야 하지 않겠습니까"라고 조언했다. 안철수 대표는 반색하며 자신의 경제 구상을 소상하게 설명했다.

며칠 뒤 안철수 대표는 2015년 2월 25일 〈경제성장을 위한 공정한 시장경쟁〉 좌담회에 나를 초대했다. 2012년 7월, 사람을 보내 자신을 도와달라고 했을 때에 "입당하시면 도와드리겠다"고 약속한 기억을 떠올리며 흔쾌히 받아들였다.

박근혜 정부 출범 2주년이 되던 그날 안철수—박영선의 대담 형식으로 진행된 좌담회는 언론의 큰 주목을 받았다. 안철수 대표의 경제관과 기술혁명시대 리더로서의 역량이 드러난 자리이기도 했다. 언론은 '비주류 연대', '의기투합'으로 의미를 부여했지만 좌담회의 내용은 철저하게 경제문제로 한정했다.

안철수 의원은 땅콩회항 사건과 같은 일이 선진국에서 발생했다면 CEO가 바뀌었을 텐데 대한항공의 주가는 오히려 올랐다면서(물론 유가 하락의 영향이 있긴 했지만) 이는 우리의 시장경쟁이 충분히 치열하지 않다는 사례라고 지적했다. 또한 〈개를 훔치는 완벽한 방법〉이라는 영화를 예로 들면서 완성도가 높은 영화임에도 불구하고 흥행에 실패한 것은 영화 산업이 대기업에 의해 수직계열화 되었기 때문이라고 진단했다. 미국의 IBM의 하청업체였던 인텔과 마이크로소프트가 오늘날 훨씬 큰 업체가 된 것은 공정한 경쟁이 보장되기 때문이라는 점을 역설했다. 상당히 공감이 가는 내용이어서 청중들의 머릿속에 깊이 각인되었다.

나는 이날 좌담회에서 70~80년대 압축성장을 통해 탄생한 재벌이 순환출자를 통해 몸집을 키우고 내바불사의 신화를 구축하는 악순환의 고리를 끊기 위해 지주회사 제도를 도입했으나, 기업들은 또다시 편법으로 세습자본주의를 이어가고 있는 현실을 언급했다. 한편, 지배구조를 잘 정리해서 화장품 업종 한 가지에 집중하여 주가가 당시 300만 원을 돌파한 아모레퍼시픽의 사례를 들면서 안 의원이 지적한 바와 같이 수직계열화를 통해 한 기업이 모든 것을 다 하는 구조를 유지해서는 기술혁명 시대에 생존할 수 없다는 것을 강조했다.

이날 좌담회에서 안철수 대표는 "지금 대한민국은 공정하지 않습니다. 치열하게 경쟁하고, 공정하게 경쟁하는 시장구조를 만들면 40년 장기불황의 위험에서 벗어날 수 있습니다. 그 과정에서 대기업은 글로벌 전문 대기업으로 변화해야 하고, 그룹 내에서만 존재하는 기업들은 재편해야 합니다"고 하면서 시장과 기업의 지배구조를 바꿔야 한다는 것을 강조했다.

나는 미국에서 빌게이츠, 스티브잡스, 저커버그와 같은 신흥 기업가가 나올 수 있는 것은 공정경쟁과 공정한 기업생태계가 있어서 가능했다는 점을 강조하면서, 30대 대기업이 판단을 잘못하면 대한민국 경제가 휘청거리는 상황에서 우리 경제는 성장하기 어렵다는 나의 소신을 밝혔다. 지속 가능한 성장이란 공정한 경쟁이 뒷받침 되어야만 가능한 것이라는 주제를 놓고 안철수 대표와 내가 주거니 받거니 하면서 그동 안 서로 못다 한 이야기를 펼친 셈이 되었다. 2012년 대선 전에 이런 기회가 있었다면 대한민국의 역사는 달라지지 않았을까 하는 생각 속에 토론회를 마쳤다.

"토론회에서도 참 많이 배웠습니다."

안철수 대표가 토론회 참석에 대한 감사의 마음을 표시하며 내게 건넨 말이다. 오히려 내가 먼저 이 말을 먼저 했어야 하는데 안 대표가 먼저 내게 이런 말을 건넸다. 그는 늘 사람을 대할 때 예의바르고 겸손하다. 또한 차분하고 꼼꼼한 편이다. 경제 좌담회를 준비하면서도 사회자 이원재 희망제작소 소장과 사전 미팅을 하면서 꼼꼼하게 챙겨 보던 모습은 인상적이다. 정치권에 들어오기 전에 안철수 대표의 모습은 좀 과장해서 표현한다면 새색시처럼 부끄러움도 많고 낯가림도 있는 겸손한 기업가이자 교수였다. 요즘 그 새색시 같던 모습은 많이 사라졌다. 아마도 국회에서의 시련이 그를 변모하게 만들고 있을 것이다.

안철수 대표가 우리 정치권에 던진 새 정치의 화두는 우리 앞에 많은 과제를 남겨 주고 있다. 국민들이 바라는 새 정치란 과연 무엇일까? 앞으로 안철수 대표가 어떤 모습으로 국민 앞에 다시 새로운 화두를 던지게 될지 아직도 많은 사람이 지켜보고 있다. 나는 성장의 한계에 부딪힌 것 아니냐는 대한민국 사회의 좌절감을 박차고 나가 새로운 활로를 뚫는 정치인 안철수의 모습을 기대한다. 앞에서 언급했듯이 기술혁명과 경제의 화두를 끌고 갈 수 있는 인물을 아직 발견하지 못했기에 더욱 그러하다.

성공신화로
대통령이 되다

이명박

2000년 11월 11일 MBC 〈경제매거진〉 93회 이명박에게 듣는다

"신은 진실을 알지만 때를 기다린다. 진실은 아직 밝혀지지 않았다."

— 본문 중에서

이명박 전 대통령과의 만남을 얘기하자면 1989년으로 거슬러 올라가야 한다. 당시 시베리아 천연가스를 한반도로 끌어오기 위해 소련을 방문했던 정주영 현대그룹 회장을 취재하기 위해 언론사 간에 경쟁이 치열했다. 그래서 정주영 회장과 인터뷰를 잡기가 쉽지 않았다. 그러던 중 정주영 회장 일행이 모스크바에서 도쿄까지는 브리티시 항공으로, 도쿄에서 서울로는 대한항공편을 이용한다는 정보를 접했다. 나는 다른 언론사보다 먼저 취재할 방법이 없을까 고민하다 도쿄로 가는 것이 유일한 대안이라는 생각이 들어 발 빠르게 일본으로 향했다.

그리고 우여곡절 끝에 일본 공항에서 정주영 회장을 만났는데 그 옆에는 현대건설 이명박 사장이 함께 있었다. 정주영 회장과 이명박 사장은 나란히 서울로 향하는 비행기의 퍼스트클래스에 탑승했는데 나는 운 좋게도 그들이 탄 비행기 안에서 1시간 남짓 정주영 회장을 취재할 수 있었고, 그 인터뷰는 특종이 되었다. 정주영 회장과 이명박 사장은 둘만 있을 경우 재벌오너와 고용사장 간의 관계가 아닌 정말 친한 형님과 아우처럼 격의 없이 지냈다. 이명박 사장은 두 사람만 있을 때 정주영 회장을 형님이라고 호칭했다.

이명박 사장은 현대건설 사장을 그만둔 지 2개월 만에 민주자유당 비례대표 국회의원 공천을 받아 14대 국회의원으로 정계에 입문한다.

1992년 대선에 정주영 현대그룹 명예회장이 통일국민당을 창당하여 대통령후보에 출마했음에도, 그는 예상과 달리 민주자유당 국회의원이 된 것이다. 그리고 1996년 제15대 총선에서 민주자유당의 후신인 신한국당 후보로 종로에 출마하여 후보단일화에 실패한 이종찬, 노무현 등 야당 후보들을 제치고 국회의원에 당선된다.

하지만 그의 선거기획을 담당했던 김유찬 씨가 이명박 후보가 7억 원가량의 선거비용을 누락하고 7천만 원 정도의 비용만을 신고했다고 언론에 폭로한다. 뒤이어 이명박 후보의 참모들이 김유찬을 국외로 도피시켰던 사실까지 밝혀지자 그는 재판이 진행되는 와중에 스스로 의원직을 사퇴한다. 결국 정치인으로서 입신하고자 했던 그의 시도는 실패로 돌아가는 듯했다. 의원직 사퇴 후 미국에 체류하다 돌아온 그는 한국에서 금융사업을 시작하며 다시 한 번 재기를 노린다. 이때 시작한 금융사업이 그 유명한 BBK 사건의 발단이 된 것이다.

2007년 제17대 대통령선거에서 BBK 사건은 정국을 뒤흔든 중차대한 이슈였다. 그러나 이런 불미스러운 사건에도 불구하고 그는 대선에서 승리했다.

대통령이 되기 위한 조건에는 자신의 일생을 꿰뚫는 스토리(자신만의 역사), 그 스토리를 압축적으로 나타내는 상징이 필요하다. 예를 들어 '문민대통령 = 김영삼', '민주주의 = 김대중', '사람 사는 세상 = 노무현'과 같이 지도자를 한 단어로 압축해서 나타내는 뭔가가 필요하다. 이명박 대통령의 경우 현대건설 사장시절 '불가능을 가능으로' 만들었던 것으로 포장된 성공신화로 '경제대통령'이라는 브랜드가 만들어졌다. 그러나 이윤추구를 목적으로 하는 기업경영인의 리더십으로 국가를 운영 할 경우 그 폐해도 만만치 않다는 것을 여실히 보여줬다. 집권 5년 동안 한국사회의 불평등과 빈부격차는 너무나 크게 벌어졌고, 그로 인한 사회적 갈등 비용은 상상을 초월하는 것이었다.

LKe뱅크 이명박 대표와의 인터뷰

2007년 조회수 70만 건을 넘긴 〈BBK 박영선 인터뷰〉 동영상은 아직도 많은 사람들의 기억 속에 생생하다. 나는 2000년, LKe뱅크 대표이사였던 이명박 대표를 인터뷰했다. 인터뷰를 진행 할 때만 해도 훗날 이 인터뷰가 대선후보로 나설 이명박 대표와 나를 갈라놓는 결정적인 계기가 될 것이라고는 꿈에도 상상하지 못했다. 당시 인터뷰의 주요 관심사항은 2가지 정도였다. 하나는 이명박이라는 사람이 현대건설을 떠나 정치계로 가서 실패한 이후 금융계에서 재기의 의지를 다지고 있다는 것이고, 다른 하나는 부도위기를 눈앞에 두고 있는 현대건설의 향후 진로와 관련하여 전임 현대건설 사장으로서의 견해를 듣고 싶은 것이었다.

촬영팀은 이명박 대표에게 광화문에서 현대건설 사옥까지 직접 운전할 것을 요청했다. 이에 이명박 대표는 흔쾌히 좋다고 했고 내가 조수석에 앉아 인터뷰를 시작했다. 그런데 현대건설의 구제책에 대한 의견을 듣기 위한 취재진의 요청과는 무관하게 이명박 대표는 LKe뱅크와 동업자 김경준 씨에 대한 이야기를 더 많이 하고 싶어 했다. 이명박 대표는 김경준 씨를 가리켜 정말 머리가 좋은 사람이며 차익거래의 귀재라고 소개했다. 심지어 나에게 농담 반 진담 반으로 아비트리지(Arbitrage, 차익거래)에 관해서 소개하며 펀드 가입을 권하기까지 했다.

이명박 대표는 순간의 차익거래로 이익을 내는 것이라 절대 손해를 보지 않는다고 말하며 증시가 폭락하고 있는 상황인데도 김경준 씨 덕에 회사가 엄청난 흑자를 보았다고 설명했다. 하지만 나는 이 얘기를 듣고 굉장히 의아했다. 아무리 차익거래의 귀재라 해도 증시가 폭락하는 상황에서 어떻게 막대한 수익을 끌어낼 수 있는지 의문이었다.

얼마 지나지 않아서 그 의문은 자연스레 풀렸다. 김경준 씨가 서류위조 혐의 등으로 금융감독원의 조사를 받게 된 것이었다. 이명박 대표와 공동 투자한 금액을 마련하는 과정에서 자신의 회사 BBK의 자금을 끌어다 쓴 것이 문제가 되었다. 그 후 이명박 대표는 공동대표직을 그만두고 BBK 증권중개업 예비허가를 신청했던 것을 철회했다. 그러자 김경준 씨는 광주의 뉴비전벤처캐피탈(구 광은창투)을 인수하고, BBK에서 옵셔널벤처스로 상호를 바꾼다. 그리고 뉴비전벤처캐피탈이 외국 기업에게 인수합병 된다는 소문을 퍼뜨려 주가를 급등시켰다. 이후 김경준 씨는 주식을 매각하고 자금 384억 원을 빼돌려 미국으로 도피했다. 이로 인해 5,200여 명의 소액투자자들이 수백억 원의 피해를 보았고, 투자자가 자살이라는 극단의 방법을 선택하는 비극적인 일도 발생했다.

BBK의 진실

2007년 이명박 대표가 한나라당 대선후보로 나서자 그에 대한 검증이 이루어졌다. 그리고 자연스럽게 BBK 사건이 쟁점으로 떠올랐다. 이명박 후보를 둘러싼 논란의 핵심은 과연 이명박 후보가 BBK 주가조작 사건에 관련되었는지 여부와 LKe뱅크 대표직을 그만둔 이후 김경준과의 관련 여부였다.

하지만 그는 "BBK는 김경준이 나를 만나기 전에 회사를 설립해 운영한 것이다. BBK와는 직간접적으로도 관련이 없다. 주식 1주도 가져본 일이 없다"라고 BBK와 관련성을 묻는 기자들의 질문에 딱 잘라 답변했다. 그러나 나는 2007년 6월 11일 국회 대정부질문에서 이명박 후보와 BBK에 관한 많은 의혹을 제기했다.

지금에 와서 얘기지만 국회 대정부질문에 나서기까지 나에게는 매우 심한 마음의 갈등이 있었다. 당시 이명박 후보 누님의 아들이 남편과 중고등학교 동창이었기 때문이다. 그것도 매우 절친한 친구였다. 중고등학교 다닐 당시 남편의 친구는 포항 구룡포에서 서울로 유학을 와 현대건설에 다니던 외삼촌(이명박) 집에 머물렀다고 한다.

나는 남편에게 이해해 달라며 양해를 구했다. 잠시 깊은 생각을 하던 남편은 나에게 이렇게 말했다.

"당신이 이 일을 할 수밖에 없다는 것을 이해해요. 그러나 공과 사를 구분했으면 좋겠습니다. 내 친구의 이야기는 절대로 밖으로 얘기하지 않았으면 좋겠습니다. 다만 BBK와 관련해서 공적으로 알게 된 이야기는 나를 의식하지 말고 얘기하세요."

그래서 나는 남편에게 그 약속은 지키겠노라고 했다. 그리고 나는 지금까지 남편과의 약속을 지켰고, 이명박 후보가 대통령에 당선된 후에도 그 약속을 지켰다. 하지만 선거가 끝나고 남편은 이 사건 때문에 친한 친구 한 명을 잃게 되었고, 나는 혹독한 조사를 받아야 했다. 검찰은 내가 BBK 관련 수사 기록을 미국 변호사인 남편으로부터 입수한 것이 아닌가 하는 의혹을 가졌다. 그러나 애초부터 남편은 이 일에 일절 관여하지 않았고 특히 친구와 관련된 문제라서 더욱 그러했다. 나는 BBK와 관련된 모든 수사기록을 미국 법원 홈페이지에 공개된 자료를 통해서 공식적으로 입수했다.

그러나 정치검찰은 어떻게 해서든 BBK와 나, 남편을 엮어 보려고 시도했다. 결과적으로 남편은 다니던 법률회사를 떠나야 했다. 그래서 무작정 우리나라에서 가장 가까운 일본으로 건너갔다. 늘 귀가가 늦고 검찰조사로 뒤숭숭하던 때라 남편과 아들을 함께 일본으로 보냈다. 남편은 그곳에서 외국 법률 회사에 취직 할 수밖에 없었고 우리 가족은 결국 BBK로 인해 생이별을 해야 했다. 이때 나는 어린 아들과도 떨어져 지내야 했다.

너무 어린 나이에 엄마와 떨어져 지내야 했던 아들에 대해서는 지금도 참 미안하다. 아빠를 따라 일본으로 건너간 아들이 "엄마, 외로움을 어떻게 극복하는 거야?"라며 잠을 못 자고 전화를 걸어왔을 때 나는 소리 내지 못하고 뺨으로 흐르는 눈물을 훔치며 아들과 대화하곤 했다.

아들에게 "미국의 오바마 대통령은 어린 시절 외로움을 잊기 위해 농구를 했단다. 너도 농구해. 그리고 외로울 때는 책을 읽어"라고 말하고 전화를 끊을 때마다 가슴이 메어왔다. '정치를 한다는 것이 이런 말 못할 아픔을 안고 가는 것이구나' 하고 생각하며 입술을 깨물었다.

미국의 BBK 공개자료 인용을 '공작정치'로 몰아붙여

검찰조서를 보면 김경준 씨가 주가조작을 했던 사무실은 LKe뱅크와 BBK가 공동으로 사용했던 서울시청 앞 삼성생명 17층이었다. 그곳은 바로 내가 기자 시절 이명박 대표를 인터뷰했던 곳이기도 했다. 그래서 나는 MBC 방송국에 인터뷰 당시 원본 영상을 요청했지만 그 원본을 찾을 수 없다는 애매한 답변을 들었다. 그리고 검찰은 미국의 법원 홈페이지에 들어가면 얼마든지 다운로드할 수 있는 수사기록을 내가 어떻게 갖고 있는지에 대해 끝까지 의심했다.

미국은 소송이 제기되면 판사가 거부하지 않는 한 법정에서의 모든 기록을 일반인에게 공개한다. 그런데도 검찰은 내가 불법으로 입수했을 것이라 의심했던 것이다. 이러한 사실 하나만 보아도 당시 우리나라 검찰이 얼마나 이 사건을 편협하고 편파적으로 수사했는지 잘 알 수 있는 대목이다. 나는 미국 법정 기록에 공개된 자료만을 이야기했기 때문에 검찰 앞에서 늘 떳떳하고 당당했다.

BBK는 이명박 후보 측이 미국에서 김경준 씨를 상대로 소송을 진행하면서 세상에 널리 알려지게 되었다. 앞서 말했듯 미국에서는 소송이 시작되면 재판기록을 원하는 사람이면 누구든 볼 수 있게 되어 있다. 따라서 한국에서도 미국의 법원 홈페이지에 접속해 관련 재판기록을 들여다볼 수 있다. 그런데 미국에서 진행되고 있는 김경준씨와 이명박 후보 측의 재판기록을 살펴보다 이명박 후보 측에서 나와 인터뷰했던 동영상에 대해 미국 법원에 '증거배제' 신청을 한 사실을 발견했다. 증거배제 신청은 미국 재판에서 자신에게 불리하다고 생각되는 증거에 한해서 법적인 이유를 들어 배제해 달라고 요구하는 제도이다.

무엇을 숨기고 싶어서 내가 취재한 동영상을 증거배제 신청했던 것일까? 궁금증이 더해질 무렵 한나라당은 국회 대정부질문에서 내가 공개한 미국 법원 기록에 대해 '공작'이라는 단어를 들고 나섰다. 나는 이미 한나라당에게 미국 법원 기록을 보는 방법이 인터넷 접속만으로도 가능하다는 사실을 공개적으로 알려줬다. 그러나 한나라당은 거짓을 감추기 위해서라면 미국 법원의 공개된 기록마저도 공작으로 몰아붙이는 파렴치한 행태를 보였다. 이후 나는 금융감독원에 자료요청을 했다. 그러나 이번에는 금융감독원에서 정치적으로 민감한 사안이라는 이유를 들어 자료를 더 이상 주지 않았다.

2004년, 나는 국회의원이 되자마자 금융감독원에 BBK와 관련된 자료를 요청해서 일부 자료를 받아 둔 적이 있었다. 나는 2004년에 내가 받았던 자료와 동일한 자료를 2007년에 요구한 것이다. 그런데 금융감독원은 2004년에는 줬던 자료를 2007년에는 주지 않았다. 그래서 점점 더 의혹을 증폭시켰다. 그리고 그 무렵 인터넷에서 한 네티즌이 기자시절 내가 MB를 인터뷰했던 뉴스영상을 다운받아 편집한 것을 올렸고, 이 영상은 놀라운 속도로 사람들에게 확산되었다. 이 동영상이 바로 MB 측에서 미국 법원에 증거배제 신청을 했던 문제의 바로 그 동영상이었다.

MAF는 마포 해장국(?)

BBK에는 MAF라는 펀드가 등장한다. 당시 MAF 펀드를 소개한 책자를 보면 이명박 후보는 MAF의 회장으로, 김경준 씨는 사장으로 찍혀 있다. 이명박 후보와 김경준 씨는 이 책자에서 "MAF 펀드는 1999년 10월에 설립된 한국 최초의 시장위험 중립형 펀드로서 설립 이후 코스피(KOSPI) 지수를 59.86% 포인트나 상회하는 수익을 올렸다"라고 홍보한다. 하지만 당사자인 이명박 후보는 MAF펀드에 관해 묻는 기자들의 질문에 "MAF라는 이름은 들어본 적이 없다"라고 말했다. 심지어 "마포해장국이냐"는 엉뚱한 변명으로 어물쩍 넘어가려는 태도를 보였다. 그리고 김경준 씨와 함께 찍은 사진이 실려 있는 소책자와 이명박 후보 이름이 찍힌 명함에 대해서도 김경준 씨가 한 일이라며 모르쇠로 일관했다.

이명박 후보의 이러한 태도에 대해 전두환정권 시절 청와대에도 근무하고 대사도 역임한 바 있는 이장춘 대사는 자신이 이명박 후보로부터 받았던 그 명함을 공개해 파문을 일으켰다.

　미국 증인심문 속기록에도 이명박 후보 서울시장 재임 시 비서였고 BBK에서도 비서로 일한 이진영 씨의 진술이 나와 있는데 역시 이명박 후보측의 주장과는 달랐다. 이진영 씨는 MAF의 소책자를 만들기 위해 BBK와 LKe뱅크 직원이 함께 사진을 찍었고, 명함은 모든 직원들이 쓰던 양식이라고 답변했다. 또한 당시 미국에서 진행 중인 재판의 소송 대리인이었던 김백준 씨(이명박 정부 청와대 총무비서관 역임)와 MAF펀드를 소개한 소책자 등에서 이명박 후보가 설립한 LKe뱅크와 MAF펀드 관련 증거가 드러난다. 그러자 한나라당은 처음에는 투자한 사실이 없다고 주장하다가 하루 만에 이를 인정하게 된다.

　그 후 나경원 한나라당 대변인은 2007년 10월 25일 브리핑에서 "그 책자는 김경준 씨의 불법 행위가 드러나자 이명박 후보가 e뱅크증권 중개 및 LKe뱅크 청산 작업에 돌입해 실제로 사용은 하지 않고 폐기한 것"이라고 발표했다.(한겨레특별취재팀, 한겨레21, 〈[베일 벗는 BBK 의혹] 이명박 '전 BBK회장' 이시지요?〉 2007. 11. 1.)

　이명박 후보 측에서는 2000년과 2001년 이루어진 금융감독원과 검찰의 옵셔널벤처스 주가조작 사건 조사를 들어 "옵셔널벤처스 주가조작과 횡령사건은 이미 검찰, 금융감독원이 철저하게 조사해 이명박 후보와는 무관함이 명백히 밝혀졌다"며 결백을 주장했다. 하지만 여기서 말하는 조사에서 이명박 당시 LKe뱅크 대표는 무혐의로 판정받은 것이 아니라 애초에 조사대상에서 제외되어 있었다.

BBK 논란은 이명박 후보가 17대 대통령에 당선된 이후에도 수그러 들지 않았다. 당선인 신분으로 BBK 특검을 받았다. 그러나 특검은 이 명박 당선인과 함께 한정식집(성북구 삼청각)에서 꼬리곰탕을 먹으며 '조사'를 벌였고 이후 무혐의 처분을 내린다. 일명 '꼬리곰탕특검'이다. 그 만큼 허술하게 수사를 진행해 이명박 당선인에게 면죄부를 줌으로써 국 민들에게 조소의 대상이 되었다. 이후 김경준 씨는 중형에 처해졌고 그 로부터 한참 뒤 에리카 킴은 기소유예 결정이 내려진다. 에리카 킴 기소 유예 결정 당시 서울중앙지검장은 이명박 대통령과 같은 고려대 출신인 한상대 검사장이었다.

2011년 한상대 검사장이 검찰총장 후보로 나왔을 때 인사청문회에서 에리카 킴 사건에 관해 물었더니 "의미가 없다"라고 발언했다. 그러나 그때도 BBK 사건은 계속 미국에서 소송이 진행 중인 사건이었다. 나는 검찰총장 후보자가 아직 미결된 사건에 대해 의미가 없다고 말하는 것 에 울분이 차올랐다. 울분이 넘치면 차라리 책상을 내리치라고 누군가 내게 말했지만 나는 흘러나오는 눈물을 억제하지 못하고 "신은 진실을 알지만 때를 기다린다. 진실은 아직 밝혀지지 않았다"라고 한상대 검찰 총장 후보자에게 외쳤다. 참을 수 없었던 눈물은 BBK 사건 의혹제기로 인해 보복성 수사를 받은 민주당원들의 아픔과, 일본과 한국으로 생이 별을 해야 했던 우리 가족의 고통 때문만은 아니었다. 그것은 진실을 호 도하고 은폐하려는 것으로 보이는 자들에게 보내는 나의 외침이었다.

저를 똑바로 못 보시겠지요?

2007년 12월 6일 대선후보 토론회가 있던 날. 토론을 마친 이명박 후보는 나와 함께 서 있던 최재천 의원과 악수를 나누면서 나를 못 본 척했다. 그때 나는 이명박 후보를 향해 "저를 똑바로 못 보시겠지요?"라고 얘기했다. 내 질문에 처음에는 당혹스러워하던 이명박 후보는 걸어가다 복도의 코너를 돌며 "저게 옛날에는 안 그랬는데…"라며 말끝을 흐리며 사라졌다. 그 화면이 지금도 인터넷에 동영상으로 떠있다. 그 장면은 이명박 대통령과 나의 관계를, 그리고 이 사건의 진실을 담고 있다는 점에서 많은 시사점을 남겼다. 유튜브의 조회수가 높았던 것, 그리고 아직도 많은 사람들이 그 장면을 이야기하는 것을 보면 국민들 기억 속에 그 장면이 주는 의미가 충분히 전달되었다고 본다.

대선을 3일 앞두고 BBK 광운대 동영상이란 것이 공개되었다.

"제가 요즘 다시 한국에 돌아와서 인터넷 금융회사를 창립했습니다. 금년 1월달에 BBK라는 투자자문회사를 설립하고 이제 그 투자자문회사가 필요한 업무를 위해 사이버 증권회사를 설립하기로 생각을 해서 지금 정부에다 제출을 해 며칠 전에 예비허가가 나왔습니다. 예비 허가가 나온 거 보니까 한 6개월 걸려서 나왔습니다."

대선 3일 전 세상을 뒤흔들었던 이 동영상은 아이러니하게도 내가 2000년 가을 당시 LKe뱅크 이명박 회장을 인터뷰했던 바로 그날, 그가 광운대학교에 가서 한 연설이었다. 그 연설 동영상 중에는 공교롭게도 연설 당일 나와 인터뷰했던 내용을 소개하는 장면도 들어 있었다.

"오늘 사실 MBC에서 잠깐 인터뷰를 하는데 뭘 묻냐 하면 요즘 대기업 구조조정을 하는데 대기업 출신인 제가 어떻게 생각을 하느냐 이렇게 묻더라구요. 그래서 제가 대답을 그렇게 했습니다. 이거 뭐 방송에 나갈 거니까, MBC 방송에 나갈 거니까 나가더라도 대답을 이렇게 했습니다.(후략)"

이 동영상으로 이명박 후보는 잠시 휘청거렸다. 급해진 한나라당은 나경원 대변인의 브리핑을 통해 "BBK를 설립했다고만 언급되어 있지 '내가' 설립하였다고 되어 있지 않다"는 한나라당 의원총회 내용을 전하는 황당한 이야기를 늘어놓기까지 했다.

이 동영상은 누군가에게 거액을 요구하며 팔려던 사람들이 경찰에 검거되면서 세상에 알려지게 되었다. 이 동영상을 접하는 순간 온몸에 전율이 느껴졌으나 대선 결과를 바꾸지는 못했다. 만천하에 진실이 드러났지만 때때로 세상은 진실의 힘만으로는 극복하지 못하는 또 다른 무엇이 있다는 것을 뼈저리게 느끼게 한 일이었다.

2015년 7월 12일.

한국 법원은 김경준 씨가 이른바 'BBK 가짜 편지' 작성에 관여한 인사들을 상대로 제기한 손해배상청구소송에서 원고 김경준 씨 일부 승소판결을 내렸다. BBK 가짜 편지는 2007년 대선을 앞두고 김경준 씨가 BBK 의혹을 폭로하기 위해 귀국했다는 '기획입국설'의 근거가 되었던 자료이다. 당시 한나라당의 홍준표 중앙선대위 클린 정치위원장은 이 가짜 편지를 기획입국설의 증거라고 폭로했다. 그러나 이번 판결로 BBK 가짜 편지의 진실이 밝혀졌다. 결국 당시 한나라당이 주장한 기획 입국설의 증거물로 제시된 편지는 가짜였다는 것이다.

이 판결은 이명박 전 대통령 측이 제기한 기획입국설이 고도의 정치 공작이었을 가능성을 뒷받침힌다. 진실은 결국 밝혀진다는 것을 새삼 느끼게 된다.

특검의 그늘

2012년 9월 3일. 정기국회가 개원되면서 내곡동 특검이 통과됐다. 이명박 정부 5년 마지막까지 MB는 특검으로 시작해서 특검으로 끝나 는 대통령이었다.

특혜 및 편법 증여로 논란이 된 사저 매입 여부를 둘러싸고 이명박 대 통령이 거부권을 행사했던 이 특검은 그의 아들 이시형 씨의 기소 여부 에 초점이 맞춰졌다. 사저 매입과 관련한 부동산실명법 위반 및 증여세 포탈과 배임 혐의 등이 대상이었다. 이시형 씨는 자신의 명의로 부지 매 입을 한 후 이명박 대통령 명의로 변경할 생각이었다고 진술했다. 그러 나 특검 조사가 이루어지는 과정에서 실매입자가 자신이라며 진술을 번 복함에 따라 특검팀도 진위 여부 판단에 주력했다.

근본적으로 내곡동 특검은 국민이 검찰수사를 믿지 못하는 데서 출발했다. 검찰이 수사를 제대로 하지 않아 특검으로 이어졌기에 여기에도 수십억 원의 예산이 투입되었다. 한마디로 특검의 원인을 검찰이 제공한 것이나 다름없었다. 그런데도 검찰에 대한 인사권, 예산권을 가진 법무부장관이 법제사법위원회에 출석해 내곡동 특검이 통과되는 과정에서 국민들에게 사과 한마디 없었다는 점은 굉장히 유감스러운 일이었다.

수사에 착수한 특검팀은 청와대 측에 이시형 씨가 청와대 관저에서 작성한 차용증 원본 파일 등 핵심 수사자료를 거듭 요구했지만 청와대는 이를 끝까지 제출하지 않았다. 특검팀은 수사종료를 며칠 앞두고 사상 첫 청와대 압수수색 시도에 나섰지만 이마저도 현행법을 근거로 한 청와대의 거부로 불발됐다. 수사 후반부에 들어서는 특검과 청와대 간 공개설전까지 벌어지며 양측이 대립각을 세웠다. 여기에 이명박 대통령이 특검 수사기간 연장 신청을 거부하면서 결국 '역대 최단 기간' 특검이라는 기록을 남기고 수사를 끝내게 되었다.

이례적으로 야당에서 추천한 특검이었지만 결국 내곡동 특검마저도 '미완의 수사'로 끝나고 말았다. 특검이 진행한 미완의 수사 가운데는 내곡동 땅을 구입하기 위해 이시형 씨에게 전달된 현금 6억 원도 있었는데 나는 이 돈이 특검의 핵심이라고 보았다. 내곡동 사저와 관련된 재수사가 요구되는 부분이었다. 만약 이 6억 원이 어디서 왔는지 밝혀진다면 이것은 풀리지 않는 BBK와 다스와의 관계도 풀어낼 수 있는 핵심 고리가 될 것이라고 나는 내다봤기 때문이다. 이 6억 원이 어디에서 왔는지 파헤치는 것이 이 수사의 쟁점이었음에도 불구하고 특검팀은 여기까지 손을 대지 못했다.

이외에도 이명박 정부 들어서 금전, 향응, 성상납 등 스폰서를 받은 전·현직 검사에 대한 검사향응수수 특검, 10.26 서울지방 보궐선거에서 고의로 선관위 사이트를 해킹한 것에 대한 디도스 특검이 진행되었다. 그러나 결과는 만족스럽지 못했다. 특검은 외부인이 임명되지만 실제로 수사실무는 현직검사가 파견되어 진행했다. 이 때문에 특검의 수사상황이 검찰에 보고되거나 검찰이 수사수위를 조절하는 것 아닌가 하는 의심이 들 정도로 뭔가 석연찮은 구석이 많았다.

그리고 2012년 8월, 특검과 관련한 충격적인 보도도 있었다. 2007년 12월부터 실시된 삼성 특검에서 당시 조준웅 특검이 특검 이후 아들을 삼성에 특채로 입사시켰다는 내용의 보도였다. 이 정도면 대한민국의 법질서가 어느 정도인지 쉽게 가늠해 볼 수 있다.

이러한 점을 보더라도 세월호 협상 당시 특검이 마치 만사를 해결할 수 있는 것처럼 유가족들에게 입력된 것은 뭔가 크게 잘못된 것이다. 나는 6년 간의 국회 법제사법위원회 경험을 통해 특검에 숨어 있는 정치검찰의 행태를 보았기에 특검에 대한 신뢰를 갖고 있지 않았다. 그러나 법조계 인사이면서도 검사출신이 아닌 변호사 가운데 일부가 마치 특검을 '신의 한 수'인 것처럼 유가족들에게 입력시켰다는 사실에 적지 않게 놀랐다.

아직도 끝나지 않은 BBK

BBK 사건은 아직 끝나지 않았다. 2014년 1월, 미국의 법정은 자동차 부품회사 '다스'에게 김경준 전 BBK투자자문 대표이사의 사기 피해자들에게 140억 원을 되돌려줘야 한다는 취지의 판결을 내렸다. '다스'는 이명박 전 대통령이 실소유주가 아니냐는 의심을 받아온 업체였다.

옵셔널벤처스의 미국 변호인인 메리 리는 〈한겨레〉와의 통화에서 "다스가 넘겨받은 140억 원은 불법적인 거래의 결과였음이 드러난 만큼, 다스를 상대로 140억 원의 반환을 요구하는 소송을 제기할 방침"이라며 "그 과정에서 그간 드러나지 않은 진실들이 더 밝혀지게 되기를 바란다"고 말했다. 우리나라 사법부와 검찰도 미국의 사법부가 내린 결정처럼 정의를 위해서 일한다면 국민들이 신뢰하고 존경하는 조직으로 거듭날 것이라고 생각했다. 아직도 사람들이 "BBK 그것, 끝나지 않았지?"라고 물을 때마다 나는 '한국 검찰이 바로 선다면 대한민국이 바로 설 수 있을 텐데'라고 생각하곤 했다.

마지막 악수

2012년 7월 2일.

이명박 대통령 임기 마지막 해 정기국회 시정연설을 마친 이명박 대통령이 내게 악수를 청했다. 주변에 있던 다른 국회의원들도 이를 보고 의아하게 여겼다. 이명박 대통령이 앞줄도 아닌 두 번째 줄에 앉아있던 나에게 걸어와 악수를 청했기 때문이다. 나는 기꺼이 악수를 받아 주었다. 이명박 대통령이 취임한 지 얼마 되지 않아 열린 헌법재판소 기념식에서 애써 나와 눈을 마주치지 않으려고 눈길을 피하던 때와는 너무나 다른 모습이었다. 권력무상을 느끼게 하는 대목이었다.

국회 본회의장 내 자리 근처에 있었던 최재천 의원은 《최재천의 여의도 일기2》를 통해 그날을 이렇게 회고했다.

대통령께서(이명박 대통령) 개원 회의에 참석하여 연설이 있었습니다. 의장님 성함이 강창희 의장님이신데, 연설문에 딱 한 군데 나옵니다. 그 부분을 김창희라고 읽으시더군요. 대단한 정성이었습니다. 맨 앞쪽 귀퉁이가 제 자리였습니다. 프롬프터가 측면에서 보이는 곳입니다. 기왕 프롬프터를 보더라도 원고를 한 장 한 장 넘기는 시늉을 했으면 싶었는데, 끝날 때까지 한 장도 안 넘기시더군요. 간간이 원고를 보는 시늉은 하시던데 종이를 넘기지 않으니 좀 어색해 보였습니다. 측면에서 이런 모습을 보기는 처음입니다.

대통령 님을 만난 건 지난 2007년 대선 때 KBS 토론회에서 마지막으로 뵙고는 처음입니다. 그때 민주당 대선후보를 수행했는데 박영선 의원과 말다툼이 있었던 문제의 그때입니다.

대통령께서 연설이 끝나고 맨 앞줄에 앉으신 의원님들과 악수를 나눴습니다. 박영선 의원은 의장석을 기준으로 왼편 두 번째 줄에 앉아 계셨습니다. 근데 대통령께서 굳이 두 번째 줄에 앉은 박영선 의원께 악수를 청하더군요. BBK의 특별한 인연을 기억하고 있는 저에게는 특별한 느낌으로 다가왔습니다.

　오후에 박영선 의원을 만날 일이 있어 어떻더냐고 물었습니다. 자기도 그때 말고 처음 악수하는 거라고 했습니다. 다른 행사장에서 한 번 만난 적이 있었는데, 그때는 자연스럽게 외면했다는 이야기도 해주었습니다. 재미있는 건 입장할 때 박영선 의원과 눈이 마주쳤다는 겁니다. 박영선 의원 뒷줄에 정몽준 의원께서 앉아계셨는데 정몽준 의원이 "대통령이 당신을 쳐다봤다. 분명히 퇴장할 때 악수하러 올 것이다" 이랬다는 겁니다. 그래서 제가 "역시 권력 언저리에 있는 분들은 권력의 생리나 느낌을 잘 아는 모양입니다. 심지어 대통령의 눈길까지도" 이렇게 답했습니다.

　　　　　　　　－ 최재천, 《최재천의 여의도 일기2》, 온리북, 2013.

　많은 사람들이 나를 가리켜 BBK 저격수라고 말한다. 그러나 나는 이 저격수라는 말을 참 싫어한다. 정치에 입문하기 전 기자 시절에 이명박 전 대통령의 BBK를 취재했을 뿐이고, 대한민국의 국민으로서 그리고 국민에게 진실을 알려야 할 기자 출신의 정치인으로서 도리와 의무를 다했을 뿐이다. 아마도 내가 아닌 다른 어느 기자가 이명박 전 대통령의 BBK를 취재했더라도 마찬가지였을 것이다.

끊이지 않는 의혹들

2013년 2월 25일, 이명박 대통령은 5년간의 청와대 생활을 마감했다. 퇴임사에서 그는 선진일류국가의 기초를 닦기 위해 노력했으며, 재임 이후 있었던 두 차례의 미국과 유럽의 글로벌 경제위기를 슬기롭게 극복하며 선진일류국가에 한 발짝 더 다가섰다고 자평했다. 또한 무역 1조 달러 달성, 세계 7대 무역 강국으로 등극한 성과를 늘어놓기도 했다. 대기업과 중소기업의 상생협력, 온실가스 배출제한은 앞으로도 지켜야 할 분야라고 지속적인 관심을 당부했다.

자신은 국내정치를 위해 남북관계를 이용하지 않았다며 북한주민이 빠르게 변화하고 있는 만큼 통일을 준비해 나가야 한다고 덧붙였다. 그러나 이명박 대통령은 퇴임 9일 만에 잇따라 피소를 당했다. 참여연대가 내곡동 사저 의혹과 관련해 국가에 끼친 배임과 직권남용의 혐의로 고소한 것이다. 참여연대는 "이명박 전 대통령이 내곡동 사저부지 매입 과정에서 김인종 전 청와대 경호처장과 김태환 전 경호처 행정관에게 국가예산에 손해를 입히도록 업무상 배임을 지시했거나 방조했다"고 주장했다. 마찬가지로 김윤옥 여사와 아들 시형 씨는 부동산실명법 위반 혐의로 고소당했다. 참여연대는 이명박 전 대통령이 사저 부지 매입과정에서 여러 번 보고를 받았고, 부지 명의를 아들 이름으로 하라고 지시한 사실이 명확하다고 밝혔다.

이 뿐만 아니다. 재임 중에 계속해 갈등을 빚었던 YTN 노조도 민간인 불법사찰과 세금횡령혐의로 이명박 전 대통령을 고소했다. 그들은 민간인 사찰의 '몸통'이 이명박 전 대통령임이 명백하다고 주장했다. 중점 사업이었던 4대강 사업도 정부감사를 받았고 입찰의혹과 관련해 건설사 임원들이 검찰조사를 받고 있다. 이렇듯 이명박 대통령은 퇴임했지만 그가 남기고 간 의혹의 불씨는 여전히 남아있다.

이명박 대통령을 불도저 대통령으로 만들었던 것은 그가 살아온 건설회사 사장이라는 경력 때문이기도 하지만 2008년 6월에 촛불집회의 영향도 컸던 것으로 보인다. 촛불집회는 노무현 대통령이 보여주었던 '사람 사는 세상'에 대한 시민들의 갈망이 광장에 촛불로 점화된 사건으로 볼 수 있다. 광우병 사태로 발단이 된 촛불집회는 사람답게 살고 싶다는 시민들의 꿈이 녹아 있었다. 대한민국은 누구나 자유롭고 평등하며, 누구에 의해서도 침해받지 않는 공화국이라는 선언이었다. 공화주의의 기본가치인 공공성(res publica)은 누구에 의해서도 지배받지 않는 비지배(非支配 non-dominant)가 가장 우선일 것이다. 유모차를 끌고 나온 엄마부터 작은 촛불을 들고 절절히 외쳤던 여고생까지, 촛불집회는 대한민국이 살아있다는 것을, 민주주의가 살아있다는 것을 상징적으로 보여줬다.

돌이켜보면 촛불집회는 서로 지배하지 않고 서로 차별하지 않는, 보통 사람들이 자유와 번영을 누릴 수 있는 세상을 향한 시민들의 외침이었다. 여기에 두려움을 느낀 이명박 대통령이 청와대 뒷산에 올라가서 광화문에서 울려 퍼지는 '아침이슬' 노랫소리를 들었다는 고백을 한 바 있다.

그 밤에 저는 청와대 뒷산에 올라가 끝없이 이어진 촛불을 바라보았습니다. 시위대의 함성과 함께, 제가 오래전부터 즐겨 부르던 '아침이슬' 노래 소리도 들었습니다. 캄캄한 산중턱에 홀로 앉아 시가지를 가득 메운 촛불의 행렬을 보면서, 국민들을 편안하게 모시지 못한 제 자신을 자책했습니다.

– 이명박 대통령 특별기자회견 중에서, 2008. 6. 19.

그러나 이후 이명박 대통령의 통치 스타일이 밀어붙이기식 '불도저형'으로 바뀐 것으로 보아 아침이슬 노랫소리와 함께 '여기서 더 이상 밀려서는 안되겠다'는 강한 경계심을 갖지 않았을까 짐작할 수 있다.

그 후 이명박 정부는 '탐욕적인 금융자본'의 끝물을 쫓았다. 이명박 정부는 시장의 무분별한 탐욕을 적절하게 규제하기 보다는 오히려 국가가 공기업들을 동원하여 투기적 자원외교를 부추겼다. 파생상품과 헤지펀드를 앞세웠던 다국적 금융들은 2008년 위기 이후 보수적 투자정책으로 방향을 수정했다. 그러나 이명박 정부는 거꾸로 갔다. 집권 1년 차에 이미 세계 자본들이 폐기한 '투기성 자원외교'에 국고를 쏟아 붇기 시작했다.

그 폐해들이 곳곳에서 나타나고 있다. 세계적 금융자본들이 버린 자원외교의 투기장에 때늦게 쫓아 들어가 40조 원의 국고를 탕진했다. 국가지도자의 시대를 보는 안목과 리더십이 얼마나 중요한지 온 국민이 40조 원의 비싼 수업료를 치르면서 생생히 체험하고 있다.

좋은 인연과 나쁜 운명

2002년 지방선거 당시 서울시장 후보들을 대상으로 MBC에서 토론 회가 열렸다. 그때 우연히 현관에서 토론회장으로 들어오는 이명박 후 보를 만난 적이 있다. 이명박 후보는 그 특유의 친화력으로 큰소리를 내 며 "어이, 박영선 앵커 오랜만이야"라며 반가워했다. 그래서 나도 반갑 게 맞았다. 그랬더니 대뜸 이명박 후보는 내게 한 가지 부탁을 들어줄 수 있겠느냐고 물었다.

"내가 말이야. 너무 젊은 후보(김민석 후보)하고 지금 경쟁을 하잖아. 그래서 나는 당선될 거라고 생각하지는 않아. 그래도 늙은이라는 소리 는 듣고 싶지 않거든. 토론할 때 목주름 좀 없애 주면 안 될까."

그래서 내가 정주영 회장과의 인연을 생각해서 조명담당자에게 부탁 했던 기억이 있다. 결국 서울시장 후보 때는 내게 목주름을 없애 달라며 부탁했던 분이었는데 대통령 후보가 되어서는 "제 눈을 똑바로 쳐다보 지 못 하겠지요"라는 말을 건네야 하는 관계가 되었다. 그리고 대통령을 그만둘 즈음 국회 시정연설에서는 내게 걸어와 악수를 청하던 그 모습까 지, 사람이 권력 앞에서 어떻게 바뀌는지를 실감하게 한 분이었다.

기자 시절 나는 이명박 대통령과 서로 잘 아는 사이였다. 그리고 그 시절 이명박 대통령과 내가 가까운 사이였던 것을 알고 있는 사람들 중에는 그의 재임기간 중에 나와 이명박 대통령을 화해시키려고 청와대에서 내 이야기를 꺼냈던 사람들이 몇몇 있는 것으로 안다.

그런데 그런 분들이 내게 전화를 할 때면 모두 같은 이야기를 꺼냈다. 이명박 대통령 앞에서 내 얘기를 하면 대통령의 표정이 굳는다는 것이었다. 그러고는 "과거에는 나와 친했는데…"라며 내 이야기를 하곤 했다는 것이다. 그러면서 그들 중 한 사람은 이명박 대통령과 예전처럼 지내기를 바란다며, 그러면 내가 하고 있는 일이 좀 더 유연하게 풀릴 수 있지 않겠느냐며 조언하던 사람도 있었다.

그럴 때면 나는 사람의 인생에 있어 맺어진 인연과 정해진 운명을 떠올렸다. CEO 이명박은 나에겐 좋은 인연이었지만 대통령 이명박은 '아주 나쁜 운명' 같은 것이었다.

담대한
행동의 화신

정동영

2014년 6·4 지방선거 종합상황실에서

지금 돌이켜보면 정치인 정동영에게 정치적으로 가장 큰 갈림길은 2007년 대선패배 이후 대선주자로서 어떤 길을 선택하는지의 문제였다고 본다. 보다 더 큰 그림으로 뚜벅뚜벅 기다림의 정치를 할 것인가 아니면 그동안 걸어왔던 익숙한 길을 갈 것인가의 선택이었다.

– 본문 중에서

MBC 앵커 정동영.

1978년 MBC에 기자로 입사해 1996년 초 정치입문을 위해 퇴사할 때까지 17년 남짓의 기간 동안 기자 정동영은 '유능한 방송인' 그 자체였다. 깔끔한 외모, 탁월한 기억력, 압도적인 방송능력으로 '딱딱하고 엄숙하도록 학습된' 방송 뉴스에 떠오른 새로운 부류의 방송인이었다. 특히, 1994년 7월 김일성 사망과 관련한 방송, 1995년 1월 일본 고베 대지진 방송, 1995년 6월 삼풍백화점 붕괴사고 방송은 막 부장급이 된 정동영 기자를 전국적 인지도를 가진 스타 언론인으로 부각시켰다.

그의 스타성을 산 사람이 바로 김대중 총재였다. 1992년 대선패배 이후 영국으로 떠났다 돌아온 그는 1995년 7월 18일 정계복귀를 선언하면서 새정치국민회의(국민회의)를 창당하고 젊은 새 인재들을 찾고 있었다.

꿈을 위해 마이크를 놓다

1995년 12월 20일 당시 국민회의 라종일 정치 특보와 동아일보 김 모 기자의 식사자리에서 정동영 앵커를 영입하자는 얘기가 처음 거론된 것으로 전해진다. 젊고 참신한 인재를 찾고 있는 김대중 총재의 지침에 따라 언론계, 학계 등에서 사람을 찾고 있던 라종일 특보였기에 반색했지만 그의 첫 반응은 "그렇게 유명한 앵커가 우리 당에 오겠어요?"였다고 한다. 당시 여당인 신한국당은 KBS 출신 박성범, 이윤성 앵커와 SBS 맹형규 앵커를 영입하고 홍보하던 상황이었다. 국민회의도 그만큼 MBC 정동영이 필요한 처지였기에 적극적으로 영입을 추진했다.

어느 방송기자보다 방송을 사랑하고 방송으로 승부를 해보겠다고 마음을 먹고 있었던 그였다. 그러나 전북 순창 출신 정치부 기자 정동영에게 김대중 총재의 간곡한 요청은 거절할 수 없는 것이었던 듯하다. 95년 연말을 정계입문의 고민 속에 보낸 정동영 선배는 1996년 새해 어느 날 MBC LA특파원이었던 나에게 팩스 한 장을 보내왔다.

잠자고 있을 것 같아서 팩스 합니다.
미안하오. MBC를 떠나게 됐습니다.
뒷얘기는 나중에 하지요.
– 정동영

정동영 선배는 나의 전임 LA특파원이어서 방송사 내에서 관계가 각별했기에 최소한 나에게는 미리 알려야 한다고 생각한 듯했다. 팩스를 확인하고 느꼈던 설명하기 어려운 섭섭함, 그리고 만류하는 나에게 했던 그의 말이 꽤 오랫동안 기억에 남았다. 그런 나의 태도에 정동영 선배는 미안해했다. 그저 '좋은 방송을 해보자'는 순수한 마음에 뭉쳐 지내던 동료들 사이의 신의 같은 것이었다. 96년 1월 11일 정동영 선배는 새정치국민회의에 입당해 정치를 시작했다.

몽골기병의 기세로 질주

1996년 4월 제15대 총선으로 정계에 등장한 많은 정치인 중에 정동영은 단연 돋보였다. 그를 영입한 김대중 총재는 비례대표 14번으로 출마했으나 13번까지만 당선돼 낙선했고, 국민회의는 민주계의 분열로 79석밖에 얻지 못하는 참패를 당했지만 정동영은 고향인 전주시 덕진구에 출마해 전국 최다득표 당선이란 타이틀을 얻으며 화려하게 정계에 등장했다. 당대변인, 청년위원장 등을 거치며 정치적 무게를 키우더니, 2000년 제16대 총선에서도 전국 최다득표로 당선, 대한민국 헌정사상 최초로 2회 연속 최다득표 국회의원이란 기록을 남겼다. 그 여세를 몰아 최고위원 선거에 나서 최연소 최고위원 자리에 오른다.

방송계에서 주목을 받았듯 정치인 정동영도 늘 스포트라이트의 중심에 있었다. 2001년 새천년민주당의 쇄신을 요구하는 소위 '정풍운동'의 주역으로 YS · DJ의 '40대기수론'을 연상하게 하더니, 2002년 민주당 대선후보 경선과정에서 국민참여 경선, 지구당 폐지, 지역구도 타파 등을 자신의 정치 어젠다로 설정하는데 성공했다. 2002년 국민참여 경선의 최종 승자는 노무현이었지만, 정동영은 '개혁과 쇄신'의 아이콘으로 경선을 완주하며 확고한 차기 주자의 위상을 확보했다.

노무현 대통령의 당선과정은 그를 당선 시킨 새천년민주당의 내홍이 고스란히 노정된 과정이었다. 후보선출 직후부터 후보를 교체하자는 논의가 시작된 정당정치의 기괴한 사례였다. 이것을 돌파하며 노무현 후보가 대통령이 되는 과정은 사실상 새천년민주당의 해체를 예비하는 과정이나 다름없었다.

참여정부 첫 1년은 새천년민주당의 쇄신을 주창하는 개혁세력과 새천년민주당의 기득권 세력 간의 갈등의 시간이었다. 문성근, 유시민, 명계남 등은 개혁국민당의 이름으로 통합에 대비하고 있었고, 한나라당의 개혁파 김부겸, 김영춘, 이부영, 이우재, 안영근 등 독수리 5형제도 탈당과 신당창당을 예비하고 있었다. 이러한 상황에서 새천년민주당 탈당 세력이 합쳐져 열린우리당이 창당되었다. 2003년 11월 11일이었다. 노무현 대통령 당선과 동시에 준비돼온 정계개편의 1단계 완정이었고, 그 과정의 핵심부엔 정동영 의원이 있었다.

열린우리당 창당의 기획자로 알려진 정동영 의원은 주인공 역할까지 맡게 된다. 창당 2개월 만에 열린 전당대회에서 초대 당의장으로 선출되면서 그의 정치적 급성장도 정점을 향했다. 그때 정동영 의장이 내세우고 외쳤던 선거구호가 '깨끗한 정치'와 '몽골기병론'이었다. 몽골기병의 역동성과 속도감으로 우리나라의 정치개혁과 서민경제를 일궈 나가겠다는 것이었다. 어쩌면 정동영의 정치적 질주 그 자체가 마치 몽골기병의 모습과 같았다고도 할 수 있다.

언론인 출신으로 정계에 입문해 이렇게 주목을 받은 사람이 없다할 정도였지만, 정동영 의장의 정치역정에서 언론은 늘 어깃장을 놓고 나서는 존재였음은 새겨볼 대목이다. 그가 젊은층의 인기를 얻으며 의제를 선점해갈 때 보수신문은 '이미지 정치'라는 말로 폄훼했고, 당내 기득권층을 비판하며 개혁을 요구할 때 보수언론은 '배신의 정치'라고 비난했다. 방송기자 출신으로 이미지와 학벌이 좋은 젊은 정치인의 성장이 동류집단 내부로부터 얼마나 많은 견제를 받게 되는지 알 수 있는 대표적인 사례일 것이다. 당의장이 된 이후 정동영 의장이 겪게 되는 많은 시련들은 언론계 동료들의 견제라는 시각에서 관찰할만한 대목이 있다.

"깨끗한 이미지가 필요합니다"

2004년 1월 11일. 열린우리당 전당대회가 열리던 날 오후 4시경, 정동영 선배가 전화를 걸어왔다.

"박 부장! 이따 저녁에 좀 봅시다. 내가 오늘 당의장으로 당선이 되면 축하를 해주고, 떨어지면 위로를 좀 해주시오. 이 변호사(남편)와 함께 봅시다."

그날 저녁 남편과 나는 정동영 당의장 선출을 축하하는 모임이라 생각하고 약속장소에 갔지만, 참석자는 단 3명뿐이었다. 어리둥절해하는 나를 보고 정동영 의장은 댓바람에 본론을 말했다.

"중요한 부탁이 있어서 이렇게 보자고 했소. 깨끗한 정치를 국민께 전달하려면 그 이미지에 걸맞은 당대변인이 필요한데, 그 역할을 꼭 맡아주시오. 당선 축하 모임에도 가지 못하고 여기로 왔습니다. 당의장이 되고 처음하는 간절한 부탁이니 맡아주시오." 예상하지 못한 제의였지만 크게 놀라지는 않았다. 그렇지만 나의 대답은 부정적이었다.

"정치하는 것은 제 일이 아닌 것 같습니다"라고 답하며, 정 의장을 당 공식 축하 모임에 보내고 자리에서 일어났다.

정치를 해보라는 제안을 받은 것이 처음은 아니었다. 2000년 총선을 앞두고 한나라당과 민주당 양쪽으로부터 말을 건네 왔지만 딱 잘라 거절했다. 정동영 의장의 제안은 좀 달리 다가온 것은 사실이지만, 내키지 않는 마음으로 돌아왔다.

그 당시까지만 해도 나에게 정치는 먼 나라 사람들의 얘기처럼 들렸다. 남편과 나 사이에도 침묵이 흘렀고, 그렇게 하루가 갔다. 아침이 돼서야 평소 나의 진로에 별 말이 없던 남편이 의견을 냈다. "대한민국 사회는 좀 더 깨끗해질 필요가 있고, 정 의장이 그런 정치를 하겠다고 하니 가서 한번 도와주는 것도 의미 있는 일이라는 생각이 드는데…"라며 운을 뗀 뒤, "그동안 MBC라는 온실 속에서 많은 혜택을 받고 살아왔으니 이제 그 받은 혜택을 사회를 위해 광야에서 돌려주는 것도 의미 있는 일일 것 같소"라고 말했다. 의외다 싶은 남편의 말이 있은 지 얼마 되지 않아서 정동영 의장으로부터 결심을 재촉하는 전화가 왔다. 그 전화에도 나는 너무 낯선 일이라며 거절했다. 1월 13일 이른 아침 정동영 의장은 숨넘어가는 듯한 목소리로 또 전화를 해왔다. "대변인을 빨리 임명해야 하기 때문에 시간이 없습니다. 깨끗한 정치를 위해서 이렇게 간절히 사람을 필요로 할 때 대한민국의 미래를 위해 좀 도와줬으면 좋겠소."

깨끗한 정치로 나라를 바꿔보겠다는 강한 의지가 느껴졌다. 이런 숨넘어가는 독촉에도 내가 대답을 안하자 정동영 의장은 "남편을 중매해 줬으니 그 빚을 갚으라"는 말까지 했다. 그 전화를 끊고 나는 운명처럼 그 길로 출근을 해서 회사에 사표를 제출했다. 그리고 바로 그날 2004년 1월 13일 입당 기자회견을 하고 열린우리당 대변인으로서 정치를 시작했다. 대학 시절 '민주화'를 외치던 운동권 친구들에게 빚을 갚겠다는 심정과 함께 어려운 이들을 위한 희망의 사다리 역할을 해보자는 것으로 나의 정치입문의 변을 정리하면서.

탄핵 파도를 헤치고

열린우리당의 얼굴이 된 정동영 의장의 초반 기세는 초원을 달리는 '몽골기병'의 질주였다. 남대문시장을 첫 방문지로 한 전국 민생경제 탐방은 "오~ 저런 정치도 있나"하는 관심을 끌면서 당의 지지율은 10%대에서 30%에 근접할 정도로 수직상승했다. 정치인 정동영의 잠재력이 빛을 발하고 있었다. 시장에서 노점을 하는 아주머니들을 만나면 "고단하시죠? 죄송합니다"와 같은 말로 그들을 위로했다. 대학가의 젊은이들에게는 "같이 잘 사는 나라, 기회의 평등이 있는 나라를 만들어 볼 테니 도와주시오"라며 희망을 제시했다. 하루에 수백수천 명을 만나도 손을 맞잡는 순간 정치인 정동영의 눈은 상대를 응시하고 있었다. 순간의 진심을 결코 의심하지 않게 하는 탁월한 재능이었다. 당시 정동영 의장은 자신의 어깨에 놓인 돈 안 드는 선거, 깨끗한 정치를 위한 대한민국 정치사의 무게감 때문에 새벽에 저설로 눈이 띄진다고 말하며 일어나자마자 늘 기도를 한다고 했다. 기도라는 단어에서 나는 그의 진심을 느꼈다.

정치인의 질주는 통상 반대기류를 만든다. 50대 초반 젊은 정치인의 급부상을 주목하던 정계와 언론계에는 그가 돌부리에 걸리길 기다리는 심리가 깔려 있었다. 당대변인으로 정치를 시작해 당의장의 일정을 수행하던 나에게 이해되지 않는 일이 생기곤 했다. 민생탐방이 주목을 받기 시작한 2월 초 어느 날, 서울 관악(을) 지역 독거노인 시설 방문을 준비하던 중에 갑자기 일정이 취소됐다는 의장실의 통보가 왔다. 해당 지역구 의원인 이해찬 의원에게 사전에 일정이 보고되지 않았기 때문이라는 이유였다. 정치입문 한 달이 채 되지 않은 나는 의아한 마음을 가진 채 언론이 특별한 관심을 갖지 않도록 둘러대느라 진땀을 뺐다. 정동영, 이해찬 두 대학동기 정치인의 가깝고도 먼 특별한 관계를 그래서 알게 됐다. 이것은 당의장 정동영이 열린우리당 내에서 생존, 성장하기 위해 넘어야 할 많은 고비가 있음을 암시한 것이었다. 또한 앞으로 시리즈로 펼쳐질 시련의 예고편이었다.

정동영 의장이 몽골기병의 선봉장으로 달리고 있던 2004년 2월 24일 대한민국 정치사에 기록될 대통령 발언이 나온다. 노무현 대통령이 방송기자클럽 초청회견에서 "국민들이 총선에서 열린우리당을 압도적으로 지지해줄 것을 기대합니다. 대통령이 뭘 잘 해서 우리당이 표를 얻을 수만 있다면 합법적인 모든 것을 다하고 싶습니다"라고 말한 것이다. 총선 정국은 격랑에 휩싸였다. 중앙선거관리위원회가 대통령 발언이 공직선거법 위반 소지가 있다고 판정하고 '선거 중립을 요구'했고, 노무현 대통령은 '납득할 수 없다'고 대응했다. 보수언론과 야당인 한나라당은 마치 폭풍과 같은 책임론을 제기했고, 열린우리당에 반감을 가지고 있던 민주당도 가세했다.

발언이 있은 지 2주일 만인 3월 9일, 한나라당 의원 108명, 민주당 의원 51명이 서명한 탄핵소추안이 발의됐고, 3월 12일 박관용 국회의장의 직권으로 경호권이 발동되면서 대통령 탄핵소추안이 본회의를 통과했다. 탄핵안 발의 직후부터 본회의장에서 철야 농성을 벌인 열린우리당 46명 의원들은 통곡했다. 국회의 탄핵으로 대통령의 직무가 정지되는 헌정사에 한 장(章)으로 남은 대형 사건이 발생한 것이다.

탄핵안 통과를 막아보려던 정동영 의장의 노력은 처절했다. 마지막 순간까지 청와대와 직통전화를 열어놓고 파국을 피해보려 노력했다. 그 과정에서 노무현 대통령과 많은 대화가 오갔지만 내용은 밝히지 않고 있다. 탄핵안이 통과된 직후 통곡하던 열린우리당 의원들 사이에서 흐느끼며 절규한 그의 연설은 국민의 뇌리에 강하게 정동영을 각인시켰다.

"끝내 막지 못했습니다. 국민 여러분께 사죄드립니다. 지난 80년 민주주의를 짓밟았던 5공의 자식들과 후손들이 숫자의 힘으로 민의의 전당을 다시 짓밟았습니다. 우리는 이 쿠데타를 용납할 수 없습니다. 법률적으로, 정치적으로 싸워나가겠습니다."

탄핵 직후 정동영 의장은 청와대를 다녀왔던 것으로 기억한다. 청와대를 다녀온 정동영 의장을 국회 본관 앞에서 맞이했다. 마음이 편치 않으면 정동영 의장의 얼굴은 늘 창백해지는데, 그때도 그랬다. 정동영 의장은 그냥 혼잣말처럼 "당 지지율을 30%까지 끌어올려 났는데…"라며 국회 본관 정문으로 향했다. 그때 나도 모르게 "이번 총선에서 우리가 할 일은 여기까지 아닐까요? 지금부터는 대통령에게 모든 공을 돌리시는 편이 나을 듯한데요"라는 이야기를 했다. 정동영 의장은 물끄러미 내 얼굴을 보더니 곧바로 국회 본관으로 향했다.

노인폄하 발언 파문 넘으며

2004년 3월 26일 대구 그랜드호텔에서 국민일보 VJ팀과 가진 인터뷰 내용이 닷새 뒤 총선 공식선거운동이 시작되던 4월 1일 보수언론에 '노인폄하 발언'으로 대대적으로 보도된다. 정동영 의장은 폭풍우에 맞닥뜨리게 된다. 총 8분 분량의 인터뷰 중에서 60~70대는 투표를 안 해도 된다는 대목만 부각돼, 노인폄하로 둔갑된 것이다. 당시 인터뷰의 문제

대목은 이렇다.

"최근에 변화가 왔습니다. 촛불집회의 중심에 젊은이들이 있습니다. 이제는 20~30대의 무대입니다. 그런 의미에서 한 걸음만 더 나아가 생각해보면 60대 이상, 70 이상은 투표하지 않아도 괜찮습니다. 그분들이 미래를 결정해 놓을 필요가 없습니다. 그분들은 어쩌면 곧 무대에서 퇴장할 분입니다. 집에서 쉬셔도 되고, 20~30대는 지금 뭔가 결정하면 미래를 결정하는 데 자신의 이해관계가 걸려 있습니다."

문제의 4월 1일은 제16대 총선의 공식선거운동이 시작된 날이면서 동시에 호남선 KTX가 개통된 날이었다. 정동영 의장과 나는 용산역을 떠나는 새벽 다섯시 반 KTX를 타고 목포로 향했다. 그날 목포에 도착했을 때 유달산을 휘감은 검은 구름이 꽤나 인상적이었지만 뭔가 마음을 무겁게 했다. 목포에서 여수로 향하는 유세버스에서 "노인폄하 발언이 큰 파문으로 번지고 있다"는 소식을 접했다. 끊임없이 전화가 울렸고, 정동영 의장은 "가까운 노인정으로 갑시다"라며 장흥의 한 노인정에서 머리를 조아렸다. 그 장면은 문제의 발언이 노인을 폄하한 것임을 인정하는 행동으로 비쳐졌고, 책임을 면할 방도를 잃게 됐다.

노인폄하 발언 논란이 벌어지자, 정동영 의장 주변은 "진의를 알리고 정면대응하자"는 쪽과 "빨리 인정하고 사과하자"는 쪽으로 갈렸다. 늘 판단이 반 박자 빠른 정 의장은 후자를 택한 것이다. 정동영 의장이 노인들 앞에서 큰 절을 하는 모습은 종일 방송에 반복해 보도됐다. "그 발언은 어린 학생기자들에게 여러분들이 미래의 주역임을 강조한 얘기일 뿐이다"라는 대변인으로서의 해명은 의미가 없었다. 당시 정 의장을 인터뷰 했던 국민일보도 "발언이 확대 보도되고 있다. 인터뷰 전체를 보지 않은 채 특정부분만 강조하는 언론의 태도에 당황스럽다"는 입장을 밝혔지만 마치 폭풍 같은 기사공세를 막지 못했다. 그날 밤 정동영 의장은 남해안 유세일정을 모두 취소하고 급히 서울로 상경했고, 대변인이 된 지 두 달 남짓인 나는 당의장 일정을 대신 소화해야 했다. 그때부터 나는 당의장 대신 엉겁결에 순회 선거유세를 계속해야 했다. 심지어어떤 날은 후보가 누군지도 모른 채 30분마다 지원유세를 하며 하루에 600km를 달리기도 했다.

한나라당과 민주당의 공세는 집요했다. 쉽게 이룰 듯했던 의석 과반의 목표가 어려울 수도 있다는 전망이 제기되면서 정동영 의장은 총선막바지에 자신의 모든 것을 던지겠다고 마음먹고 있었다. 총선을 사흘앞둔 4월 12일 밤 9시, 열린우리당 정동영 의장이 생방송 회견을 하겠다고 예고해 당사 주변엔 긴장감이 흘렀다. 당일 저녁 8시쯤 제주지역 유세를 마친 정동영 의장과 광주 유세를 마친 나는 김포공항에서 만나 함께 당사로 이동했다. 언론은 이미 정동영 의원이 당의장직을 포함한 선대위원장직을 내놓을 것으로 관측하고 있는 상황이었다. 김포에서 당사로 오는 차 안에서 청와대 이병완 수석의 전화를 받았다. "다른 것은 몰라도 당의장직은 내놓지 않았으면 한다. 당의장이 없으면 이제 막 창당한 열린우리당이 너무 흔들린다"는 노무현 대통령의 메시지를 전했다. 이에 대하여 정동영 의원은 "대통령의 뜻인가?"하고 물은 뒤, 대통령의 의사라는 것을 확인하고 곧바로 영등포 당사로 들어갔다.

잠시 후 밤 9시, 대낮처럼 환하게 조명이 밝혀진 영등포 당사 회견장에서 정동영 의장은 "저는 이 순간 열린우리당 선대위원장직과 비례대표 후보직을 사퇴합니다. 탄핵세력이 다시 커져서 15일 이후 국민이 뽑은 대통령에 대한 탄핵을 관철시키려는 음모가 느껴지고 있습니다. 이런 음모를 저지하기 위해 무엇이든 던져 이 나라의 민주주의를 구하겠다는 생각을 했습니다"라며 뜻을 밝혔다. 당초 품었던 당의장 사퇴의 뜻을 접고 대통령의 뜻대로 비례대표 후보직을 사퇴했다. 당의장직을 내려놓을 것으로 보았던 언론의 예상을 벗어난 발표를 한 것이다. 그는 그리고 바로 단식에 들어갔다. 당의장으로서 역할을 하면서 선거결과에 무한책임을 지겠다는 약속과 함께.

사흘 뒤 제17대 총선에서 원내 47석이던 열린우리당은 의석 과반을 넘긴 152석으로 약진했다. 탄핵에 분노한 민심은 139석의 원내 다수당이던 한나라당을 121석의 제2당으로 밀어냈다. 추미애 의원이 선대위원장을 맡아 반전을 노린 새천년민주당은 9석을 얻는데 그쳐, 민주노동당에 이어 제4당으로 전락했다. 나에게 정치를 권한 정동영 의장은 원외에 남았고, 나는 비례대표 의원으로 국회에 진입했다. 정동영 의장은 당의장직을 유지했지만, 그때 뒤집어쓴 노인폄하의 굴레는 그의 정치에 큰 상처로 남았다.

정동영 의장이 당의장직을 내놓지 않고 비례대표 후보를 내려놓은 것을 두고도 정 의장 주변에서는 설왕설래했다. 정 의장을 국회에 진입 못하게 하기 위한 것 아니냐는 의심의 시각도 있었다. 그러나 노무현 대통령은 국회에 재입성하는 것은 나중에 보궐선거도 있고 기회가 여러 차례 있다며 당이 흔들리는 것은 막아야 하므로, 당의장직을 내려놓지 않기를 바랐다고 훗날 나에게 이야기 한 바 있다.

당의장 사퇴냐, 비례대표 후보 사퇴냐, 선택의 순간 정동영 의장은 대통령의 뜻을 따랐으나 이때도 대통령과 성 의장 사이에서 대통령의 뜻을 충분히 전달하고 설명하는 메신저는 없었던 것으로 보인다. 당을 중요시하는 노 대통령의 뜻이 정 의장에게 충분히 전달됐다면, 정 의장을 향한 노 대통령의 2006년 7월 보궐선거 출마권유가 얼마나 깊은 뜻이었는지를 헤아릴 수 있었을 것이고, 그랬다면 두 사람 사이의 관계도 달라졌을 것이다. 그래서 소통이 중요한 것이고 청와대의 정무기능이 중요한 것이리라.

노무현 대통령과의 인연과 갈등

2002년 16대 대선이 하나의 드라마였다면, 노무현은 출중한 주연이었고 정동영은 실로 탁월한 조연이었다. 정동영 의원은 2001년부터 '정풍운동'을 주도하며 권노갑 고문 등 소위 동교동계 가신들의 정치적 영향력에 제동을 걸었다. 그의 거침없는 문제제기는 시대의 흐름을 탄 것이었고, 김대중 대통령도 경청하지 않을 수 없었다. 제도적 측면에서는 당내

민주화라는 명분에 걸맞은 대선후보 선출방식의 개선을 이끌었다.

이런 제도개선은 2년 넘게 계속돼 온 '이인제 대세론'을 일거에 무너트린 단초가 됐다. 대선후보 여론조사에서 10%에도 미치지 못했던 노무현 후보가 부상할 수 있었던 것도 어찌 보면 '정풍운동'이 이인제 대세론을 떠받치던 권노갑 고문의 힘을 꺾었기에 가능했다고 볼 수도 있다.

전국 순회경선 초반인 울산, 광주 경선에서 승기를 잡은 노무현 후보가 돋보였던 데에는 참신한 대국민 이미지를 유지하던 정동영 후보의 완주도 크게 기여했다. 이로 인해 대선후보 위치를 확정 지은 노무현 후보는 정동영 의원에게 선대위원장을 제안했고, 그는 참여정부 탄생의 1등 공신이 됐다.

비교적 신뢰의 기반 위에 유지돼 온 노무현 대통령과의 관계가 틀어지기 시작한 것은 2006년 초부터였다. 정세균 열린우리당 당의장이 산자부장관으로 입각하며 의장직을 사퇴한 상황에서 전국동시지방선거를 치르기 위해 새 지도부를 구성하는 전당대회가 열렸다. 2월 18일 전대에서 정동영은 다시 당의장으로 선출됐으나, 석 달 만에 치른 지방선거에서 참패하고 다시 의장직을 사퇴했다. 이때부터 청와대와의 관계가 불편해지기 시작한 것으로 보인다. 특히, 대통령과 열린우리당 지지율이 동반 추락하던 이 시기에 열린 7월 30일 국회의원 보궐선거는 두 사람의 관계를 멀어지게 한 사건이 되었다.

2006년 5월 31일 지방선거에서 호남을 제외한 모든 지역에서 한나라당 후보들이 승리했다. 호남에서도 광주, 전남은 민주당이 차지했고 열린우리당은 전라북도 김완주 지사 한 명을 당선시키는 데 그쳤다. 문제는 그로부터 2달 뒤에 열린 국회의원 재보궐선거였다. 열린우리당 신계륜 의원이 피선거권을 상실해 치러지는 서울 성북(을) 보궐선거에 노무현 탄핵의 주역인 민주당 조순형 전 의원이 출마한 것이다. 조순형의 국회재입성을 막아야 한다고 본 청와대는 당의장직을 사퇴한 정동영에게 성북(을) 출마를 집요하게 요구했지만, 정 의장은 끝내 고사했다. 후일 정동영 의장은 "양심상 도저히 받아들일 수가 없는 제안이었다"고 기억했고, 노무현 대통령은 "그때 내가 처음으로 정동영에게 심한 소리를 했지요"라고 술회했다.

2006년 7.30 재보선, 10.25 재보선에서 열린우리당은 전패했다. 수도권과 영남에선 한나라당에 패했고, 호남에서는 민주당에 졌다. 대선을 1년여 남겨둔 시점에서 열린우리당은 해체의 길에 접어들 수밖에 없었다. 2007년 1월 하순이 되자 임종인 의원을 시작으로 최재천, 이계안, 천정배, 염동연 의원 등이 연쇄탈당을 했고, 2월 6일 김한길, 이종걸 의원 등 23명이 탈당했다. 초대의장을 지낸 정동영 의장도 2007년 6월 노무현 대통령의 집요한 만류를 뿌리치고 당을 떠남으로써 둘 사이의 정치적 관계는 돌이킬 수 없게 되었다. 불과 두 달 뒤, 탈당파들이 만든 대통합민주신당과 열린우리당 잔류파들이 합당을 통해 하나가 됐지만 노무현 대통령의 마음은 열린우리당에 그대로 남아 있었다.

노무현과 멀어진 대가

제17대 대선후보를 뽑기 위한 대통합민주신당의 당내경선은 이상하리만큼 치열했다. 마치 신당의 후보가 되면 대선본선은 이긴 것이나 다름이 없다는 듯 끝이 보이지 않는 대립양상을 띄었다. 11명이 나선 주자 중 예비경선을 통과한 후보는 5명. 정동영과 손학규, 친노 3인방(이해찬, 유시민, 한명숙)이었다. 특히 정동영 후보 진영과 친노 단일화에 성공한 이해찬 후보 진영이 극한 대립을 펼치며 고소, 고발이 난무했고 결국 경선 일정이 중단되는 사태를 겪었다.

2007년 경선에서 대선후보로 확정된 10월 14일 저녁. 장충체육관에서였다. 정동영 후보는 후보확정발표가 난 직후 장충체육관 단상 뒤에서 노무현 대통령에게 전화를 걸었다. 전화를 하던 정동영 후보의 얼굴이 순간 하얗게 변했다. 의례적이라도 축하한다는 말을 들을 것으로 예상했지만, 전화기 너머로 들려온 말은 쌓여 있던 노여움이었다. 줄지어 대기하고 있던 방송 인터뷰 준비를 위해 가까이에서 지켜보던 나는 싸늘한 분위기를 감지했다. 정 후보에게 무슨 일이냐 묻자 그는 몹시 낙담한 표정으로 "나중에 얘기합시다"라고 답했다.

이명박 후보가 BBK 주가조작 사건에 연루되어 있다는 것을 세상이 믿는 것 같은 상황에서도 당시 각종 여론조사는 한나라당 이명박 후보의 압도적 우세를 수치로 보여주고 있었다. 그러나 혹시라도 그가 후보로서 낙마할 상황에 대비해 이회창 전 총리가 출마를 준비하고 있었다.

이는 당시 많은 사람들이 MB의 성공시대에 대한 기대를 갖고 있었지만, 또 한 편에서는 BBK 주가조작 사건의 향배에 따라 선거구도 자체가 요동칠 가능성도 있는 상황이라는 것을 내포하고 있었다. 동시에 대통령의 영향력 하에 있는 검찰이 어떻게 대응하느냐에 따라 가장 유력한 후보의 명운이 갈리는 상황도 배제할 수 없는 것처럼 보였다.

대통합민주신당의 경선이 막바지에 이르렀을 10월 초, 이명박 후보의 검찰 출신 최측근 인사와 법조계 출신 여권 핵심인사가 접촉하고 있다는 이야기가 정동영 후보 진영에 계속 입수됐다. 심지어 문제의 접촉에 차기 검찰 책임자가 동석했다는 첩보도 속속 들어왔다. 하지만 정동영 캠프의 당시 분위기는 "BBK주가조작에 대한 이명박 후보의 책임은 너무도 명백하기 때문에 정의가 그를 심판할 것이다"라는 막연한 기대에 운명을 걸고 있는 듯했다.

당시 정치권에 파다하게 퍼졌던 대로 임채진 대구고검장이 후임 검찰총장으로 지명됐고 인사청문회를 앞두고 있던 시점에 청와대 관계자가 나를 찾아왔다. "BBK주가조작이 사실로 드러날 경우 누구를 대통령으로 뽑겠느냐"는 여론조사에서 이회창 후보가 1등으로 나온 결과가 나돌고 있을 때였다. 이 관계자는 나에게 여론조사 동향을 세밀하게 물으며 "혹시 경우에 따라서 정동영 후보가 1등으로 나오는 조사도 있습니까?"라고 질문했다. 이 만남에서 그 청와대 관계자는 결코 흘려보낼 수 없는 말을 던졌다. "청와대는 이회창 후보가 대통령 되는 것은 결코 볼 수가 없을 것입니다." BBK가 문제가 되어 이명박 후보가 낙마를 하고, 이회창 후보가 당선되느니 차라리 이명박 후보의 당선이 낫다는 말로 들렸다. 이런 분위기에서 임채진 검찰총장 청문회에서 삼성 떡값 검사 의혹이 제기됐으나 열린우리당과 한나라당 법사위원들의 협조적 분위기에서 진행됐다. 대검 차장에는 이명박 후보 부인 김윤옥 여사와 '누나', '동생'하며 함께 자란 사이라는 권재진 검사장이 임명되었다.(조선일보 보도) 11월 15일 엄청난 분량의 증거자료를 들고 한국으로 송환된 김경준씨는 사흘 뒤 검찰에 구속됐다. "이명박 후보가 BBK와 관련 있다고 제시한 그의 문서들은 위조된 것"이라는 취지의 검찰발표와 함께 BBK는 이를 확인된 사실로 전제하고 기사를 써주는 언론의 장막 뒤로 갔혔다.

이 같은 분위기에서 BBK주가조작을 외치는 것은 공허했다. 심지어 대선 사흘 전 "BBK를 설립했다"는 이명박 후보 본인의 육성 동영상이 공개됐지만, "설립한 사람이 이명박 후보 본인이라는 주어가 없다"라는 궤변으로 넘어갔다.

대선에서의 참패

정동영 후보 자신이 '제 삶의 가장 처참한 실패'라고 표현한 대선패배는 실로 그랬다. 2007년 12월 19일, 저녁 8시 30분. 이명박 후보를 태운 차량이 광화문 대로를 질주하는 장면을 모든 방송들이 생방송하고 있었다. 이미 방송은 '이명박 후보 당선유력'을 굵은 자막으로 내보냈다. 이런 모습을 서울 서대문구 홍제동 정동영 후보의 집에서 지켜봤다. 예상하고 있었던 일이었지만 TV화면을 가득 채운 '당선유력'이란 글자에 눈물이 겹치며 화면이 깨져 흘러내리던 기억이 너무도 생생하다. 너무 쉽게 무너진 그 모습이 슬펐고, 이미 정 후보 곁에 사람이 없다는 사실이 안쓰러웠다. 개표가 시작된 지 얼마 되지 않아 정동영 후보는 말없이 참모들과 함께 자신의 패배를 인정하는 발표문을 쓰기 시작했다. 나는 그 모습을 더 보고 있을 수가 없어 조용히 집을 나와 한없이 걸었다.

그날 밤 대선을 여러 번 치러본 동료 의원에게 전화가 왔다.

"박 의원! 두렵지 않아요? 나는 두렵소. 정치를 하면서 겪었던 저들이 나는 정말 두렵소"라며 울먹였다. 뭔가 불길한 예감은 있었지만 그때만 해도 나는 정치 초년병인데다 당당했기에 이렇게 답했다.

"우리가 잘못한 게 뭐가 있습니까. 사실이 아닌 것을 말한 것이 뭐가 있습니까. 저는 두렵지 않습니다." 곧 몰아칠 BBK관련 수사를 예견하지 못하고 있었던 것은 아니었다. 소환장이 날아오고, 당직자들이 소환되고, 무차별 수사가 시작될 것은 뻔한 일이었다. 그러나 나 자신은 견디겠는데 나의 가족과 사무실 직원, 그리고 주변 사람들이 겪어야 할 검찰권의 횡포를 상상하니 가슴이 미어졌다. 그런 모든 예상은 곧 현실이 됐다.

당시 항간에서는 "야권에서는 개가 나와도 당선된다"는 차마 입에 담지 못한 말로 참여정부와 집권여당의 참패를 예견했다. 그만큼 참여

정부와 집권여당에 대한 민심이 나빴다. 대통령 직선제 개헌 이후에 가장 낮은 투표율을 기록하며, 여당의 후보가 26.1%의 득표율로 참패하는 결과로 이어졌다. 후보 선출과정에서부터 넉 달여 시간 동안 겪은 정동영의 좌절과 실망은 가까이서 지켜본 나로서는 짐작하고도 남았지만, 그가 선거 다음날 발표한 글에는 철저하게 그런 감정들이 감춰져 있었다.

"제가 많이 부족했습니다. 그런 저를 지지해주셔서 감사합니다. 고맙습니다. 전국의 당원동지 여러분, 당의 대표님과 지도부 여러분, 김원기 의장님과 조세형 최고 고문님을 비롯한 당의 원로 지도자 여러분께 마음 깊이 감사를 올립니다. 손학규, 김근태, 이해찬 선대위원장을 비롯한 선대위원장님들께도 뜨거운 감사를 드립니다.

선거는 졌지만 우리는 단합했습니다. 그것을 소중하게 생각합니다. 국민 여러분께서 저희의 손을 붙잡아주시지는 않았지만, 저희가 하나가 되어 열심히 했다는 것은 눈 여겨 보셨을 것입니다. 저희는 저희가 생각하는 가치와 길에 대한 확신을 가지고 선거기간 내내 하나가 되어 싸웠습니다.

그러나 선택받지 못했습니다. 국민의 선택을 있는 그대로 받아들입니다. 국민의 지지를 받은 이명박 당선자가 나라를 위해 잘 해주기를 바라는 마음입니다. 이제 우리가 할 일은 국민을 위해 봉사하는 길입니다. 그러기 위해 하나가 되어야한다고 생각합니다. 선거과정에서 단합했듯이 더 단단해지고, 더 진실해지고, 저희가 추구하는 길과 가치가 더 인정받을 수 있도록 노력하겠습니다.

제가 많이 부족했습니다. 역량이 미치지 못했습니다. 국민 여러분께 죄송하고 당원동지들께도 죄송합니다. 그러나 끝까지 지지해주신 많은 분께 마음으로부터 감사드립니다. 그 지지의 뜻이 바라지 않도록 항상 옳은 길을 갈 것을 국민 앞에 다짐합니다. 다시 한 번, 마지막 순간까지 단합하고 하나 되어주신 동지 여러분께, 그리고 원로 지도자님 이하 여러 동지들께 다시 한 번 감사드립니다.

국민 여러분 감사합니다. 고맙습니다."

〈개성동영〉과 그 이후의 길

지금 돌이켜보면 정치인 정동영에게 정치적으로 가장 큰 갈림길은 2007년 대선패배 이후 대선주자로서 어떤 길을 선택하는지의 문제였다고 본다. 보다 더 큰 그림으로 뚜벅뚜벅 기다림의 정치를 할 것인가 아니면 그동안 걸어왔던 익숙한 길을 갈 것인가의 선택이었다. 비록 그가 대선에서 500만 표 차이로 졌지만 정동영의 미래에는 남북관계를 풀어가는 유능한 정치인이라는 브랜드가 자리 잡고 있었다.

그의 정치 인생에서 가장 빛나던 때는 미국 럼스펠트 국방장관과 담판을 지어 개성공단을 개통시키고, 김정일과 극적인 면담을 통해 교착상태에 빠진 남북관계를 시원하게 뚫어내던 시기였다. 정동영 의장은 개성공단과 관련하여 다음과 같이 회고하곤 했다.

"북한에 공단을 짓겠다는 아이디어는 고 정주영 회장의 아이디어였습니다. 이 아이디어를 처음 접한 독일의 에곤바르(브란트 수상의 동방정책 설계자)는 자신도 동방정책을 설계할 때 미처 생각하지 못한 것이라며 무릎을 쳤다고 합니다. 동독에 서독의 산업단지를 만들겠다는 발상을 하지 못했다는 것이지요. 이후 공단 부지를 놓고 남북의 의견이 서로 갈리던 가운데 2000년 8월 김정일 위원장이 개성을 제안했습니다. 북한 군부도 강력히 반대를 했습니다. 개성에 공단이 들어서면 해당 지역의 군사력을 수십 킬로미터 후방으로 빼야 하는데, 이 경우 군사력에 공백이 생기기 때문에 반대한 것이죠. 그러나 김정일 위원장이 군부를 설득해서 결국 개성공단이 실현되었습니다. 개성공단이 결과적으로 무기를 뒤로하고 평화를 가져온 것입니다."

나는 그가 개성동영이라는 가장 정동영다운 브랜드를 지속적으로 살려나갔어야 한다고 본다. 그래서 2007년 대선 이후 그의 행보가 중요했다. 특히 이명박 정부 들어 남북관계가 급속하게 냉각되었는데 그 대척점에서 한반도 문제에 관해 발언해줄 최적의 인물은 다른 누구도 아닌 정동영이었기에 더욱 그렇다. 남북관계에서 이명박 정부가 패착을 두면 둘수록, 미국 언론의 관심은 미국 유학 중인 그에게 자연스럽게 쏠렸다. 그는 한반도 문제를 넘어 동아시아 문제에 대해 발언하는 국제적인 정치인이 될 수 있는 기회와 잠재력의 소유자였다.

이명박 정부 들어서 취해진 2008년 5.24조치로 남북교류가 중단되었고, 추가적인 개성공단 건설도 얼어붙었다. 그가 김정일 위원장을 만났을 때(2005년 6월17일) "개성공단이야 말로 남북을 가르는 군사분계선을 뒤로(북쪽으로) 물리는 일 아니냐며 오히려 김정일 위원장이 힘을 줘서 말하더라"는 정동영 후보의 회고는 이명박 정부와 박근혜 정권이 얼마나 근시안적으로 한반도정책을 끌고 왔는지를 짚어볼 수 있는 중요한 대목이다.

2011년 12월 17일 김정일 위원장이 사망했을 때, 각국 언론이 한반도정세 변화에 민감하게 반응하면서 이에 대한 해설과 새로운 방향을 제시할 정치인과 학자를 찾고 있었다. 바로 그 자리에 2007년 대선후보였고 김정일을 만나 직접 면담했던 몇 안되는 한국 정치인 정동영이 자리하고 있었다면 정동영의 미래는 한껏 더 빛났으리라. 미국의 헤리티지 재단, 미국전략국제문제연구소(CSIS), 미국 평화연구소, 미국 스탠퍼드 아태연구소 그리고 러시아, 중국, 일본의 전문가들이 한반도 문제를 대변할 한국 정치인을 찾고 있었으나, 불행히도 당시 그러한 한국 정치인은 보이지 않았다.

또 한번의 좌절, 그리고 미국행

정동영 후보는 2007년 대선 직후부터 너무 섣불리 국내정치에 파묻

헸다. 좌절은 사람을 연단(鍊鍛)하지만 종종 더 큰 좌절을 경험하게 하기도 한다. 정동영 후보의 두 번째 큰 좌절은 대선패배 넉 달 뒤에 치러진 2008년 총선에서의 낙선이었다. 대선패배를 겪고 한동안 정치 후선에서 기다리기에 54세의 나이는 너무 젊었던 듯하다. 자신이 살고 있던 서대문, 정치1번지 종로 등에 출마를 검토하던 정동영 후보는 당의 전략공천으로 서울 동작구에 출마했다. 떠오르는 권력자 이명박 당선인이 정동영 후보의 재기를 그대로 보고 있지 않았다. 대선 막바지에 한나라당에 입당한 울산의 5선 정치거물 정몽준 의원을 동작에 투입한 것이다. 여기에 더해 이명박 정권은 총선 직전 뉴타운 광풍을 조성했다. 뉴타운 광풍에 휩쓸려 수도권 지역의 야당 후보들이 추풍낙엽처럼 떨어졌다. 넉 달 만에 두 번의 선거에서 패한 정동영 후보는 그해 7월 2일 "요즘 상황을 보면 작년 대선패배가 저만의 패배가 아니었다는 생각이 듭니다. 가서 많이 생각하고, 많이 경험하고, 그리고 돌아오겠습니다. 물 흐르는 대로…"라는 인사말을 남기고 미국 듀크대학으로 떠났다.

미국으로 떠나던 날 공항에서 나는 정동영 후보에게 나흘 뒤에 열리는 전당대회에서 정세균 대표를 돕는 것이 어떻겠냐고 말했다. 그것은 정세균 대표의 간절한 청이기도 했다. 정동영 후보는 "왜 그 사람을 도와야 하는 거요?"라고 반문했지만, 나는 "그래야 후일 귀국한 뒤에 힘이 되어주지 않겠습니까"라며 거듭 요청했다. 정동영 후보는 비행기에 탑승하기 직전 대선기간 중 자신의 조직을 총괄관리하던 책임자에게 전화를 걸어 정세균 대표를 도와주라고 말한 뒤 떠났다. 7월 6일 열린 전당대회에서 정세균 후보는 추미애 후보를 꺾고 대표가 됐다.

또 다시 찾아온 재기의 기회

정동영 후보에게 재기의 기회는 너무 빨리 왔다. 미국으로 떠난 지 6개월쯤 된 2008년 말, 전주 덕진 선거구의 김세웅 의원이 선거법 유죄 확정 판결을 받으면서 정 후보의 정치적 시발점에 재선거가 열리게 된 것이다. 말없이 기다리던 정동영 후보는 선거일이 다가오자 의사를 타진해왔다. 하지만 정세균 대표의 태도는 부정적이었다. 언론은 출마와 불출마를 엇갈려 점치고 있었다. 그즈음 정동영 후보가 출마에 대한 의견을 묻는 전화를 걸어왔다. 나는 "만약 하시면 무소속으로 출마할 것을 각오하고 들어오셔야 할 것 같습니다"라고 답했고, 정 후보는 "내가 왜 무소속으로 출마해야 하나!"라며 무척 격앙된 반응을 보였다. 그때 나는 정동영 후보가 이미 출마 쪽으로 마음을 기울고 있다고 느꼈다. 처음에는 나도 출마를 반대했지만 더 이상 말리지 못했다. 며칠 뒤 정동영 후보는 워싱턴 특파원들과의 간담회를 갖고, 정치적 고향에 출마하겠다는 의사를 밝혔다.

재선거일 한 달여를 남겨둔 3월 22일, 인천공항에 도착한 정동영 후보는 지지자들에 둘러싸여 입장을 밝혔다. "당에 대한 애정에 관한 한

저는 선두에 있다고 자부합니다. 정세균 대표 체제를 확고하게 지지할 것입니다. 정세균 대표는 우리 당 대표이자 저의 당 대표입니다." 공천을 갈구하는 너무도 강력한 의사표현이었다. 그러나 정세균 대표는 정동영을 내쳤다. 몇 개월 전 전당대회를 앞두고 도와달라던 모습과는 너무도 판이했다. 정동영 후보는 귀국 후 총선 출마를 했던 서울 동작(을) 지역을 들러, 전주로 내려갔다. 9개월 전 출국하던 정동영 후보에게 정세균 대표를 도와달라고 요청했던 게 부담이 돼, 나는 정동영 후보와 정세균 대표의 저녁 식사 자리를 주선했다. 정 후보 귀국 다음날인 3월 23일 서울 서교동 한식당 '백조'에서 두 사람은 만났고, 그 만남 이후 둘은 화해할 수 없는 길로 돌아섰다.

대선 주자급 정치인이 국회의원 선거 출마를 선언했다가 공천이 어려워 거두어들이는 것은 무척 어려운 일이었을 것이다. 어쩌면 스스로가 만든 상황에 떠밀린 정동영 후보는 자신이 대선후보였던 당을 탈당해 무소속으로 전주 덕진에 출마했다. 당시 전주에 내려갔던 나는 정동영 후보가 내건 현수막 "어머니, 정동영입니다!"를 보며 마음이 짠했으나 당선을 직감했다. 정 후보의 고향은 그가 당에서 내쳐지는 모습에 분노했고, 정 후보를 72.3%의 득표율로 당선시킨 것은 물론 옆 선거구에 무소속 출마한 신건 후보까지 국회로 보냈다. 국회복귀에 성공했지만 정동영 의원은 탈당의 짐을 지게 됐고, 호남의 2개 선거구에서 무소속에 패한 민주당 정세균 대표도 정치적 타격을 입게 되었다.

"이번엔 안 나가시는 게 어떻겠어요…"

국회에 복귀한 이후 정동영 의원의 행보는 이전과 달랐다. '담대한 진보'를 말하며 용산참사 현장, 한진중공업 파업현장 활동에 주력하는 모습이었다. 정치적 행보의 방향과 보폭이 달라졌지만, 당선되면 민주당에 돌아가겠다는 약속은 지켰다. 정 의원은 2010년 6월 지방선거를 앞두고 "저는 민주당에 많은 빚을 진 사람으로서 어떤 역할도 마다하지 않겠습니다. 6월 지방선거 승리를 위해서 진보개혁 세력의 연합, 연대를 위한 디딤돌 역할을 하고 싶습니다"라며 복당한 것이다.

정동영 후보가 미국으로 떠난 며칠 뒤 선출된 정세균 대표의 임기가 끝나고, 새 당대표를 뽑는 민주당 제2차 전당대회 날짜가 10월 3일로 잡혔다. 정동영 의원은 내게 최고위원 선거에 같이 출마하자는 제안을 해왔다. 오랜 동지이자 측근으로서 만류하는 것이 옳다고 생각한 나는 "어떻게 선거 때마다 다 나오시려 하십니까. 이번에는 안 나가시는 게 맞습니다. 그리고 저는 절대 출마하지 않습니다"라고 싸늘하게 말했다. 정동영 의원의 거듭된 지원요청에도 불구하고 단호하게 거절했다. 그해 전당대회에서 나는 새롭게 출발하는 민주당 지도부에 보다 젊은 정치인이 포진하는 것이 중요하다고 생각했다. 동시에 정동영 의원은 조용히 때를 기다리는 것이 낫다고 본 것이었다.

2010년 10월 전당대회에서 나는 이인영 의원을 적극 도왔다. 이인영 의원은 손학규, 정동영, 정세균 의원 등과 함께 최고위원으로 선출됐다.

열과 성을 다해 도왔던 나에게 이인영 의원은 최고위원이 된 뒤 "덕분에 정치인으로서 세상 밖에 나왔네요"라고 인사했다. 손학규 후보에게 근소한 표차로 패해 2위를 한 정동영 의원의 주변 사람들은 '1인 2표제인 상황에서 박영선 의원이 나섰다면 분명히 정동영이 대표가 됐을 것'이라는 논리를 펴며 섭섭함을 표시했다. 결과를 보면 맞는 논리였지만, 나는 민주당이 세대교체를 시도해야 할 때라고 믿었기에 마음에 부담은 없었다. 정동영 의원이 직접 말을 한 적은 없지만 그해 전당대회를 기점으로 그와 나는 소원해졌다. 그 소원해진 모양새는 이듬해 2011년 10월 서울시장 경선에서 정동영 최고위원은 내게 출마하지 말라고 만류하며 천정배 후보를 집중적으로 지원하면서 표면화 되었다.

여전한 저력 확인한 출판기념회

2013년 12월 17일 세종문화회관에서 열린 정동영 의원의 출판기념회는 그가 여전히 정치적 잠재력이 남아있는 존재임을 확인할 수 있는 자리였다. 자신의 정치적 상표인 통일 이슈를 다룬 신간《10년 후 통일》출판을 기념한 북콘서트에 여야 전현직 의원들을 비롯해 학계·종교계·시민사회단체 인사 2천여 명이 참석해 문전성시를 이뤘다. 역시 정동영은 자신만의 어젠다가 있는 정치인임을 확인했고, 시대가 요구하는 것을 매의 눈으로 낚아채는 능력이 있음을 과시했다.

정동영 의원은 좌중을 압도하는 연설을 했다.

"이명박 대통령이 통일은 도둑처럼 찾아온다고 했는데, 그런 통일에 반대합니다. 그렇게 통일이 된다면 대재앙을 맞게 됩니다. 통일은 옳은 것이나 어떠한 통일을 만들어내느냐가 관건입니다. 통일은 고양이 발걸음처럼 오도록 만들어야 하고 신중하게 관리하고 만들어내야 합니다." 그는 책 제목을 《10년 후 통일》이라고 정한 배경에 대해 "2022년까지는 사실상의 통일 상태, 마음대로 자유롭게 남과 북이 여행하고 투자하며 집을 지어 살 수 있는 정도가 될 수 있다는 자신감에 나온 것"이라고 설명했다.

축사에 나선 백기완 통일문제연구소 소장은 정동영 의원을 향해 "항상 거리를 지키는 사람"이라고 치켜세우며 "눈물과 분노를 부른 박근혜 정권에 앞장서 싸운 사람"이라고 했다. 함세웅 신부도 "남북을 긴장상태로 몰아가는 사람들을 꾸짖으며 통일을 지향하는 선구자 역할을 하고 있다"고 격려했다.

이날 정동영 의원의 오랜 친구인 김한길 의원이 한 축사는 어쩌면 정치인 친구에게 주는 조용한 조언으로 들렸다.

"정동영 고문은 언제나 우리에게 화두를 던지는 사람입니다. 정 고문은 한 번도 힘 있는 사람을 자기 편으로 가져보지 못한 서민들의 힘이 되어주는 친구였습니다. 정 고문이 앞으로 그려낼 정치는 어떤 모습일지 우리의 기대가 큽니다."

나도 정동영 선배가 모처럼 긴 호흡의 정치행보를 되찾아가고 있는 것으로 보았다. 남북관계에 관한 한 대한민국 최고의 전문가인 정동영.

불현듯 펼쳐질 한반도 통일국면에서 역할이 있지 않겠나 하는 기대감을 갖게 하는 대목이었다.

질주하던 정치인의 좌절 후 부활을 상상하며

정치인 정동영을 누구보다도 가까이에서 지켜본 한 동료 정치인으로서 나는 그가 걸어온 정치인의 길이 영광 못지않은 좌절을 겪으며 걸어온 것임을 누구보다 잘 안다. 2004년 노인폄하 발언 논란으로 겪은 동지들의 배척, 2007년 대선에서 당선 가능성이 낮은 후보로서 느꼈을 배신감과 좌절감, 2009년 공천배제로 탈당에 내몰리던 분노. 이런 트라우마가 점점 정치인 정동영의 행보에 영향을 준 듯하다.

2010년 복당 이후 '담대한 진보'의 노선을 추구해온 정동영 의원은 2012년 총선에 강남(을)에 출마했다가 다시 낙선했다. 이때 나는 최고위원으로 정동영 후보의 강남(을) 출마를 만류했다. 순수한 마음으로 정동영 후보에게 강남(을)은 후배에게 물려주고 그 주변(송파, 강동 등) 지역 당선도 쉽지 않으니 그곳에 출마하면 어떻겠냐는 전화를 했다가 호된 꾸지람을 들었다. 김한길 안철수 공동대표 체제에서 치른 2014년 7.30 재보선에서 다시 동작(을) 공천을 모색했지만 좌절됐다.

7.30 재보선 패배의 후유증이 당을 뒤엎었고, 나는 피할 도리가 없어 비대위원장직을 맡게 됐다. 세월호 협상, 비대위원장 영입 등의 격랑을

헤치는 일은 고통 그 자체였다. 그즈음 언론 인터뷰를 통해 정동영 선배가 나를 강도 높게 비판한 것이 화제였고, 나에게는 그만큼 가슴 아픈 일이었다. 특히 세월호 1차 협상 결과를 두고 정동영 선배가 한 라디오 인터뷰에서 "박영선 대표가 박근혜 대통령의 불통을 닮아 가면 안 된다"고 비판했다는 얘기를 듣고 슬펐다. 이상돈 교수 영입 문제를 두고는 "이런 식으로는 당을 못 끌고 산나"고 단언히는 모습에서 씁쓸함이 몰려왔다. 정동영 고문은 자신이 응당 밝힐 수 있는 의견을 말한 것이지만, 나에겐 아프다기보다는 슬픈 비난으로 들렸다.

정동영 고문은 2015년 1월 다시 당을 떠났다. 이번에는 "다시 돌아오기 위해 떠난다"던 2009년 탈당과는 전혀 다른 탈당이었다. 탈당 회견에서 그는 "새정치연합이 서민과 중산층이 아닌 중상층을 대변하면서 대한민국 서민과 사회적 약자, 노동자들이 기댈 정당이 사라졌다. 가난하고 힘없는 보통 사람들의 목소리를 대변하는 정당의 존재가 간절하게 필요한 시점이다"라고 말했다. 새로운 노선의 정치를 하겠다는 선언이었고, 기존의 정당으로 돌아올 가능성을 닫아버린 것이었다. 그리고 4월 29일 관악(을) 보궐선거에 나서서 다시 한 번 좌절을 겪었다. 2004년 2월 열린우리당 당의장 시절 이해찬 의원이 관악(을)에 선거유세를 계획했다 돌연 취소한 그곳에 결국 그가 출마했고 그곳에서 깊은 수렁을 만난 것이다.

영원한 질주는 없는 것이다. 정치인이 질주하다가 급하게 브레이크가 걸릴 경우 질주하는 속도만큼 좌절의 골도 깊다. 정치인으로서 정동영의 쾌속질주는 한국 정치사에서 유례를 찾아보기 힘들다. 그러나 그 쾌속질주에 브레이크가 걸리면서 그 이후의 행보와 좌절 또한 그를 지지했던 국민들의 상상을 벗어난 것이었으리라.

정치인 정동영이 앞으로 어떤 모습으로 자신의 정치행로를 개척해갈지 현재로서는 가늠하기 쉽지 않다. 단지 그의 정치적 감각과 의제설정 능력, 그것을 대중에게 설명해내는 탁월한 언어를 누구보다 잘 알기에 그만큼 아쉬움이 큰 것일지 모른다. 정치인에게 신속한 상황판단과 거침없이 행동하는 능력이 필요하다면 그는 그 부분에서는 가히 천재적이라고 할 수 있다. 현재는 너무 많은 에너지를 소진했지만 한반도에 평화를 정착시키는 일과 통일이 시대정신이 되어 국민적으로 지대한 관심사가 될 때, 사람들은 다시 그를 찾을지도 모른다는 상상을 해본다.

아버지의
못다 이룬 꿈을
위하여

정몽준

2001년 5월 싱가포르행 비행기 안에서 대선출마 인터뷰

17대 국회 때 내가 발의한 경제민주화의 근간이 되는 금산분리법이 상정되자 한나라당 대부분의 의원들이 반대했으나, 당시 무소속이었던 정몽준 의원은 찬성표를 던졌다. 정몽준 의원은 재벌개혁과 사법개혁에 대한 의견을 내게 간간이 물어오곤 했다. 그때마다 정 의원이 개혁 문제에서 상당히 진취적인 생각을 가지고 있다는 인상을 받았다.

– 본문 중에서

1996년 초여름, 나는 LA에서 MBC 특파원으로 일하고 있었다. 당시 대한민국은 2002년 월드컵 유치를 위한 막바지 노력이 한창이었다. 나는 월드컵 유치 취재를 위해 중앙아메리카의 섬나라 '트리니다드토바고(Republic of Trinidad and Tobago)'로 출장을 가야 했는데, LA에서 트리니다드토바고까지 가는 직항 노선이 없었다. 그곳에 가려면 일단 LA에서 플로리다주 마이애미까지 간 후 마이애미에서 트리니다드토바고행 비행기로 갈아타야 했다. 지도에서 보면 아주 작은 섬나라인데 국민들 모두 열광적으로 축구를 좋아하는 나라이며 국제축구연맹 안에서 정치적 입김도 세다고 했다. 나는 기자로서의 호기심을 안고 낯선 땅으로 향했다.

월드컵 유치에 혼신의 힘을 쏟다

공항은 그리 크지 않았다. 시원하게 보이는 숲으로 둘러싸여 있긴 했지만 적도의 더위를 식히진 못했고, 북적거리는 사람들로 공항은 어수선했다. 그렇게 주변을 두리번거리고 있는데 어디선가 취재팀을 부르는 소리가 들렸다. 고개를 돌려 보니 정장차림을 한 남자 서넛이 우리 쪽으로 다가오고 있었다. 공항까지 취재팀을 마중 나올 사람들은 없는 걸로 알고 있었지만 그들은 분명 우리에게 걸어오고 있었다.

　그들은 자신들을 중남미에서 근무하는 현대그룹 직원이라고 했다. 우리는 그 직원들의 안내를 받으며 공항을 빠져나왔다. 숙소로 향하는 차 안에서 이곳에 취재를 오는 모든 언론사를 이렇게 다 챙기느냐고 물었더니, 정몽준 회장과 방문시간이 같아 모시는 김에 함께 모시기로 했다고 말했다. 운이 좋은 셈이었다. 낯선 땅에서 우리는 정몽준 회장 덕에 편하게 숙소로 향했다.

　공항에서의 행운은 호텔로 이어졌다. 우리를 FIFA 관계자인 정몽준 회장 일행으로 착각한 호텔 직원이 그와 같은 층의 방으로 업그레이드하는 실수를 한 것이다. 우리는 일단 짐을 정리하고 FIFA 위원들의 회의가 열리는 곳을 점검하기 위해 방을 나섰다. 열대나무들이 늘어선 창밖을 보며 복도를 따라 천천히 걸어가는데 방문이 활짝 열려 있는 객실 하나가 눈에 띄었다. 역광 때문에 얼굴은 보이지 않았지만 실루엣으로 한 남자가 양말을 빨아서 베란다에 너는 모습이 보였다.

　엘리베이터는 지루할 정도로 느리게 움직였다. 한참을 기다려서야 엘리베이터를 탈 수 있었다. 그리고 문이 막 닫히려는데 복도에서 누군가 바쁘게 걸어오는 소리가 들렸다. 정몽준 회장이었다. 그러고 보니 조금 전 양말을 빨아 널던 사람이 그가 아니었나 싶었다.

　트레이닝복을 입은 정몽준 회장은 이렇게 먼 곳 까지 와 줘서 고맙다는 인사를 했다. 그러고는 대뜸 조깅을 하지 않느냐고 물었다. 그는 조깅이 시차를 극복하기 위한 가장 좋은 방법이라고 이야기했다. 해외여행이 잦은 그는 일단 세계의 어느 나라건 숙소에 도착하면 제일 먼저 뛰거나 테니스를 친다고 했다. 운동을 해서 땀을 쭉 흘리고 나면 피로도 가시고 그날 밤 단잠을 잘 수 있어서 시차를 바로 극복할 수 있다는 것이 그의 설명이었다. 엘리베이터 문이 열리자 정몽준 회장은 천천히 뛰면서 호텔을 빠져나갔다.

사실 월드컵 취재는 목적이 분명했다. 한국의 유치를 위해 취재팀이나 월드컵 유치단이나 한목소리를 내야 하는 상황이었다. 따라서 언론들도 경쟁보도 보다는 유치단의 월드컵 개최지 홍보를 위해 서로가 우호적인 분위기에서 취재를 했다. 그런데 내심 일본을 후원하고 있던 아벨란제 회장이 한국 언론들에게 비협조적으로 대했다. 툭하면 노코멘트로 일관하거나 영어로 물으면 불어로 답변을 했다. 한국 기자들도 그의 그런 태도에 불쾌감을 토로하며 질문하는 것을 꺼렸다.

리셉션이 열리는 1층 홀에는 이미 몇몇 FIFA 위원들이 와있었고 기자들도 FIFA 위원들과 함께 얘기를 나누고 있었다. 사우디에서 왔다는 한 FIFA 위원은 자신이 사우디의 왕자라고 소개했다. 이 사람은 월드컵이 한국에서 개최되는 것에 호의적이지 않았다. 일본에 비해 시설 면에서 뒤쳐진다는 것이 이유였다. 하지만 내가 만난 트리니다드의 FIFA 위원은 아직 마음을 정하지 못한 것처럼 보였고 그의 마음을 우리 쪽으로 돌리는 게 급선무라고 생각했다.

사우디의 왕자라는 FIFA 위원은 정몽준 회장을 MJ라고 불렀다. 그러고는 내게 MJ는 어떤 사람이냐고 물었다. 예상치 않은 질문을 받고 좀 당황했지만 그의 질문에 답하지 않고 오히려 "당신이 보기에 MJ는 어떤 사람인 것 같냐"고 되물었다. 그랬더니 그는 정몽준 회장을 "대단히 파워풀하지만 고집이 굉장히 세다"고 답했다. 그러고는 묻지도 않았는데 "MJ는 언제나 안 되는 일은 없다고 생각하는 사람이여서 이번 월드컵은 한국이 유치할 것이라고 확신에 차 있지만 그렇게 쉬운 게임이 아니다"라는 한마디를 덧붙였다.

사우디 왕자와 이런 얘기를 하고 있는데 갑자기 기자들이 문 앞으로 몰려갔다. 브라질의 아벨란제 FIFA 회장이 왔기 때문이었다. 질문공세가 이어졌다. 아벨란제 회장은 목소리 톤이 아주 낮았는데 때로는 영어로 때로는 불어로 묻는 말에 아주 짧게 답했다. 다른 나라 기자들의 질문 공세가 끝날 즈음 "이번 월드컵 개최국 선정에 있어 주안점을 두는 것이 무엇이냐"는 나의 질문에 그는 "한국에서 온 기자냐?"고 반문을 했다. 그렇다고 대답하자 "자신은 시설 면에 중점을 두고 있으며 월드컵을 잘 치를 나라가 어디가 될 지 생각하고 있는데 한국과 일본 모두 아주 팽팽한 싸움을 하고 있다"는 답변을 했다.

시설을 강조하는 그의 답변은 일본을 위한 것이었고 우리에게 유리한 답변은 아니었다. 그러나 일단 중요한 인터뷰를 하나 건진 셈이었다. 왜냐하면 FIFA 회장의 생각을 알았다는 점에서 가치가 있었기 때문이다. 순간 조깅을 하러 간 정 회장을 따라가지 않기를 잘했다는 생각이 들었다.

리셉션이 막 시작하려 할 때 정몽준 회장이 모습을 나타냈다. 그러자 한국 기자들은 물론 외국 기자들도 정몽준 회장에게 몰려들었다. 주로 개최를 원하는 한국과 일본을 비교하는 질문이 이어졌다. 외국 기자들은 월드컵을 유치하려는 한국의 열의에 대해 높은 점수를 줬다. 일본보다 훨씬 열정적이라는 것이었다. 그러고 보니 일본대표에게는 기자들이 많이 몰리지 않았는데 그것은 일본유치단과 대표들이 소극적으로 움직였기 때문이다. 이러한 한국유치단의 취재열기에도 불구하고 중요한 사실은 FIFA 위원들에게 많은 영향력을 미칠 수 있는 아벨란제 회장은 이미 일본을 마음에 두고 있다는 것이었다. 결국 2002년 월드컵 유치의 관건은 출발이 늦은 한국의 열정이냐 앞서가던 일본의 축구장 시설이냐에 방점을 두는 게임이었다.

장사꾼이 아닌 정치인

나는 이런 열기 속에서 월드컵 유치를 위해 또 다른 행사가 열리는 멕시코의 과달라하라(Guadalajara)로 향했다. 여장을 풀고 창밖을 통해 도시를 물끄러미 내려다보고 있는데 전화벨이 울렸다. 현대그룹 직원이었다. 그는 나에게 테니스를 치냐고 물었다. 그러고는 신발사이즈를 묻더니 전화를 끊었다. 잠시 뒤에 다시 벨이 울렸다. 정몽준 회장이 취재기자들과 테니스를 치고 싶다는 말을 전하곤 전화를 끊었다. 아래층으로 내려가보니 어디서 구해왔는지 테니스 라켓과 신발이 놓여 있었다. 정 회장은 이미 도착해서 조깅으로 몸을 푼 뒤 테니스장에 먼저 와 있었는데 문제는 정몽준 회장보다 실력이 좋은 사람이 없어 보였다는 데 있었다.

정몽준 회장의 볼을 받아내기란 여간 쉽지 않았다. 바람도 우리 편이 아니었다. 더위를 식혀줄 때는 고마운 바람이었는데 테니스장에서는 그렇지 못했다. 누군가는 정몽준 회장이 늘 실력 좋은 사람들하고 테니스를 쳐서 우리 같은 '망아지들'과 테니스를 치는 것이 더 힘들 것이라고 말해 한바탕 웃음이 쏟아졌다. 그날 테니스 경기는 그리 오래 가지 못했다. 왜냐하면 그의 공을 받아 줄 상대가 마땅히 없었기 때문이었다. 그래서인지 정몽준 회장은 죄 없는 바람 핑계를 대며 오늘 테니스 만남은 여기서 접자고 했다.

그날 저녁 한국에서 온 취재기자들과 정몽준 회장 일행 등 모두가 한 자리에 모여 식사를 했다. 정몽준 회장은 대식가였다. 그의 식사하는 모습은 아버지 정주영 회장을 무척 닮았다. 누군가 내게 그의 추진력을 어디서 느낄 수 있느냐고 묻는다면 대식가로서의 그의 모습과 걸음걸이라고 답할 것이다. 그날 저녁 식사 내내 일관된 주제는 우리나라의 월드컵 유치 가능성에 관한 것이었는데 정몽준 회장은 대단히 자신감에 차있었다. 88올림픽을 유치한 바덴바덴(Baden-Baden)의 영광이 아버지의 것이었다면 월드컵은 자신이 이루어낼 것이라고 말했다. 식사가 끝나고 칵테일을 한잔씩 하면서 분위기가 부드러워졌을 때, 나는 정몽준 회장에게 조용히 이런 질문을 했다. "왜 다른 형제들처럼 경영 일선에서 뛰지 않느냐."

약간의 술기운이 있었던 정몽준 회장은 비교적 솔직하게 답변을 했다. 정몽준 회장은 "부친(정주영 회장)께서는 당신의 자녀들 가운데 한 사람은 장사꾼이 아닌 다른 분야에서 일하기를 바라고 있고, 특히 아들 가운데 한 사람은 자신이 이루지 못한 꿈을 이루기를 기대하고 있다"고 말했다.

축구와는 전혀 관련이 없는 내 질문에 말을 이어가던 정몽준 회장은 순간 '아차' 하는 생각이 들었는지 자신의 답변은 오프더레코드임을 거듭 확인했다. 다행히 그때 멕시코풍의 음악소리가 귀를 때릴 듯이 들려와 다른 기자들은 정몽준 회장과 나의 대화를 전혀 듣지 못했다. 아버지 정주영 회장이 못 이룬 꿈, 그것은 아마도 정치인이 되라는 것, 그리고 결국 대통령이 되라는 뜻 아니었을까?

월드컵 유치와 정몽준

정몽준. 그는 현대그룹 창업자의 아들로 태어나 서울대 상대를 졸업한 후 미국 MIT 경영대학원에서 석사학위를 받고 미국 존스 홉킨스 대학 SAIS(국제정치대학원)에서 박사학위까지 취득했다. 소위 말하는 학벌 좋은 재벌가 아들이다. 현대중공업을 조선 부문 1위로 만든 만큼 사업수완도 뛰어났다. 31세 때 사장에 오른 그는 5년 만에 회장으로 승진했다.

그의 정치인생도 현대와 함께했다는 사실은 부인할 수 없다. 현대중공업 소재지인 울산 동구에 무소속으로 출마해 당선된 후 같은 곳에서 내리 5선을 했다. 막대한 자본을 근거로 정·재계에 미치는 그의 영향력은 컸다. 이후 정몽준 의원은 20년이 넘는 시간 동안 정치인생을 걸어왔다. 그러나 긴 시간 동안 의정활동을 해온 것에 비해 2002년 대선출마 전까지는 정치인으로서 정몽준을 뚜렷하게 국민들에게 각인시키지는 못했다는 평가를 받는다. 그 이유에 대해서 정몽준 의원은 자신이 무소속 의원으로 너무 길게 있었기 때문이라고 말한 적이 있다.

오히려 그를 부각시켰던 것은 1993년부터 맡았던 대한축구협회 회장과 FIFA 부회장, 그리고 2002년 월드컵 조직위원장 활동이었다. 특히 그가 자주 강조했듯 월드컵 유치를 위해 그는 일 년의 삼분의 일을 외국에서 보냈고 지구를 대략 38바퀴 돌 수 있는 거리인 150만 km를 비행했다고 알려져 있다. 그의 이런 열정은 월드컵 유치로 이어졌고 월드컵이 성공적으로 끝난 뒤 정몽준 의원은 대권주자 반열에 오르고 드디어 16대 대선출마를 선언한다.

결국 월드컵 유치가 그의 정치인생을 용수철처럼 튀어 오르게 했다고나 할까?

2002년 대권을 꿈꾸다

정몽준 회장으로부터 '아버지의 못다 이룬 꿈을 이어 갈 사람'에 관한 얘기를 들은 지 5년 만인 2001년 5월, 나는 그에게 다시 이 말을 집중적으로 질문할 기회를 갖게 되었다. 물론 이 기회가 우연히 찾아온 것은 아니었다. 이번에는 내가 기회를 만들었다는 표현이 맞을 것이다.

〈9시 뉴스데스크〉에 'MBC기자 박영선의 인터뷰'라는 코너가 생겼고, 국장님으로부터 뭔가 남다른 것을 해보라는 지시를 들었다. 그리고 생각난 사람이 바로 정몽준 회장이었다. 2002년 대선을 앞두고 정계가 지각변동을 위한 꿈틀거림을 하고 있을 즈음에 정몽준 회장의 행보는 누구에게나 관심거리였다. 그가 과연 대통령 선거에 나갈 것인가? 아니면 신당을 만들 것인가? 이러한 변수들은 야당과 여당 주자들은 물론 일반인들에게도 초미의 관심사였다.

정몽준 회장과의 인터뷰를 잡기 위해 이른 아침 조선호텔로 향했다. 그는 멕시코에서는 흔하지만 우리나라에서는 잘 알려지지 않은 야생화 차를 시키며, 내게도 그것을 권했다. 그는 인터뷰 내용을 궁금해 하며 내가 새로 시작한다는 '인터뷰' 코너에 아주 깊은 관심을 보였다. 반드시 이 인터뷰는 헤드라인 뉴스로 나올 만한 대단한 발언이 있어야 한다는 설명도 이해했다.

다만 문제는 그가 정치인이므로 다른 언론사 기자들의 반발을 사지 않으면서 인터뷰를 하는 방법을 강구해야 했는데 그것이 쉽지 않았다. 5월의 스케줄표를 들고 한참을 궁리했지만 방법은 쉬이 떠오르지 않았다. 게다가 정몽준 회장의 스케줄이 바빴기에 더욱 그러했다. 일단 인터뷰를 한다는 것에만 동의하고 나머지는 비서관과 의논하기로 한 뒤 헤어졌다.

인터뷰를 앞두고 인터뷰 진행과 형식에 대한 다양한 의견을 정몽준 의원 측과 주고 받았다. 처음에는 국회 테니스 코트를 배경으로 테니스 치는 장면을 넣으며 인터뷰하는 것은 어떻겠냐는 의견이 나왔다. 역동적이긴 해도 정치인으로서 진지함이 결여될 것처럼 보였다. 이런저런 아이디어를 생각하다 갑자기 싱가포르 출장 건이 눈에 띄었다. FIFA 아시아 지역 회의가 5월 초 싱가포르에서 열리기 때문이었다. 비행기를 타고 가면서 하면 어떨까? 그렇다면 그 시간만큼은 다른 기자들의 눈치를 볼 필요도 없고 정몽준 회장의 바쁜 스케줄도 일부러 빼지 않아도 좋다는 생각이 들었다. 비서관도 좋은 생각이라며 정 회장에게 동의를 구하겠노라고 했다.

5월 초. 아침 9시 인천공항 귀빈실에서 정몽준 의원을 만나 싱가포르로 출발하기로 했다. 비행기는 아침 9시 40분에 출발할 예정이었다. 하지만 정몽준 회장은 약속시간을 훨씬 넘긴 9시 20분이 돼서야 인천공항에 도착했다. 하마터면 비행기를 놓칠 뻔했다며 바쁜 걸음을 재촉해 출국장으로 '황소걸음'을 옮겼다.

하지만 바쁘기로 치면 우리 취재팀이 더했다. 비행기 안에서의 그림만으로는 너무 단순하기 때문에 사전 스케치 그림을 찍어야 했다. 그러나 정몽준 의원이 늦게 오는 바람에 촬영을 하지 못했다. 그래서 비행기 출입문이 닫히는 순간까지 나와 정몽준 의원은 비행기 탑승 촬영을 위해 출입구를 몇 번이나 들락거려야 했다. 우리가 맨 마지막 손님으로 비행기에 오르자마자 비행기는 활주로를 향해 튕겨져 나갔다.

서울을 떠난 지 한두 시간쯤 되었을 때 인터뷰 준비가 됐다며 정 의원이 나에게 왔다. 빗으로 머리를 넘겨 빗은 말끔한 얼굴이었다. 얼굴빛은 약간 상기돼 있었다. 비행기 안에서 인터뷰를 한다는 것이 약간 긴장되고 흥분된다고 말했다. 그는 다른 정치인에 비해서 솔직한 편이었다. 솔직하다는 것은 때로 상대방의 마음을 열게 하고 누그러뜨리는 무기가 될 수 있다. 솔직하면서도 약간의 수줍음을 탄다는 것은 어찌 보면 정몽준 의원의 최대 강점일 것이다.

비행기 엔진 소리 때문에 조용하게 인터뷰는 할 수 없었지만 한편으로는 인터뷰를 보호하는 역할도 했다. 정몽준 의원은 싱가포르로 가는 비행기에서 신당창당과 관련해 많은 이들의 지지를 받는 정당을 만들겠다고 했다. 뒤이어 나는 대선과 FIFA 회장 선거 둘 다 참여할 계획이냐고 물었다.

"출마를 하게 되면 한 선거에만 출마를 해야 되겠죠. 어느 선거에 출마하는 것이 저에게도 좋은 기회가 되고 봉사할 수 있는 기회인지 생각을 해 보겠습니다" 라는 정 의원의 답변이 돌아왔다.

월드컵의 열기가 식을 줄 모르던 2002년 그가 대선에 나간 것은 어찌 보면 당연한 결과였다. 월드컵 유치에 지대한 영향을 미쳤고 성공적으로 월드컵을 마침으로써 국민적 관심이 그에게 쏠아졌기 때문이다. 그런 상황이었기에 당시 정몽준 후보의 입장에서는 여론조사 방식으로도 노무현 후보를 앞설 수 있다고 생각했을 것이다. 어쩌면 이런 안일한 상황판단과 느슨함이 패배의 원인이었을지도 모른다. 선거결과들을 보면 늘 걱정하고 준비하는 자에게 행운이 찾아오기 마련인 것 같다. 노무현 후보에게 당한 패배는 정 후보 입장에서는 쓰디쓴 상처였을 것이다. 그러나 그 쓰린 경험이 오늘날 정몽준 의원에게 정치적 자양분이 되지 않았나 생각한다.

정몽준 의원의 부인인 김영명 여사는 정 의원을 정치적으로 더욱 돋보이게 하는 소중한 존재이다. 외무부장관을 지낸 부친을 둔 화려한 가문의 딸이지만 정몽준 의원의 뒷바라지를 위해서라면 그는 무엇이든 마다하지 않는다. 96년 월드컵 유치때도 중동지역의 FIFA 위원이 아이를 낳았다는 소식을 접한 부인 김영명 여사는 한국식 전통보자기에 아기 탄생을 축하하는 신생아복을 곱게 싸서 전달한 바 있다. 그때 주변 사람들이 한국 전통보자기의 색감이 너무나 아름답다며 부인 김영명 여사의 마음 씀씀이에 대해 칭찬을 아끼지 않은 바 있다.

2002년 대선후보 부부 인터뷰를 할 때도 "가장 자신 있는 것이 무엇이냐"는 나의 질문에 "걸레질과 설거지"라고 답을 했었다. 김 여사는 당시 남편의 대선출마를 반대했지만 지리산 종주를 끝낸 후 "이제 남편을 한 집안의 가장으로 붙잡아 둘 수 없구나 하는 생각이 들었다. 결국 배가 떠나는구나"라고 말했다.

"지리산에서 만난 분들이 너무나 반가워해주셨거든요. 그래서 아이들에게 아빠가 대선에 나갈 수밖에 없지 않겠냐고 얘기했더니 아이들은 '엄마, 듣기 좋으라고 하는말이니까 너무 믿지 마세요'라고 해요"라며 진솔한 이야기를 풀어놓았다.

실제로 '박영선의 사람과 세상-정몽준 후보편' 촬영을 하던 그날, 정몽준 의원 가족은 거실에 모여 부모와 아이들 간에 진솔한 대화를 나누는 장면을 우리에게 그대로 보여주기도 했다.

> 정몽준 의원 : 오늘은 통도사 행사에 갔었는데 사람들이 날 보면서 TV에서 보던 거 보다 실물이 더 좋다고 그러던데.
>
> 김영명 여사 : 그러세요? 토론회 때 뭐 좀 더 힘 있게 이야기하라는 이야기 안 하세요?
>
> 정몽준 의원 : 음. 그것도 뭐 앞으로 점점 더 힘 있게 잘 한다고. (아이들에게) 너네 아버지 TV에서 봤는데 뭐 어떻다는 이야기 없더냐?
>
> 아들 : 두 가지 이야기 들었는데요. 좀 무서워 보인다는 이야기가 있었고요.
>
> 김영명 여사 : 어머~ 어떻게! 너무 안 웃는다는 이야기예요.
>
> 정몽준 의원 : 그건 카리스마 있단 이야기야. (웃음)
>
> 아들 : 두 번째로는 말끝을 좀 흐린다는 ….
>
> 정몽준 의원 : 응. 말끝을 좀 정확히 하라는 그런 이야기 많이 들었지.
>
> — 2002년 10월, 당시 정몽준 의원 세검정 자택 거실

대선후보 가족 간의 대화임에도 평범한 여느 가정의 저녁시간과 다를 것이 없는 진솔한 대화장면이 잔잔한 울림을 남겼던 게 기억이 난다. 실제로 정몽준 의원은 2002년 5월 31일 전 세계로 중계방송된 서울 상암구장에서 열린 월드컵 개막식에서 호사가들로부터 말끝을 흐린다는 지적을 받은 바 있다. 이러한 호사가들의 이야기가 가족 간의 대화에서 거리낌없이 화제로 오를 수 있다는데서 자유로운 집안 분위기를 엿볼 수 있었다.

그 후 2008년 총선에서 정몽준 의원은 울산이 아닌 서울 동작구로 지역구를 옮기는 결단을 내린다. 당시 이 지역에는 야당의 거물정치인 정동영 의원이 출마를 선언했다. 두 거물의 정치적 대결에 언론과 세간의 관심이 집중되었지만, 결국 정몽준 의원이 당선되었다. 그러나 정몽준 의원은 출마 당시 나에게 전화를 해 자신이 출마하는 것에 대해 미안함을 표시하며 "정동영 의원에게 미안함을 전해달라"고 했다.

개인적으로 경황이 없었을 큰 행보의 변화 와중에도 일부러 전화를 해 상대후보(정동영)에게 미안함을 전해달라는 그의 말은 내 마음속에 긴 여운으로 남아 있다.

노블리스 오블리제를 기대하며

월드컵 유치를 위해 중남미에서 만났던 인연 때문인지 경제부 기자 시절 현대 출입기자로서 아버지 정주영 회장과의 친분 때문인지 모르겠지만 정 의원은 나에게 호의적이었다. 17대 국회 때 내가 발의한 경제 민주화의 근간이 되는 금산분리법이 상정되자 한나라당 대부분의 의원들이 반대했으나 당시 무소속이었던 정몽준 의원은 찬성표를 던졌다. 정몽준 의원은 재벌개혁과 사법개혁에 대한 의견을 내게 간간이 물어오곤 했다. 그때마다 정 의원이 개혁문제에서 상당히 진취적인 생각을 가지고 있다는 인상을 받았다.

또한 이명박 정권이 들어선 2008년 봄, BBK 문제로 알게 모르게 정권으로부터 탄압을 받고 있을 때였다. 이명박 대통령에게 내 얘기를 꺼내 대통령과 나의 관계를 예전처럼 회복시키려 노력했지만 잘 되지 않았다며 위로의 말을 건네기도 했다.

18대 국회에 와서는 당시 한미친선협회 회장을 맡은 정몽준 의원과 미국을 방문을 한 적이 있었다. 우리의 일정은 미국의 실리콘벨리를 거쳐 뉴욕과 워싱턴 정가를 방문하는 것이었다. 우리는 당시 페이스북의 창업자 마크 저커버크와 애플의 최고경영자인 팀 쿡 등을 만날 수 있었는다. 우리는 그들과 토론을 가질 정도로 아주 긴 시간 대화를 나눴고, 그때의 경험이 IT산업을 이해하는데 큰 도움이 되었다.

특히 애플의 최고경영자인 팀 쿡은 스마트폰 기술 가운데 한국의 삼성에서 쓰지 않는 기술을 조합한 것도 많이 있고, 또 한국사회에서 유행하다 사라진 것을 다시 연구해서 발전시킨 것도 있다는 말을 힘주어 했다. 팀 쿡은 한때 한국에서 유행했던 '아이러브스쿨'의 친구찾기를 예로

들기도 했다. 이러한 팀 쿡의 발언은 재벌 하에서의 IT산업 의사결정 구조는 신속하지 못하다는 문제점을 지적한 것이었다. 이때 정몽준 의원은 최고경영자인 팀쿡의 이야기를 매우 심각하게 들었고, 또 IT산업에 대해서 많은 질문을 했던 것으로 기억된다.

정몽준 의원의 글로벌한 인간관계는 뉴욕에서도 유감없이 발휘되었다. 키신저 전 국무장관을 특별히 초대해 미국과 아시아 정세에 관한 통찰과 지혜를 들을 수 있었고, 글로벌 미디어의 거물인 뉴스코퍼레이션의 루퍼트 머독과의 장시간 대화와 토론 자리도 가질 수 있었다. 정몽준 의원이 가지고 있는 영향력 덕분에 이 모든 게 가능한 것이었다. 세계를 움직이는 사람들과 장시간 토론을 하고 대화를 나누는 것은 분명 많은 것을 배울 수 있는 시간이었다. 어찌 보면 정몽준 의원에게는 국제무대에서의 영향력이 큰 자산인 것이다.

정몽준 의원이 재벌가 아들이라는 사실 때문에 대부분의 사람들은 그를 우리와 다른 세계에 사는 사람이라고 생각한다. 나도 처음에는 그렇게 생각했으나 내가 만난 정몽준 의원은 때때로 평범한 인간의 모습을 보여주곤 했다.

"집안에 애경사가 있으면 연락주세요. 사람 사는 게 다 똑같지요."

언젠가 정주영 회장 추모식이 끝난 후 나에게 왜 집안 애경사를 연락하지 않느냐며 했던 말이다. 나는 그 말을 듣고 '그렇다. 사람 사는 게 뭐 특별한 게 있겠는가? 모든 게 다 인간사에서 벌어지고 있는 일들인데' 라고 생각하며 청운동 골목길을 내려왔다. 아주 오래전 얘기지만 기자시절에 조심스럽게 현대가의 아킬레스건이었던 왕자의 난에 대해서도 물었던 기억이 있다. 그에게 형인 정몽헌 회장에 대해 물었는데 그는 형에 대한 걱정으로 가득했다. 자랄 때 같은 방을 쓰던 형이어서 많은 형제들 중 유독 자신과 정이 많았다고 말하며 요즘 형이 왜 그러는지 모르겠다고 말끝을 흐렸다. 그러고는 나중에 기회가 되면 가족 얘기를 해주겠다고 했는데 당시 그 말이 너무 슬퍼 보여서 나는 더 이상 질문을 하지 못했다.

이후 정몽헌 회장이 검찰수사를 받다 스스로 목숨을 끊었고 정몽헌 회장의 빈소에서 정몽준 의원과 마주친 적이 있었다. 그의 말대로 애정이 남달랐던 형이어서 그랬는지, 빈소를 지키던 정몽준 의원의 모습은 이루 말할 수 없을 정도로 침통해보였다.

2012년 새누리당 대선후보 경선을 앞두고 완전국민경선제를 주장하던 정몽준 의원은 그 안이 받아들여지지 않자 이재오 의원과 함께 경선에 불참했다. 경선에 불참한 후 정몽준 의원과 식사를 한 적이 있었다. 식사 도중 정몽준 의원은 내게 자신의 경선포기를 위로해줘야 하는 게 아니냐는 농담을 건네며 웃었는데 그 웃음이 예전보다 여유있어 보였다. 아마도 그 웃음은 "우리 집안에 정치하는 사람이 한 명은 있어야한다"는 아버지 정주영 회장의 말이 유언처럼 아직 그의 가슴에 남아 있으며, 여전히 대권이란 꿈을 향해 질주하고 있기 때문이란 생각을 했다.

사람에게는 누구나 시련의 시간이 있게 마련이다. 정몽준 의원에게 시련의 시간이라면 아마도 그의 성장기와 2002년 대통령 선거에서 노무현 후보에게 패했던 일, 그리고 2014년 서울시장 선거 이후일 것이다. 2014년 서울시장 선거에서 아들의 트윗 문제로 사과하고 박원순 시장에게 패했던 일은 아픈 기억으로 남아있을 것이다.

2014년 10월 가을 어느 날, 원내대표를 그만두고 허탈한 마음으로 집에 있을 때 갑자기 정몽준 전 의원이 내게 전화를 걸었다.

"제가 지금 강원도 가는 길이에요. 하늘도 너무 맑고 단풍이 너무 아름다워요. 집에만 계시지 말고 바깥 구경 좀 하세요."

아마 정몽준 의원도 2014년 서울시장 선거패배의 아픔을 겪어봤기에 당시 원내대표를 그만둔 나의 마음을 헤아려 위로차 전화를 걸었던 것 같다. 아픔을 겪은 자만이 남의 아픔도 진실로 이해할 수 있을 것이라는 생각이 들었다.

와신상담 하고 있던 정몽준 대한축구협회 명예회장에게 2016년 FIFA 회장 선거출마라는 중요한 결정을 요하는 기회가 다시 찾아왔다. 세상은 돌고 도는 것이다. FIFA의 블래터 회장이 검은 돈을 수수했다는 혐의로 사임하면서 세상은 다시 정몽준 전 의원에게 시선을 모았다. 한때 블래터 FIFA 회장과 정몽준 명예회장은 FIFA 회장 자리를 놓고 라이벌 관계에 있었다. 그러나 2002년에 정몽준 회장은 FIFA 회장 출마를 포기하고 한국 대선에 출마했다.

약 20년 전인 1996년 월드컵 유치를 위해 세계 방방곡곡을 누볐던 정몽준 회장의 열정이 그로부터 약 20년 후인 지금 다시 주목받고 있는 것이다. 정몽준 회장은 다시 찾아온 2016년 FIFA 국제축구연맹 회장 출마에 대해 "축구계의 다양한 의견을 들은 뒤 도전여부를 신중하게 검토하겠다"고 말했다. 이번에는 내가 전화를 걸었다.

"FIFA 회장 선거 출마하실 기회가 다시 생긴 것 축하드립니다."

"여러 가지로 고려할 것이 참 많네요."

그렇다. 공교롭게도 2002년 FIFA 회장 선거는 한국의 대선과 겹쳤고, 2016년 내년으로 예정된 FIFA 회장 선거는 한국의 국회의원 총선거와 겹쳐있다. FIFA 회장 선거는 내년(2016년) 상반기에 치러질 것으로 예상되는데, 2016년 4월에는 국내에서 총선이 있다. FIFA 회장 정몽준이 될 것이냐, 아니면 국회의원 정몽준으로 거듭날 것이냐, 앞으로 그의 선택이 주목된다.

세상은 돈과 권력을 한꺼번에 주지 않는다고 한다. 정몽준 전 의원은 그런 면에서는 참 운이 좋은 사람일 수도 있다. 나는 정몽준 의원이 재벌가의 아들로 태어나 돈과 권력을 양손에 쥐었다는 평가를 받기 보다는 재벌가의 아들이었지만 재벌개혁에 앞장서고, 우리 사회의 어두운 곳을 더 많이 밝게 해주는 노블리스 오블리제(Noblesse oblige)의 실천자로 기억되기를 기대한다.

동반성장의 기수

정운찬

2002년 7월 서울대 총장실

서울대 총장 시절 노무현 대통령이 서울대 폐지를 거론하자 "국립대를 평준화하면 나라의 장래가 망한다"고 직격탄을 날려 임기 내내 대립했다. 2009년엔 당시 여권 차기 주자인 박근혜 의원과 세종시 수정안을 두고 정면 대립했고, 동반성장위원장 시절엔 '초과이익공유제'를 주장하다 홍준표 새누리당 대표로부터 '급진좌파'라는 공격을 받기도 했다. (중략) 이런 주목도 높은 대립의 중심에서 정운찬 총장의 맷집은 그의 온유함 때문에 언론에 의해 늘 가려져왔다.

– 본문 중에서

"국가의 미래와 방향을 제시하고 이를 국민에게 지지해달라고 호소하기 위해서는 정치세력화를 하는 정치지도자로서 자격을 인정받아야 한다고 생각한다. 그러나 이런 정치세력화 활동을 해 본 경험이 없는 저는 나설 준비가 돼 있지 않다고 생각한다."

— 정운찬 전 서울대 총장 기자회견, 2007. 4. 30.

2007년 대선을 앞둔 그해 4월 30일. 기자회견을 통해 여권의 강력한 잠재후보자로 꼽히던 정운찬 전 서울대 총장이 17대 대선에 참여하지 않겠다고 선언했다. 당시 야권의 유력주자인 이명박, 박근혜 후보에 비해 뚜렷한 대항마를 갖지 못한 진보진영이 목마른 표정으로 정운찬의 입을 바라보고 있었던 상황에서 나온 불참선언이었다.

진보, 보수진영의 잠재후보들 중 유일하게 충청 출신이라는 점에다 미국 최고명문 프린스턴대학 경제학 박사라는 경제전문가 이미지가 겹쳐, 어떤 각도에서 관찰해도 정운찬 전 총장은 다크호스였다. 정 총장 자신도 대권도전 가능성을 부인하지는 않았다. 기자들이 충청도 어법 때문에 말의 의중을 모르겠다고 했을 때는, 스스로 맘만 먹으면 '디사이시브한 사람'(Decisive-결단력이 있는 사람)이란 말을 했다. 자연스레 구체적인 신당창당설이 나올 정도로 정 총장에 대한 기대감이 고조되었지만, 돌연 불출마를 선언한 것이었다.

너무도 벗기 어려운 '서울대 총장'이라는 명예

일찌감치 정운찬 교수의 잠재력에 주목한 사람은 김종인 박사였다. 김대중 정부 말, 김종인 박사는 정운찬 교수에게 서울대 총장직에 도전하라고 강하게 권유했다. 그것부터가 정운찬을 큰 인물로 키우기 위한 심모원려(深謀遠慮)였던 것으로 기억한다.

1986년 당시, 노태우 민정당 대표를 돕고 있던 김종인 박사는 '대통령 직선제 개헌 촉구 전국 교수 서명'(교수49인서명, 4.11.)을 주도한 서울대 경제학과 정운찬 교수가 해임 위기에 처하자 구명활동에 나섰고, 이 일을 계기로 정 교수와 가까워졌다. 당시 민정당 비례대표 국회의원이었던 김종인 박사는 노태우 민정당 대표에게 서울대 젊은 교수들의 움직임에 제동을 걸게되면 오히려 긁어 부스럼이 될 터이니 그냥 넘어가는게 좋겠다고 강하게 건의했다. 김종인 박사는 그때까지 정운찬 교수를 몰랐지만 이 일을 계기로 알게 되었고 그의 용기를 높이 사 먼저 만나자는 연락을 했다고 한다.

개혁성향의 경제학자라는 공통점을 갖고 있는 대표 지식인이 교유를 시작한 것이다. 실제 진보진영에 마땅한 대선주자가 보이지 않던 2007년 초, 김종인 박사는 나에게 '정운찬 대통령 만들기 구상'을 비교적 소상히 피력하면서 열린우리당 소장파 그룹의 규합에 큰 관심을 표명하기도 했다. 나 자신도 김 박사의 구상에 깊은 공감을 가졌으나, 나를 정치권에 불러들인 정동영 의장과의 친분 때문에 핵심적인 역할을 하기는 힘들었다.

정운찬 총장 자신도 어느 정도 뜻을 가지고 움직였다. 2007년 초부터 몇몇 지방대학을 다니면서 강연을 통해, 자신에 대한 대중의 지지를 확인하며 대권후보로서의 가능성을 직접 타진하기 시작한 것이다. 정치권 내부에서도 자발적인 지지그룹들이 생겨나 '정운찬 대망론'에 불을 지피고 있었다. 그러나 평생 학자로 살아온 그는 정치권을 늘 회의적인 시각으로 바라봤고 언제 바뀔지 모르는 정치적 풍향에 자신을 던지지는 않았다. 스스로의 눈으로 대중의 민심을 확인하고 또 확인해 그들의 갈증을 보았지만, 그 갈증을 어떻게 충족시킬 것인지 방도는 찾지 못했다. 여러 개 타이틀의 명예로운 직함이 그를 둘러싸고 있어, 그것을 내던지고 진흙탕으로 뛰어드는 것은 그만큼 어려웠을 것이다. 서울대 교수 정운찬에서 정치인 정운찬으로 변신하는 것은 빠른 물살의 넓은 강을 맨몸으로 건너뛰는 것 같았을 것이다.

자신이 믿고 의지할 수 있는 김종인 박사가 기존 정당의 틀 밖에서 새로운 모색을 하고자 했으나, 서울대 존폐를 둘러싼 노무현 대통령과의 껄끄러운 관계, 제자그룹에서 표출되는 현실정치 참여에 대한 이견 등이 그를 많이 주저하게 만들었을 것으로 보인다. 정운찬 총장은 같은 경기고등학교 출신인 정대철 고문, 김근태 고문등과도 이런 문제를 상의

했던 것 같다. 언젠가 정대철 고문이 정운찬 총장을 대통령으로 만들기 위해서는 새로운 당이 필요한데 그렇게 하려면 자금문제가 만만치 않다는 이야기를 한 적이 있다.

그가 현실정치의 벽에 한계를 느껴 2007년 대선을 포기했을지언정, 그의 정치감각이 결코 백면서생의 것은 아니었다. 2004년 정동영 의장의 권유로 정치권 입문을 고심할 때 내가 의견을 구한 분은 정운찬 총장과 김종인 박사뿐이었다. 그때 정 총장은 "열린우리당이란 곳이 운동권 출신들이 많은 곳이라 개혁의 강한 물결이 있는 게 큰 장점이긴 하지만, 운동권 출신이 아닌 사람으로서 그곳에 잘 정착할 수 있을지도 염두에 두세요"라고 조언했다. 내가 10년 넘게 정치를 하며 절감했던 가장 핵심적인 대목을 그는 일견으로 꿰뚫은 것이다.

2007년 초 정운찬 총장의 대선포기 선언의 결정적인 이유 가운데 하나도 자신과 함께 할 핵심 현역의원들의 중심세력을 누구로 할 것인지에 대하여 깊이 고민했지만, 끝내 마음 붙이지 못한 결과라고 할 수 있다. 결코 '순진한 학자가 정치권을 탐문한 후 즉흥적으로 내린 결론'은 아니었다. 오히려 탁월한 현실감각으로 자신이 처한 상황을 정확하게 직시한 결과라고 보는 것이 타당할 것이다.

그가 현실감각과 상황판단 능력을 갖추고 있다는 점은 서울대 직선 총장이 되고, 각종 개혁안을 제시하고 실천에 옮겨가는 과정에서도 드러났다.

서울대 직선제 총장

2002년 7월 22일. 장마전선이 남부지방에 많은 비를 뿌리며 북상 중이어서 서울에도 비가 조금씩 내리고 있었다. 서울대 직선제 총장으로서 취임 전부터 이미 '개혁총장'이라는 별칭이 붙은 그를 인터뷰하기 위해 서울대 관악캠퍼스에 도착한 것은 점심시간이 끝나갈 무렵인 오후 1시 30분쯤이었다. 마침 세차게 비가 내리기 시작했다.

총장 집무실이 있는 대학운영본부 건물까지 촬영장비를 어떻게 운반할지 망설이던 중 수위 아저씨의 큰 우산이 눈에 들어왔고, 촬영팀이 우산을 빌리러 다가간 순간 우리 뒤편에 검은색 승용차가 멈춰섰다. 우리가 도움을 청하려던 수위 아저씨가 쏜살같이 달려가 승용차에서 내리는 총장에게 우산을 받쳤다. 정운찬 총장이었다. 평교수 시절 남들 다 타는 자가용도, 다들 들고 다니는 휴대폰도 없이 다니는 것으로 유명했던 정운찬 교수가 국립대 총장이 되어 교직원들의 영접을 받으며 움직이는 모습은 너무나 당연한 것이었지만 내겐 어색해 보였다.

오후 2시로 예정된 총장과의 약속시간까지는 여유가 있었지만 한사코 인터뷰를 거절해왔던 분이기에 과연 이번 인터뷰에서 어떤 과실을 얻어낼 수 있을까 반신반의하며 촬영준비에 들어갔다. 총장 비서실에 도열한 사람들을 보면서 서울대 총장의 위상을 실감했다. 총장 비서실 사람들은 많은 장비를 가지고 들어오는 우리 취재팀을 보고 약간은 당황한 눈치였다. 비서실장은 2시 30분부터 업무보고가 있으니 인터뷰를 간단하게 해

달라고 부탁했으나 그 말은 내 귀를 그냥 스쳐지나갔다.

나는 "일찍 오기를 잘했군요"라고 대답하면서 총장실로 들어갔다. 아주 오랜만에 만나는 정운찬 총장을 보고 "얼굴이 좀 마르셨어요"라고 인사를 건넸다. 정 총장은 직선 총장 선거가 얼마나 힘든 것이었는지, 과연 잘할 수는 있을까에 대해 얼마나 걱정을 하고 있는지를 설명하며, 며칠째 잠을 설치고 있다고 했다. 그 말은 이미 많은 생각을 했고, 구상들을 구체화하고 있다는 뜻이라고 생각했다.

인터뷰에서 뭔가를 좀 더 들어보려는 기자로서의 욕심과는 별도로 이미 깊은 고뇌에 빠져있는 정 총장의 얼굴을 봤다. 보수적인 서울대에 개혁이 필요하다는 젊은 교수들의 강한 요구로 총장에 출마했고, 그 결과 서울대 역사상 가장 젊은 50대 중반의 총장이 탄생했다는 세간의 관심 자체가 부담이었을 것이다. 또 모든 언론이 '개혁총장'이란 별칭으로 부르며 기대를 표하는 것도 엄청난 압박인 상황으로 보였다. 학교 안팎의 기대는 쉽게 실망으로 바뀔 수 있고, 그것은 자신은 물론 서울대학교 전체에 대한 비판으로 변할 수 있다는 것을 잘 알고 있는 표정이었다. 보수적인 서울대에 개혁을 바라는 젊은 교수들의 바람을 수용하는 것은 쉽지 않은 일이기 때문이었다.

「지역균형선발제」를 말하다

인터뷰를 시작하면서 나는 서울대 입시제도를 개선할 생각은 없느냐는 질문부터 꺼냈다. 이에 정운찬 총장은 "여러 교수님과 의논해야 하는 문제이긴 합니다만"이라는 단서를 붙인 뒤, "서울대 입시제도를 다양화하고 싶다"며 말을 이어갔다.

"외국의 일류대학에서는 입학 기준을 다양하게 하는 것을 아실 겁니다. 예를 들어 부자도 가난한 사람도 뽑고, 운동 잘하는 사람도 특기가 있는 사람도 뽑는 것. 또 고1 때 잘 못했어도 2학년과 3학년 때 잘 하면 뽑아 주는 제도. 내신 좋은 사람, 수능 잘하는 사람도 뽑고 내신과 수능 골고루 좋은 사람도 뽑는 그런 다양한 입학제도를 만들고 싶습니다." 마치 당연한 얘기를 하는 듯이 그는 한국의 대학 입시제도 전반에 영향을 미치는 서울대학교 학생선발 제도를 전면 쇄신하겠다는 의지를 밝힌 것이다. 이 인터뷰에서 정 총장은 특히 "고1, 고2 때 성적이 부진했다고 해서 희망하는 대학에 못 가는 지금의 제도는 일찌감치 학생들의 희망을 꺾고 실망을 주는 것이라 바람직하지 않습니다"라고 강조했다.

"형평의 원칙을 많이 따지는 우리 사회에서 상당한 반발도 있을 것 같다"는 반론 형식의 질문을 던지자, 정 총장의 답이 이어졌다. "형평에 어긋나는 정책이 아닙니다. 예를 들면 정원의 20%는 수능으로만 뽑고, 30%는 내신으로만 뽑는다든지 하는 그런 정도의 다양성을 추구할 준비가 돼 있어야 한다는 얘기입니다." 그러고는 더 큰 얘기로 이어갔다.

"개인적인 생각으로 충청도, 경기도, 전라도, 경상도, 강원도를 인구비례해서 쿼터를 주는 방법도 생각해 볼 수 있습니다." '지역균형선발제'(지역할당제)를 언급한 것이다.

정 총장은 머릿속에 이미 구체적인 그림을 그려놓고 있다는 듯 부연설명을 이어갔다. "3천 명을 뽑으면 쿼터를 정해서 1천 명에 대해서는 내신, 1천 명에 대해서는 수능으로 뽑는 식의 다양성을 추구하는 것입니다. 그러면 집안형편이 안 좋은 학생도 수능시험만 잘 보면 또는 내신만 잘 올리면 자기가 원하는 대학, 예를 들면 서울대학교에 갈 수 있는 것입니다. 그래야 계층 간 이동도 가능해지는 것입니다. 그래서 서울대학교에 각계각층의 사람들이 모여야 서로 이해가 커지고 사회 안정을 위해서도 좋다는 생각을 하고 있습니다."

사실 정운찬 총장의 이러한 생각은 기존의 대학 입시제도로는 강남 8학군의 병폐가 고착화된다는 우려에서 나왔을 것이다. 서울대 학생생활연구소가 2001년도 서울대 신입생 3,775명을 조사한 결과 반 이상이 고소득 화이트칼라 계층의 자녀였으며 대도시 출신자가 4분의 3이 넘는 것으로 나타났다(한겨레신문 사설, 2001. 7. 26.). 강남의 8학군에 가야 공부를 잘하고 좋은 대학에 쉽게 들어갈 수 있다는 인식이 없어지지 않는 한 우리 사회가 이로 인해 겪어야 하는 병폐는 너무 컸다. 천정부지로 치솟는 강남 8학군의 아파트값 문제라든가, 강북에 살다가 혹은 지방에 살다가 강남으로 아이를 전학 보냈더니 못 따라간다는 부모들의 걱정과 같은 것들이 모두 아이의 교육 때문 아니던가.

인터뷰 말미에 다시 한번 총장 임기를 마치고 나면 무엇을 하시겠냐고 질문했다. 정운찬 총장의 대답은 평교수로 돌아가겠다는 것이었다.

"교수해야지. 지금은 교수가 아니에요. 총장 그만두는 날 다시 교수가 된대요. 교수하는 거지요 뭐."

정부 주요 요직에 기용되지 않겠냐고 물었다.

"아니 평교수 때도 안 했는데 총장출신이 그런 걸 뭐 하러 해요."

서울대 총장이라는 자리가 대한민국의 그 어느 직책이나 자리보다도 중요하고 영광스러운 자리라는 말로 들렸다.

정운찬 총장의 지역균형선발제 구상은 우리 사회 전체, 특히 보수언론을 발칵 뒤집어 놓았다. 이 인터뷰가 방송된 직후부터 보수언론사들은 서울대 지역균형선발제 도입에 대한 정 총장의 발언이 성급했다며 공격적인 사설을 밀물처럼 쏟아냈다. 그러나 정운찬 총장은 지역균형선발제를 개혁과제로 앞세워 밀어붙였다. 마침내 지역균형선발제는 정운찬의 브랜드가 되었고 우리 사회의 계층이동, 양극화해소의 상징으로 남았다.

국립대 총장이 입시제도와 관련해 견해를 밝히면 이를 토론의 장으로 이끌어 내는 것이 정상적 언론의 역할이겠지만, 당시 보수언론의 논조는 그런 양태가 아니었다. 오히려 수구적 기득권층만을 대변한 것이어서 전반적 논조는 "서울대 총장이 개인적인 견해를 밝혀서는 안 된다", "성급하다", "신중하지 못하다"는 여론몰이를 이어갔다. 그러나 정운찬 총장은 꿋꿋이 버텼고, 그런 뚝심은 대변화를 가져왔다.

며칠 후 취임 축하연에서 만난 정운찬 총장은 나에게 "제 생각을 사회에 던져 공론화해 볼 수 있는 기회를 준 것을 고맙게 생각한다"며 감사의 표시를 했다. 지역균형선발제에 대한 인터뷰 파문이 너무 컸고, 사양하던 인터뷰를 한 터라 약간은 어색한 악수가 오갔지만 정운찬 총장의 그런 말에 마음이 편해졌다. 하지만 축하연이 무르익을 무렵 서울대의 한 보직교수는 내게 "총장은 앞으로 6개월간은 언론과는 인터뷰를 하지 않기로 했으니, 그 특종은 꽤나 오래 지속되겠군요"라며 불편한 심기를 드러냈다.

그 후에도 정운찬 총장은 "서울대학교 지역균형선발제는 MBC 박영선 기자와의 인터뷰가 방송되지 않았다면 보수적인 서울대 교수들의 반대에 부딪혀 시행하기 어려웠을 것"이라는 이야기를 여러 차례 한 바 있다.

재미있는 경제학 강의, 매력적인 교수님

1990년대 후반 경제부 기자 시절 정운찬 교수가 쓴 《한국경제 죽어야 산다》라는 책을 읽으며 우리나라의 경제학자 중에 이런 경제원칙과 정의를 생각하는 사람이 있다는 사실에 위안을 받았다. 그즈음 저자인 정운찬 교수를 김종인 박사 소개로 만나게 되었다. 그 후 김종인 박사와 정운찬 교수는 나의 멘토였다. 특히 내가 〈경제매거진〉이라는 프로그램을 진행할 때 한국경제의 구조적 문제, 성장과 복지 등 다루기 힘든 이슈가 있을 때마다 명쾌한 답변을 줬다. 그분들의 조언은 내가 경제부기자로서 성장하는데 큰 도움이 되었다. 더 나아가 내가 정치에 입문해 재벌개혁과 경제민주화라는 과제에 몰두하게 된 것도 김종인 박사, 정운찬 교수와의 연이 깊이 작용하고 있다.

정운찬 교수는 권위 있는 거시경제학자로서 그의 강의는 학생들을 몰입하게 만드는 힘이 있다. 나는 정운찬 교수 강의에 특강강사로 초대받은 적이 있는데, 일찍 도착해 들어본 그의 강의는 여러모로 놀라웠다. 난해한 경제학 개념들을 너무도 평범한 실물경제의 예로 풀어내는 교수법에 감탄했고, 학생들의 이목을 틈새 없이 잡고 있는 화술에 경탄했다. 모교에 교수로 돌아와 20년 넘게 강의한 경제학자의 강의에 학부 학생들이 엄청난 집중도를 유지하며 청강하고 있다는 것은 그가 우리 사회에 던질 수 있는 메시지가 클 것임을 예감하게 했다.

정운찬 총장은 김대중 전 대통령을 야당 시절부터 열렬히 좋아했다고 말한 적이 있다. 그는 박정희 정권 때인 1971년 장충단 공원 유세에서 있었던 김대중 후보의 연설을 듣고 DJ에게 반했다고 했다.

"김대중 대통령을 4번째 찍으니 대통령이 되었다"고 말할 정도로 '국민의 정부' 출범을 기뻐했고 기대감도 표시했지만, 그는 김대중 정부에서 제안한 한국은행 총재직과 금융감독위원장 자리를 모두 고사했다. 한국은행 총재직과 금융감독원장직을 모두 마다하고 나니 청와대에서 "그러면 김대중 대통령께 강의라도 해달라"는 요청을 받았다고 한다. 당시 상황을 정운찬 총장은 이렇게 말한 적이 있다.

"내가 그렇게 흠모하던 김대중 대통령을 그때 처음 만났어요. 당시 나는 15장 분량의 강의 자료를 준비해 갔죠. 그런데 김대중 대통령은 제 강의를 들으시면서 본문에 있는 것은 물론 각주까지도 즉석에서 질문을 하시는 겁니다. 굉장히 해박한 경제지식을 가지고 계시다는 것을 느꼈습니다."

그런 정운찬 총장에게 "국민의 정부 경제정책을 어떻게 평가하느냐" 고 물은 적이 있다.

"구조조정에 관해서는 상당히 미흡했다고 보나 외환위기 극복과 관련해서는 성과, 성적을 높게 본다. 경기문제와 구조문제가 서로 갈등을 빚을 때 구조보다는 경기에 더 신경을 쓴 것이 국민의 정부 실책이라고 생각한다"라고 냉정하게 답했다. 그는 천생 학자였다.

정운찬 총장은 당시 전문가 그룹 설문조사에서 늘 최고의 한국은행 총재감으로 지목됐다. 특히 1999년 3월 경제연구소 연구원, 국회의원, 언론인 등을 대상으로 한 조사에서 압도적 1위로 한국은행 총재 재목으로 꼽혔으나 끝내 학교에 남았다. 그런 그의 모습은 '서재 속의 인재'라는 강한 인상을 남겼다.

〈MB의 국무총리〉라는 굴레

2007년 대선에 나서지 않겠다고 선언했지만, 정운찬 총장은 여전히 언젠가 진보진영에서 역할을 할 수 있는 잠룡으로 인식됐다. 정운찬 총장도 끊임없는 러브콜을 끝끝내 거절하진 못했다. 이명박 대통령 집권과 함께 2008년 글로벌 금융위기가 닥쳤다. 2008년 글로벌 금융위기는 신자유주의 경제정책의 근본적인 한계를 드러낸 것이었으며, 자본주의의 새로운 방향을 모색해야 한다는 과제를 우리 사회에 던졌다.

이런 상황에서 정운찬 총장은 자본주의의 새로운 방향을 모색할 수 있는 적합한 인물로 부각되고 있었다. 그는 보수적인 서울대학교를 개혁한 경험과 성과를 갖고 있었으며, 세계 자본주의 질서 재편과정에서 한국경제를 새로운 방향으로 끌고 갈 수 있는 진보적 학자로서의 입지를 확보하고 있었다. 이런 경험과 능력은 그를 차기 대선의 잠재적 후보로 부각시키기에 부족함이 없었다. 그래서 정운찬 총장이 이명박 대통령에 의해 총리로 지명된 뉴스는 나를 포함한 많은 이들에게 다소 충격이었다. 당시 야권도 그의 변신을 '변절'로 이해하는 분위기였다.

2009년 9월, 이명박 대통령이 한승수 총리의 후임으로 정운찬을 지명한 이유는 충분히 짐작할 수 있다. 충청권 잠룡, 경제학자, 진보성향 지식인 이미지에 세종시 인근의 충남 공주가 고향인 인물을 총리로 앞장세워, 세종시 수정안을 밀어붙이겠다는 속내를 내포한 것으로 해석되었다. 이러한 속내가 성공하면 박근혜라는 인물도 견제하면서, 관리 가능한 대선주자를 키울 수 있게 되는 것이니 MB로서는 일거양득임이 분명했다. 문제는 정운찬 총장이 이런 제안을 왜 받아들였냐는 것이었다.

이명박 정권이 정운찬을 총리로 지명하려 한다는 소문이 파다했던

2009년 8월 말, 나는 정 총장에게 전화해 조심스럽게 의견을 말했다. 그의 답은 "아직은 어떠한 결정도 하지 않았다"는 것이었지만, 나는 정 총장의 목소리에서 그가 이미 우리 쪽 둥지를 떠나고 있다는 것을 느꼈다. 그리고 참 아까운 인물 하나가 총리라는 카드로 소진되는 데 대해 큰 아쉬움을 느꼈다. 총리 지명이 있은 며칠 뒤 김종인 박사도 "절대 가지 말라고 하고 싶었으나 결국 총리로 갔다"며 섭섭한 마음을 표시했다.

얼마 후 그가 총리가 된 이후 가진 식사자리에서 총리직을 수락한 이유가 뭔지 단도직입적으로 물었다. 정 총리는 "이명박 정부가 너무 오른쪽으로 가고 있기 때문에 나 같은 사람이 들어가 대한민국의 균형을 맞춰야 한다고 생각했다"고 말했다. 총리의 답변에 진정성이 있다고 믿었지만, 그 일이 과연 실현될 수 있을지 나는 그 답변을 들으며 무척 의아해했다. 정운찬 총리는 "당시 대통령 주변에서는 제2의 이회창이 될 수 있다는 우려를 제기하면서 반대가 심했다고 해요. 그런데 이명박 정부는 자신들과 생각이 다른 사람도 포용한다는 제스처 차원에서 내게 총리를 제안했지 싶어요"라고 말했다.

정운찬 총장과 이명박 서울시장은 2002년 서울대학교 고가도로 건설 계획 백지화 문제로 만난 적이 있다. 이때 이명박 시장은 정 총장의 백지화 주장을 선뜻 받아들였고, 그 후에도 기초학문육성 예산과 장학금 등을 서울대를 포함한 여러 대학에 쾌히 지원해 주었다. 이를 계기로 정운찬 총장은 이명박 시장이 시원시원하다는 인상을 갖게 되었던 것으로 보인다.

그는 총리가 된 이후 한반도 대운하 사업에는 반대했지만 4대강 사업은 원칙적으로 찬성하면서 야당과 갈등을 빚었다. 그는 우리나라가 산림녹화에 성공한 경험을 바탕으로 오염된 강을 깨끗하게 만들어야 한다는 것이 자신의 소신이라고 말했다. 민둥산을 녹화하는 일은 그동안 계속되어 왔지만, 강 주변은 악취가 나도 한 번도 제대로 된 환경개선을 한 적이 없었다는 것이다. 정총리는 4대강 사업의 규모를 단계적으로 추진해야 한다는 의견을 대통령에게 건의했다고 한다.

"독일식 한반도 대운하 사업에는 반대합니다. 그러나 4대강 사업은 처음부터 4대강 전체를 대상으로 하지 말고 먼저 한두 개만 시작해보면 어떨까요." 이에 "물 사업이란 상류와 하류를 동시에 해치워야 합니다. 영산강을 하면 낙동강도 해야 합니다. 어느 것을 먼저 하면 더 문제가 커질 겁니다"라고 단언하는 MB의 '내가 해봐서 아는데'론(論) 앞에서는 대책이 없었다고 한다. 야당은 그런 정운찬 총리를 소신을 굽힌 사람으로 치부하고 공격했다.

박근혜와 대립하는 책무

정운찬 총리는 본인의 의사와 무관하게 '세종시 수정안' 총리였다. 세종시를 자족 기능을 갖춘 기업, 과학, 비즈니스 도시로 육성하는 것이 소신이며 학자의 양심에 따른 것이라 했으나, 이를 믿어주지 않는 것이 현실이었다. 이는 정 총리에게 시련이었다. 사람들에게는 이명박 대통령의 대리인으로 여권의 유력한 차기주자 박근혜와 대립하는 책무가 맡겨진 것처럼 보였다.

세종시를 행정중심 복합도시로 하자는 원안 고수파에 대응해 정운찬 총리는 "연기군을 중심으로 한 이 지역에 늘어날 것은 음식점과 인쇄소 밖에 없는데 고향을 생각하지 않을 수 없다"고 말했다. 수정안이 자신의 소신임을 여러 차례 피력한 셋이다. "행정중심의 소비도시보다는 교육, 과학, 문화도시로 발전하는 것이 지속가능한 발전을 위해서 바람직하며, 세종시가 기업도시가 되면 경기도, 충청권, 호남권으로 연결되는 벨트의 축이 될 것으로 미래를 그리고 있었다"고도 말했다.

그러나 정운찬 총리의 이러한 마음은 전달되지 않았다. 총리 취임 두 달 남짓 지난 11월 28일 정 총리는 충청지역 민심 파악을 위해 세종시 예정부지 인근을 찾았다가 지역 주민들로부터 '계란세례'를 받아야 했다. 이날 주민집회에서는 이명박 대통령, 정운찬 총리를 강하게 비판하는 구호가 외쳐지기도 했다.

지역 여론은 물론 전국 여론마저도 세종시 수정안을 관철하기 어렵다는 것이 확인된 상황에서 2010년 1월 11일 정운찬 총리는 '세종시 수정안' 발표를 강행했다. 선전포고나 다름없었다. 결국 여와 야, 여권 내 친이와 친박의 대립과 갈등이 이어지다 그해 7월 국회 본회의가 세종시 수정안을 부결하는 것으로 싸움은 일단락됐다. 8월 11일 정운찬 총리는 사퇴했다.

당시 정운찬 총리의 지적처럼 행정복합도시 세종시는 2012년 대선을 앞두고 충청표를 겨냥해 무리하게 선거용으로 입주를 앞당기면서, 졸속 행정도시의 문제점들을 노정하고 있다. 특히 먼저 이전한 경제부처 수장들이 수시로 서울과 세종시를 오가며 부처를 빈번히 비움으로써 부처 기능이 제대로 작동되지 않는다는 지적은 심각하게 받아들여야 한다. 이런 뻔히 예견된 불행을 막기 위한 노력은 국가운영의 합리성이란 면에서 차갑고 건조하게 접근해 풀었어야 했다. 하지만 '밀어붙이기식 대통령이 세종시 원안을 고수하는 박근혜 의원을 궁지에 몰기 위해 술수를 쓴다'는 인상을 줘 세종시 수정안은 시작부터 실현이 어렵게 된 것이 아닌가 싶다. 그리고 이런 정치적 술수에 이용됐다는 인상을 주는 것은 정운찬 총리에게는 큰 부담이 아닐 수 없다.

공주의 천재, 충청의 희망으로 여겨지던 정운찬 총리가 고향 땅에서 계란세례를 받고, 주민들로부터 비판받았다는 것은 이유 여하를 불문하고 불행한 일이었다. 하지만 앞으로 정운찬 총리의 수정안의 합리성이 더 많은 사람의 입에 오르내리게 되는 날이 있다면, 세종시 수정안 총리 이미지로 남은 정운찬 총리의 씁쓸한 얘기들도 다시 조명을 받을 수도 있을 것이다.

정운찬 총리는 경제학자로서 자신의 브랜드였던 동반성장 정책을 제대로 한 번 펼쳐보기 전에 물러나야 했다. 1990년대부터 불평등이 곧 경제정책의 걸림돌이 될 것이라는 주장을 해왔던 정운찬의 경제철학이 이명박 정권에 의해 포장지로 잠깐 쓰인 것 같아 아쉬울 따름이다. 이런 생각을 하는 게 나뿐만은 아닐 것이다. 그래서 정운찬 총장이 이명박 정권의 총리 제의를 김대중 대통령 시절에 한은총재 거절하듯 멋지게 거절했다면 지금은 어떤 모습일까를 생각해보곤 한다. 자신과 철학이 맞지 않는 상대방의 제의를 멋지게 거절함으로써 얼마 지나지 않아 더 큰 계기를 잡게 되는 것은 비단 정치뿐 아니라 역사의 교훈인 것을.

특히 이명박 대통령 집권과 함께 닥친 2008년 글로벌 금융위기는 진보적 경제학자 정운찬이 정치인으로 성장할 수 있는 최적의 조건을 만들었다. 여기에 지역균형선발제, 서울대학교 개혁 그리고 동반성장이라는 그가 가지고 있던 브랜드가 녹아들면서, 2012년 대선에서 유권자들이 소망하는 지도자로서의 조건을 두루 갖춘 인물이었다는 점에서 더 아쉬움을 남긴다. 결국 그가 2012년 대선에서 후보를 포기할 수밖에 없었던 이유 중의 하나는 국무총리라는 자리가 대권을 꿈꾸는 사람에겐 기회이기보다는 독배인 경우가 더 많기 때문이 아닐까 생각한다.

동반성장위원장, 성취와 한계

정운찬 총리가 국무총리를 퇴임하기 몇 달 전인 2010년 늦은 봄, 대기업의 하청업체를 운영하는 중소기업 사장이 정 총리를 찾아왔다. 그는 정 총리에게 한국에서 사업하기 너무 힘들어서 이민을 가려 한다고 말했다. 납품가 후려치기, 대금결제 지연, 기술편취 등 대기업의 횡포가 너무 심하다는 것이 그 이유였다. 생생한 중소기업의 현장 목소리를 들은 정운찬 총리는 총리실에 대기업의 불공정 하청 실태를 점검하도록 지시하고, 그 결과를 이명박 대통령에게 보고했다. 이것이 동반성장위원회가 만들어지는 계기였다.

이명박 정부의 고환율 정책과 부자감세는 대기업들에게 막대한 이익을 선사했다. 여기에 2008년 글로벌 금융위기를 극복하는 과정에서 기업 간의 경쟁은 더욱 치열해졌고, 대기업과 중소기업간 격차는 더 벌어졌다. 물가상승으로 인한 부담은 대부분 서민들에게 떠넘겨지며 소득계층 간 격차는 더욱 확대됐다. 대기업과 중소기업, 고소득층과 저소득층의 양극화가 심화된 것이다. 이런 와중에 재벌들이 계열사를 늘려 빵집이나 문방구 등 골목상권을 점령해갔고 대기업의 행태를 규탄하는 목소리도 늘어났다. 이명박 정권에서 재벌계열사만 무려 500여 개가 늘어났다. 골목상권, 영세상인들이 못살겠다며 전부 솥단지를 들고 나와 시위를 할 지경에 이르렀다. 경제민주화를 향한 국민들의 요구는 갈수록 커져갔다.

내가 17대 국회 초선의원 시절부터 재벌개혁과 경제민주화를 외치며 우려했던 상황이 벌어진 것이다. 재벌개혁과 경제민주화를 국회에서 강하게 말했던 것은 경제부 기자와 경제 부장을 거치면서 계속 특혜를 누리는 우리나라 재벌의 행태를 눈으로 목격해왔기 때문이다. 이러한 재벌의 행태로는 더 이상 중소기업들에게 공정한 기회가 주어지지 않는다는 문제의식의 발로였다. 그리고 이러한 나의 문제의식에 스승이 되어주었던 분들이 김종인 박사와 정운찬 총리였다.

총리직을 던진 지 4개월 남짓. 2010년 12월 정운찬 전 총리는 동반성장위원회의 위원장으로 취임해 진보 경제학자로서 오랜 소신이었던 일을 시작했다. 우선 대기업과 중소기업의 동반성장 지표인 '동반성장 지수'를 산정 공표하고, 기업들이 출연한 1조 원대의 동반성장 기금을 관리하는 등 정부가 추진 중인 동반성장의 집행을 담당했다. MRO(소모성자재구매대행) 가이드라인을 마련했고, 중소기업이 대·중소기업 협력재단에 기술을 임치해 유출을 막는 기술임치제도를 활성화하는 성과도 이뤄냈다.

정운찬 위원장의 야심찬 노력은 경제 관료와 재계의 반발에 막히곤 했다. 특히 정 위원장이 추진한 '대기업 초과이익공유제'는 말이 나오자마자 큰 논란으로 이어졌다. 이건희 삼성전자 명예회장은 공개적인 자리에서 "공산주의 국가에서 쓰는 말인지 모르겠다. 어릴 때부터 기업가 집안에서 자랐고, 학교에서 경제학 공부를 계속해 왔는데 그런 얘기는 들어보지 못했다. 이해가 가지 않고 무슨 말인지 모르겠다"고 했다. 한마디로 '전혀 협조할 뜻이 없음'을 선언한 재계의 노골적 반발이었다. 분위기는 경제 관료들도 마찬가지였다. MB정부의 실세 경제 관료를 상징하는 인물인 최중경 지식경제부장관은 "혁명적 발상은 안 된다"고 힐난했다. 동반성장위원회를 출범시키는데 동의했던 이명박 대통령도 재계, 경제 관료의 반발을 무릅쓰고 정운찬 위원장을 지원할 뜻은 없었다. 대한민국 경제 주권을 틀어쥔 세력과 맞서던 정운찬 위원장은 '동반성장'이라는 화두를 던져놓고 2012년 5월 위원장직을 내려놨다. 야심찬 출발에 비해 아쉬운 마무리였다.

2012년, 동반자를 모색하며

대통령 직속 정부 동반성장위원회를 떠난 정운찬 전 총리는 2012년 6월 구로디지털단지 내에 〈동반성장연구소〉를 차렸다. 직원 5명으로 꾸린 조그만 연구소였지만 여야 대선전이 막 시작되는 시점이어서 많은 이들이 의아한 눈길을 보내며 그의 행보에 주목했다.

내 지역구에 자리 잡은 탓에 나는 자연스럽게 정운찬 전 총리를 방문해 연구소를 차린 배경과 목표에 대한 얘기를 들을 수 있었다. 정운찬 이사장은 "동반성장이라는 이슈를 끝까지 가지고 가겠다. 동반성장을 외면하고는 우리 사회가 더 이상 공동체로 존속할 수 없을지 모른다. 경제민주화는 더 이상 거부할 수 없는 과제"라고 역설했다.

나는 정운찬 이사장에게 국회강연을 부탁했고, 8월 1일 언론의 집중 조명 속에 열렸다. 이날 정운찬 이사장의 강연은 새누리당이 주장하는 경제민주화의 허점을 부각시키며, 민주당의 각성을 촉구하는 것이었다.

"새누리당의 경제민주화는 미국 메이저리그 팀과 한국 중학교 야구팀을 그대로 경쟁시키겠다는 것입니다"라며 야구에 빗대어 새누리당의 경제민주화 공약을 비판했다. 이어 새누리당 공약인 대기업 담합 처벌 강화, 징벌적 손해배상, 일감 몰아주기 근절 등도 '경제력 집중을 해소하려는 의지가 선행되지 않는 한 의미가 없다'고 강조했다. 민주당에 대해서도 고언을 마다하지 않았다. 민주당의 경제민주화 법안인 순환출자금지, 금산분리강화, 지주회사규제강화, 출자총액제한제 등의 법안들은

'경제력 집중 해소'에만 초점을 맞추고 있어 사회경제적 약자를 보호하려는 의지가 보이지 않는다고 지적했다. 2012년 대선을 앞두고 새누리당과 민주당은 경제민주화 화두를 놓고 방향은 같지만 서로 다른 이야기를 하고 있었다. 새누리당의 경제민주화는 과거는 인정하고 지금부터 일어나는 재벌들의 불공정 거래를 바로잡자는 것이었고, 민주당의 경제민주화는 과거의 불공정 사례들 다시 말해서 선성상 후분배 정책으로 축적된 잘못된 관행들을 해결하고 나가자는데 차이가 있었다. 이러한 양당의 시각차이 중에 의견이 가장 극명하게 대립되는 부분이 바로 내가 법안도 제출하고 강조해왔던 기업지배구조 개선 문제였다. 재벌들은 양당의 이런 경제민주화에 대한 입장 차이를 교묘하게 파고들었고, 심지어 여권 일각에서는 야당의 주장을 가지고 재벌과 딜을 하는 듯한 뒷말도 들려왔다. 재벌개혁이 얼마나 우리사회에서 넘기 힘든 높은 산인지를 실감할 수 있었다.

정운찬 이사장의 국회 강의는 그가 2012년 대선에 나갈 것인지 말 것인지에 대한 관심으로 옮겨 붙었다. 기자들은 정운찬 이사장의 이러한 거침없는 발언을 놓고, 그가 다시 대선출마를 준비하고 있다는 관점에서 기사의 시각을 맞췄으나, 여전히 정운찬 전 총리의 답변은 애매모호했다.

"(총리를 맡아 국정운영에 참여하는 등) 의식, 무의식 중에 이런저런 준비를 해 온 것이 사실이지만 아직도 내가 제대로 준비가 된 것인지, 확신이 선 것인지 대답을 할 수 없다. 대통령은 국가의 최종적인 의사 결정권자로서 대통령의 결정은 국가와 미래 세대에까지 영향을 미치는 무거운 자리다."

이러한 정운찬 이사장의 답변은 당시 민주통합당이나 안철수 교수 등 야권의 유력 대선주자와 힘을 합칠 것이라는 관측을 제기하게 만들었다. 실제로 그는 안철수 교수에 대해서 호의적인 반응을 보였다.

"그의 책(《안철수의 생각》)을 보면 지금까지 바르게 살아온 것 같다. 남에게 베풀 줄도 알고 기업을 운영하면서 경제현실에 대해 제대로 인식도 하고 있고 좋은 점이 많다"고 접점이 많이 있다는 점을 강조했다. "김두관 후보도 겸손하고 좋은 분 같은데 동반성장에 대해 깊이 있는 이야기를 나누지 못했다"며 어느 누구와도 의기가 투합하면 함께할 수 있다는 여지를 남겼다.

민주당과 범야권 대선후보들과의 관계를 열어둔 반면, 정운찬 이사장은 박근혜 후보를 돕고 싶은 생각은 전혀 없었다. 2012년 9월 평화방송과의 인터뷰에서 "(올해 대선은) 국민들이 새로운 가치와 실천능력을 가지고 있는 사람, 새로운 정치 세력을 선택하는 과정"이라고 언급하며, 박근혜로 상징되는 세력은 새로운 가치를 대변할 수 없다는 것을 명확하게 했다. "경제민주화 문제를 아직도 잘 모르고 있는 것 같다"고 직격탄을 날리면서, "박 후보의 리더십은 가부장적이며 역사인식이 바르지 않은 것 같다"고 비판했다.

정운찬 이사장의 이런 행보는 이미 박근혜 캠프에 들어가 '경제민주화론'을 설파하고 있던 김종인 박사와 대조를 이뤘다. 가뜩이나 MB가 제안한 총리를 수락한 사실 자체에 대해 섭섭한 마음을 드러냈던 김 박사에게 정 이사장의 발언은 1986년부터 시작된 김종인, 정운찬 두 지식인의 관계가 일단 소원해진 것으로 비쳤다.

온유한 맷집

정운찬 총장의 이력을 살펴보면 온화한 미소가 주는 이미지와 달리 자신의 소신과 고집으로 힘이 센 쪽과 대립한 경우를 많이 보게 된다. 1986년 전두환 정권을 상대로 호헌철폐를 외치는 전국 교수성명을 주도했을 때, 그를 만나본 김종인 박사는 "해고되면 먹고사는 걱정을 해야 하는 사람이 용기를 냈더군… 그 용기가 참 가상했지"라고 말했을 정도였다. 서울대 총장 시절인 2004년 노무현 대통령이 서울대 폐지를 거론하자 "국립대를 평준화하면 나라의 장래가 망한다"고 직격탄을 날려 임기 내내 대립했다. 2009년엔 당시 여권 차기 유력주자인 박근혜 의원과 세종시 수정안을 두고 정면대립했고, 동반성장위원장 시절엔 '초과이익 공유제'를 주장하다 홍준표 새누리당 대표로부터 '급진좌파'라는 공격을 받기도 했다.

당대 최고 권력자와 싸우는 것은 곧 언론의 집중적 조명을 받는다는 뜻이다. 이런 주목도 높은 대립의 중심에서 정운찬 총장의 맷집은 그의 온유함 때문에 언론에 의해 늘 가려져왔다. 그가 언론 인터뷰에서 스스로 "맷집이 좋아졌다"고 서슴없이 말할 정도였다. 교수 등 전문가 집단이 정치인이 되기 위해 어쩌면 가장 먼저 받아야 하는 단련이 이런 맷집 키우기, 담금질 같은 것이란 점에서 정 총장은 MB의 총리라는 굴레를 통해 시련을 겪을 만큼 겪었는지도 모른다.

서울대 총장이 된 이후부터 정운찬 교수가 서서히 발전시켜온 자신의 제1번 의제가 있다면 그것은 '동반성장'일 것이다. 그것은 아마도 그의 어려웠던 어린 시절이나 미국 유학 시절의 경험에서 싹텄을 것이다. 서울대 총장시절 지역균형선발제를 들고 나온 것도 동반성장과 맥을 같이 한다. 그는 강남 8학군 학생들만 서울대에 입학해서는 안 되며 강원도와 전라도, 경상도 등 전국 각지에서도 실력 있는 학생이라면 누구나 서울대에 올 수 있도록 해야 한다고 믿었다. 이러한 그의 신념은 사회구성원이 대등한 관계에서 자신의 정당한 몫을 가져가는 사회를 꿈꾸는 그의 소신에 기초한 것이다.

대선후보 문재인과의 만남, 그 미안한 기억

대통령 선거가 며칠 남지 않은 2012년 12월 11일, 문재인 후보가 정운찬 이사장이 이끄는 동반성장연구소를 찾았다. 정운찬 이사장과의 매우 힘든 만남이 이루어진 것이다. 이 만남 이전에 내가 먼저 정운찬 이사장을 찾아갔다. 그러나 정운찬 이사장은 쉽게 마음을 열어주지 않았다. 문재인 후보가 2012년 8월 자신이 언급했던 초과이익공유제를 찬성해줘서 고맙게 생각하고 있다고 했으나, 대선을 앞두고 문재인 후보를 만나는 것에 대해서는 흔쾌히 승낙하지 않았다. 설득에 설득을 거듭한 끝에 동반성장에 대한 가치를 공유한다는 입장에서 문재인 후보와 만나기로 한 것이다. 그런데 그 만남 이후 문재인 후보 캠프에서 이수성 전 총리, 고건 전 총리 등과 함께 정운찬 전 총리가 문재인 후보 지지선언을 했다는 대변인 브리핑이 나갔다. 이에 정운찬 이사장은 "초과이익공유제 등 동반성장에 대한 가치를 공유한다는 입장이지만 명시적 지지는 하지 않았다"며 이의를 제기했다.

그 후 문재인 후보의 대선패배는 정운찬 전 총리를 힘들게 했다. 한나라당 정부에서 총리를 한 사람이 민주당 후보를 지지했다고 비난도 많았다. 동반성장연구소를 지원하겠다고 약속했던 이들이 지원을 철회했다. 여권에서 국무총리를 지냈던 분에게 선거에 임박해 야권 대선 후보를 만나 달라 청했던 나로서는 미안한 마음을 아주 오랫동안 품어야 했다.

선거에서 진다는 것은 본래 여러 주변 사람에게 생각도 못했던 아픔과 고통을 던져주곤 한다. 2007년, 2012년 두 차례의 선거패배를 통해서 나 자신은 물론 내 주변에 이런 경우를 여러 차례 목격했다. 승부의 세계가 얼마나 냉혹한 것인지, 더욱이 정치에서의 승부는 친구도, 선후배도 존재하지 않는다는 것을 뼈저리게 느끼게 한다. 특히 당사자가 아니면서 후보를 위해 노력한 선거 책임자들은 후보 몫의 책임까지 짊어지며 괴로워하는 경우도 많다. 이런 경험들이 작용한 탓인지 '문재인 후보의 동방성장연구소 방문 사건'은 나의 아린 기억으로 남아있다.

다시, 학자로 돌아오다

정운찬 전 총리는 오랜 외도를 끝내고 2013년 신학기부터 다시 강단에 섰다. 서울대 명예교수로 경제학부 전공과목 '산업경제 세미나' 수업을 맡아 다시 교수의 업에 복귀한 것이다. 3월 5일 첫 강의부터 정 교수는 동반성장의 개념을 설명하면서 "우리 사회의 시대정신인 동반성장은 부자가 가진 것을 빼앗자는 것이 아니라 성장을 해치지 않으면서 분배를 공정하게 하는 것"임을 강조했다. 박근혜 정부의 국정 로드맵에 경제민주화가 빠진 것을 두고 "공약으로 제시했던 부족한 경제민주화마저 사장된다면 동반성장과 국민행복은 멀어질 것"이라고 비판하기도 했다. 3년 반 만에 돌아온 강단이지만, 역시 가장 어울리는 자리로 보였다는 것이 첫 강의를 지켜본 언론인들의 평이었다.

정운찬이란 사람에 붙어 다니는 여러 호칭 중에서 나는 서울대총장이라는 직함을 가장 좋아한다. 폭넓은 층의 사람들에게 존경과 사랑을 받았던 시기였기 때문일 것이다. 가난한 어린 시절을 보내고 막걸리를 좋아하고 야구를 좋아하는 소탈한 모습의 서울대 총장을 일반인들도 무척 좋아했다.

정운찬에게는 특유의 온유함이 있다. 상대에게 듣기 싫은 이야기나 아픈 이야기도 매우 부드럽고 따뜻한 음성과 단어로 구사하는 독특한 능력이 있다. 나는 때때로 정운찬 총장과 대화하면서 그런 그의 온유함은 어디서 나왔을까를 생각해보곤 했다. 아마도 그것은 가난한 어린 시절의 경험에서 오는 남에 대한 배려, 그리고 정운찬 총장이 가장 존경한다는 스코필드 박사(3.1운동의 제 34인이라고 불리는 캐나다인)의 영향으로 매주 교회를 찾아 기도하는 신앙심에서 비롯됐을 것이라고 짐작하곤 했다. 정운찬 총장의 삶을 이야기하면서 늘 등장하는 스코필드 박사는 1916년 세브란스 의전 교수로 한국에 와서 1919년 3.1운동을 세상에 알린 인물이다. 그는 그 공로로 1958년 독립유공자가 된 이후 한국에 정착하면서 소년 정운찬과 만나게 되었다. 정운찬 전 총리는 경제개발5개년 계획이 한창이던 1960년대에 앞으로 빈부격차 해소를 위해서 이 사회에 기여할 일이 많을 것이라는 스코필드 박사의 권유로 경제학을 전공하게 되었다고 말했다. 정운찬 전 총리가 동반성장을 끊임없이 외치는 까닭도 바로 이러한 스코필드 박사의 영향에서 비롯된 것이다.

지도자에게는 다른 사람을 따뜻하게 배려하는 온유함이 리더십에 매우 중요한 덕목이다. 이 온유함에 더하여 그의 말대로 중요한 순간 디사이시브(Decisive) 함, 즉 결단력이 겸비된다면 리더십은 한층 더 빛을 발할 것이다.

"무엇을 어떻게 할 것인가가 중요하지, 어떤 자리에 앉을 것인가는 중요하지 않다."

정운찬 총장은 이런 이야기를 자주 했었다. 그런데 아이로니컬하게도 〈자리(국무총리)〉가 정운찬 총장의 발목을 잡았다고 평가한다면 너무 이른 것일까? 물론 자리보다 무엇을 어떻게 할 것인가가 더욱 더 중요하다. 동의한다. 그러나 때로는 어느 시기에 어떤 자리에 앉느냐 하는 것이 무엇을 하느냐 만큼 중요할 때도 있다. 정운찬이 선택한 이명박 정부의 '국무총리'라는 자리는 '무엇을 어떻게 하는가'를 중요시하지 못한 채 그의 발목을 잡았고 우리를 안타깝게 했다.

2015년 여름 정운찬 교수.

그는 온유함의 리더십에 동반성장의 철학으로 무장한 정치적 재목이 되어 다시 학자로 돌아왔다. 야권에서는 변절자라고 여권에서는 좌파라고 비판받으면서도 끊임없이 동반성장을 추구해 온 그의 삶이, 여전히 비틀거리며 길을 찾지 못하고 있는 대한민국 경제의 희망으로 조명 받을 날을 기대해본다.

얼마 전 만난 김종인 박사는 한국경제의 앞날을 심히 걱정하면서 정운찬 총장을 거론했다. "요즘도 정운찬 총장 자주 만나는지 모르겠는데, 그래도 지금 같은 경제상황에서 실로 필요한 사람이 정운찬이지. 그 사람 조언을 반드시 들어보게나." 정운찬 총장에 대한 아쉬움과 함께 아직도 기대를 갖고 있음을 비친 것이다. 아울러 나는 개성공단이 남북한 간의 동반성장이라고 이야기하는 정운찬의 동반성장론이 통일시대의 한국경제에 하나의 활력소가 될 수도 있을 것이라는 생각을 해본다.

정운찬 총장을 하늘처럼 여겼던 제자그룹. 홍익대 전성인 교수, 한성대 김상조 교수, KDI 유종일 교수 등과 함께 정운찬이 지향하는 동반성장론이 한국 경제에서 멋지게 꽃필 수 있는 날을 기대해본다. 특히 요즘의 경제정책은 진보와 보수를 넘어서는 것이어야 하기에 그의 경험이 지쳐버린 한국경제에 입맛 돋우는 묵은지 맛으로 펼쳐질 날을.

만델라의
미소

넬슨 만델라

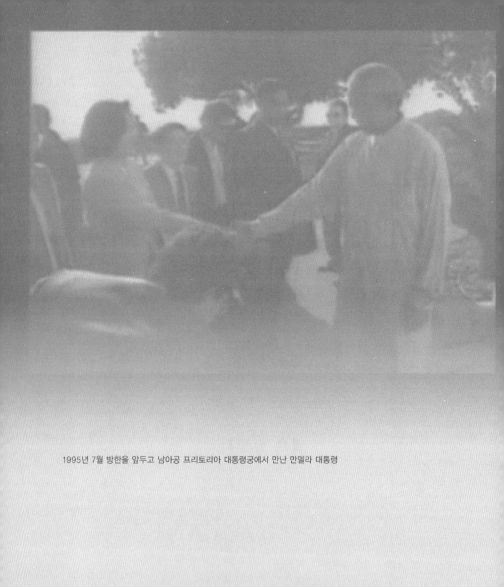

1995년 7월 방한을 앞두고 남아공 프리토리아 대통령궁에서 만난 만델라 대통령

"나는 말을 가볍게 하지 않는다. 교도소에서 보낸 27년 동안 고독의 침묵 덕분에 말이 얼마나 소중한지, 말이 사람들의 생사에 얼마나 큰 영향을 미치는지 알게 되었다."

－ 2000년 7월, 13차 국제에이즈회의 폐막 연설 중에서

Invictus

— 윌리엄 어네스트 헨리(William Ernest Henley)

Out of the night that covers me,

Black as a pit from pole to pole,

I thank whatever Gods may be

For my unconquerable soul.

In the fell clutch of circumstance

I have not winced nor cried aloud

Under the bludgeonings of chance

My head is bloody but unbowed.

Beyond this place of wrath and tears

Looms but the horror of the shade

And yet the menace of the years

Finds and shall find me unafraid.

It matters not how strait the gate,

How charged with punishements the scroll,

I am the Master of my Fate

I am the Captain of my Soul.

※ INVICTUS '정복되지 않은'이라는 뜻의 라틴어. 넬슨 만델라 대통령이 가장 좋아했던 시.

인빅터스(Invictus/William Ernest Henley)

나를 뒤덮고 있는 이 밤

창살과 창살 사이로 보이는 칠흙 같은 어둠

나는 신에게 무한한 감사를 올린다

굴하지 않는 내 영혼을 주셨기에

조여 오는 가혹한 현실 속에 갇힐지라도

나는 움츠리거나 소리 내어 울지 않았다

운명의 잔인한 몽둥이질에

내 머리가 피투성이가 되더라도

나는 굴하지 않았다

분노와 눈물의 현실의 넘어서서

공포의 그림자만이 드리워져 있더라도

오랜 겁박의 세월이 흐르더라도

나는 두렵지 않다

아무리 좁은 문일지라도

어떠한 죄명이 붙여지더라도

나는 내 운명의 주인

나는 내 영혼의 선장 　　　　　　　※ 번역 : 이석우, 임채원

2014년 새해가 시작되고 바로 그 이튿날 새벽, 새로운 한 해가 시작

되었는데도 편안히 잠들 수 없었다. 외국인투자촉진법, 사실상 재벌특혜법안임에도 박근혜 정부가 일자리를 늘리고 경제를 활성화시키는 법이라며 통과를 강요했던 일로, 국회에서 밤을 지새우고 해를 넘기면서 새해를 맞았던 2014년 1월2일. 나는 이런저런 생각으로 뒤척이다 이 시(詩)를 떠올렸다. 시의 마지막 구절처럼 내가 '내 운명의 주인'이나 '내 영혼의 선장'이 될 수 있을지 의문이 들 때마다 넬슨 만델라가 가장 좋아하던 이 시를 되뇌면서 스스로 위로와 격려를 하곤 했다.

나는 어려운 일이 있을 때마다 어느 누구에게서도 보지 못한 마치 빙하라도 녹일 듯한 만델라의 그 환한 미소를 떠올리며 다시 힘을 얻곤 했다. 그리고 다른 한편으로는 언제나 스스로에게 질문을 던졌다. 나도 헤어나기 힘든 어려움 속에서 만델라와 같은 환한 미소를 가질 수 있을까? 그때마다 나는 너무나 부족한 자신을 되돌아보게 되었다.

1995년 만델라를 만난 후 '27년이라는 오랜 수형생활을 했음에도 그는 어떻게 누구보다 환한 미소로 사람들의 마음을 녹일 수 있을까'하고 자문하곤 했다. 역설적이게도 그 해답은 평생 동안 그를 가두어 두었던 감옥이라는 결론에 도달했다. 그리고 그 단서는 어려울 때마다 힘을 주는 윌리엄 어네스트 헨리의 시였다. 이 시는 만델라가 남아프리카 최남단 케이프타운 앞의 외딴섬에서 영화 빠삐용보다 더 힘겨운 수형생활을 하면서 힘들 때마다 스스로를 다짐한 시이기도 하다.

만델라가 좋아했던 시(詩) 인빅터스(Invictus)는 감옥생활 속에 성숙해가는 그를 상상할 수 있게 한다.

만델라가 처음부터 그렇게 환한 미소를 갖고 있었던 것은 아닐 것이다. 46세에 수감된 로벤 섬의 해풍과 파도소리는 그를 점점 인간적으로 성숙하게 만들었다. 그는 로벤 감옥의 창살 밖으로 밤마다 자유를 꿈꿨다. 가죽채찍과 몽둥이로 인한 육체적 아픔과 두려움 속에서도 분노와 눈물을 넘어섰다. 몸은 감옥에 있지만 그의 영혼은 자유롭고 평화로워졌다. 그는 감옥을 정치범들의 대학교로 만들었다. 그러면서 어느 순간 그는 스스로 '운명의 주인'이고 '영혼의 선장'임을 느꼈으리라. 27년의 감옥생활에서 마침내 얻은 해탈의 환한 미소. 그의 이러한 인간적 성숙은 한 세기 동안의 분노와 눈물을 화해와 용서로 바꿔놓았다.

만델라가 애송했던 시(詩) 인빅터스(Invictus) 한 편에는 분노를 용서로, 고통을 평화로 승화시켜간 그의 삶이 온전히 녹아있다 해도 과언이 아닐 것이다.

남아프리카공화국 첫 흑인 대통령의 탄생

1995년 여름, 넬슨 만델라 대통령의 방한을 앞두고 인터뷰를 하기 위해 남아프리카 공화국으로 향하던 날. 힘차게 이륙한 비행기처럼 내 젊음의 날개도 빛나던 시절이었다.

1994년 4월, 악명 높은 아파르트헤이트(Apartheid, 인종차별주의)로 고통 받던 남아프리카공화국에 새로운 역사가 시작된다. 그해 실시된 남아프리카공화국 최초로 모든 인종이 참가하는 총선거에서 아프리카민족회의가 승리하면서 넬슨 만델라가 대통령에 선출된다. 27년간의 수감생활을 마치고 자유의 몸이 된 지 3년, 남아프리카공화국의 자유와 민주주의 향상을 위해 노력한 공로로 프레테리크 빌렘 데 클레르크 대통령과 공동으로 노벨평화상을 수상한 지 1년, 그의 나이 75세, 남아프리카공화국 역사상 최초의 흑인 대통령 탄생이었다.

넬슨 만델라 대통령의 일생은 파란만장했다. 1918년 7월 18일 트란스케이 움타타에서 템부족 족장의 아들로 태어난 그는 1952년 정식 변호사가 되어 비백인(非白人)으로는 처음으로 요하네스버그에 법률상담소를 개소한다. 그리고 아파르트헤이트 정책을 반대하는 등 본격적인 흑인인권운동에 참여한다.

1960년 3월, 범아프리카 회의가 주도한 대규모 집회에서 시위대에 대한 경찰의 발포로 67명이 사망하고 400명이 부상당하는 유혈사태가 일어난다. 이를 계기로 만델라는 평화시위운동을 중단하고 무장투쟁 노선에 착수한다. 투쟁을 계속하던 만델라는 결국 1962년 거주지 명령 위반 및 사보타주 혐의로 체포된 후 몇 번의 재판을 거쳐, 1964년 국가반역죄로 종신형을 선고 받고 로벤 섬에 수감된다. 1990년 2월, 27년이라는 긴 수감생활을 마치고 비로소 자유의 몸이 된다.

"친구들과 동지들, 그리고 남아프리카공화국 동포 여러분. 모두를 위한 평화와 민주주의, 자유의 이름으로 여러분 모두에게 인사드린다. 나는 선각자가 아니라 국민 여러분의 보잘것없는 종으로서 여기 여러분

앞에 섰다. 여러분의 지칠 줄 모르는 영웅적 희생 덕분에 오늘 내가 이 자리에 설 수 있게 되었다. 따라서 나의 남은 생도 여러분에게 맡긴다."

평화와 민주, 자유의 이름으로 다시 태어난 만델라. 자신의 남은 생을 국민들에게 맡긴다는 비장한 헌신의 약속을 한 이 지도자는 과연 어떤 사람일까 하는 궁금증으로 가슴이 설레었다.

런던에서 비행기를 갈아타고 남아프리카공화국으로 가는 동안 남아공 최초의 흑인 인권 대통령을 만난다는 기대감으로 가득차 있었다. 지구의 남쪽 끝 국가 남아공. 처음 가는 나라인데다 만델라를 만난다는 기쁨에 이 나라의 입국비자는 어떤 모양인지 궁금해 여권을 다시 들여다보았다. 그러다가 여권 한 귀퉁이에 '대통령 인터뷰'라는 방문목적이 적혀 있는 것을 보았다. 나는 입국절차의 번거로움을 덜어주기 위해 남아공에서 취재팀에게 선사한 특별한 배려가 아닐까 생각했다.

그 특별한 배려가 우리를 정말 특별한 방문객으로 만들었다. 남아공 공항에 내리자마자 사건이 발생한 것이다. 취재팀 중 오디오를 담당하는 분이 반바지를 입고 있었는데 남아공 출입국 사무소에서 일국의 대통령을 인터뷰하러 오는 사람들이 어떻게 반바지를 입고 올 수 있느냐고 우리를 의혹과 핀잔의 눈빛으로 바라봤다. 결국 우리의 여권을 모두 회수해 면밀히 조사한 후 입국 심사대를 통과시켜주었다. 웃지 못할 해프닝이었지만 나라마다 참 생각의 기준이 다르다는 것을 알게 해준 좋은 경험이었다. 우린 입국장을 급하게 빠져나와 남아공의 행정수도 프리토리아로 달려갔다.

넬슨 만델라와의 만남

넬슨 만델라 대통령의 얼굴에는 인생의 구김살 같은 것이 잘 보이지 않았다. 27년이 넘는 수형생활을 하고, 삶과 죽음의 경계를 헤쳐온 사람이라고는 여겨지지 않았다. 대통령이 입고 나온 옷은 휴양지에서나 어울릴 법한 매우 헐렁한 차림이었다. 넥타이에 양복을 입는 다른 지도자들과는 달리 마치 이웃 아저씨가 사랑방에 마실 나온 듯한 분위기였다. (만델라 대통령의 옷차림과 관련해서는 데즈먼드 투투 대주교도 한마디 언급했던 것으로 기록되어 있다. 투투 대주교는 "저는 대통령께서 옷차림만 빼면 모든 것을 잘 하고 있다고 생각합니다"라는 농담 섞인 이야기를 건넨 바 있다.) 격의 없이 악수를 하고 기자들의 물음에 여유로운 표정으로 답하는 모습에서도 그의 마음의 평화가 느껴졌다.

특히 만델라 특유의 북극의 눈도 녹일 것 같은 은은한 미소가 지금도 기억에 선명하다. 그 웃음과 눈매를 보고 있자면 이 분이 어떻게 27년 간 옥살이를 했는지 전혀 가늠이 가지 않을 정도였다. (오랜 수감생활을 바탕으로 《감옥으로부터의 사색》을 쓴 신영복 선생에게도 이와 같은 평온함을 느낀 적이 있다.)

기자 시절, 정치인이 되기 전에는 이런 만델라의 은은한 향기 같은 웃음에 대해 깊이 생각하지 못했다. 그냥 참 좋은 대통령이라고만 생각했다. 그러나 정치인이 된 지금, 모든 것을 용서해줄 것 같은 만델라의 미소는 대중 정치인에게 그 무엇과도 바꿀 수 없는 매우 소중한 또 다른 리더십이라는 것을 알게 되었다.

누구나 만델라의 미소를 가질 수 있을까? 대답은 그렇지 않다는 것이다. 만델라의 미소는 오랜 수양생활이 가져다준 내공의 한 단면이요, 분노와 눈물을 화해와 용서로 승화시킬 수 있는 세상을 이끄는 힘이었다.

"나는 사람들이 긴장을 풀고 느긋한 것이 좋다. 느긋하면 생각이 잘 떠올라 심각한 문제를 의논할 때에도 도움이 되기 때문이다. 그래서 나는 심각한 상황을 검토할 때에도 우스갯소리를 잘한다. 긴장을 풀어야 생각도 제대로 할 수 있으니까."

그는 미소와 유머감각으로 사람들의 마음을 녹였다. 내가 인터뷰를 할 때도 그랬다. 카메라맨이 긴장해 굳은 얼굴을 하고 있자 "얼굴이 검지만 예쁘게 찍어 주세요"라고 말하여 좌중의 긴장을 풀어주었다.

누가 만델라의 미소를 흉내낼 수 있을까? 싱가포르의 이광요 수상은 중국의 시진핑 주석을 만나보고 만델라 같다고 했지만, 만델라의 미소와 시진핑의 미소에는 차이가 있다. (그 차이점에 대해서는 시진핑 편에 수록하겠다.)

우리나라의 역대 대통령 가운데에도 과연 만델라의 미소를 닮은 사람이 있을까? 누구 한 사람을 답해야 한다면 나의 주관적인 견해로는 만델라와 유사한 삶을 살았던 김대중 대통령을 꼽을 수 있을 것 같다. 만델라의 미소에는 용서와 화해라는 단어를 굳이 쓰지 않아도 미소 자체가 용서와 화해임을 알게 하는 힘이 녹아 있었다.

지난 2014년 여름, 나는 교황 프란치스코의 미소를 보았다. 만델라의 미소에 영롱함이 보태어진 교황 프란치스코의 미소는 용서와 화해에 희망을 더하고 있었다.

만델라의 숭고한 언어

나와의 인터뷰에서 만델라 대통령은 한국의 '경제 요리법'을 배우기 위해 서울을 찾는다고 또렷하게 힘을 주어 말했다. "우리는 동쪽으로 갈 준비가 돼 있다"라고 강조하며 지리적으로 먼 한국과 남아프리카공화국의 교류를 강하게 희망했다.

경제 요리법. 나는 이 단어를 접하면서도 만델라 특유의 어법을 느꼈다. 그 후 나는 감칠맛 나면서도 신중하고 또한 핵심을 찌르는 만델라의 표현법에 대해 깊이 생각하게 되었다.

"나는 말을 가볍게 하지 않는다. 교도소에서 보낸 27년 동안 고독의 침묵 덕분에 말이 얼마나 소중한지, 말이 사람들의 생사에 얼마나 큰 영향을 미치는지 알게 되었다(2000년 7월 제13차 국제에이즈회의 폐막 연설 중에서)."

만델라 대통령은 자신의 말에 대해서 신중했던 사람으로 꼽힌다. 그는 대통령이 되기 전부터 "말을 내뱉었으면 그 말의 진짜 의미를 실제 행동으로 증명해 보여야 한다"는 것을 강조했다.

말에는 그 사람의 속마음과 인격이 담겨 있다. 지도자들이 전달하고자 하는 메시지에는 늘 약속과 비전이 담긴다. 그러나 이 약속과 비전을 행동으로 실천하는 지도자는 그리 많지 않다. 만델라는 우리에게 정치인의 말이 신중해야 하는 이유를 가르쳐주고 있다. 나는 만델라 대통령과 인터뷰를 하는 내내 27년이란 긴 세월 동안 좁은 감옥 안에서 마음속의 분노를 삭이며 지낸 사람이 어찌 저렇게 천진난만하고 부드러운 미소를 지을 수 있을까 생각했다. 그리고 인터뷰가 끝날 때쯤 이렇게 물었다.

"대통령의 온화한 미소는 어디서 나오는 겁니까?"

질문지에 없는 개인적인 물음이었지만 만델라 대통령은 어린아이처럼 웃으며 "비록 나는 감옥에 갇혀 있었지만 창살 틈으로 비치는 햇살이 너무나 화사하게 느껴졌지요. 늘 햇살의 화사함을 담은 웃음을 간직하고 싶었습니다"라고 말했다. 만델라 대통령이 갈망한 자유를 대변하듯 여름 햇살이 대통령의 얼굴을 따스하게 비추고 있었다. 그의 소탈한 웃음과 함께.

만델라와 김대중

만델라 대통령은 김영삼 대통령 시절인 1995년 7월 한국을 방문한 데 이어 2001년 3월, 김대중 대통령의 초청을 받아 한 번 더 한국을 방문했다. 김대중 대통령과 만델라 대통령은 아주 멀리 떨어져 있는 서로 다른 국가의 지도자였지만 그 둘의 사이는 각별했다. 이는 그들이 공통적으로 자유와 평화의 갈망이라는 화두를 몸소 실천했을 뿐만 아니라 그들이 겪었던 삶의 고초 또한 매우 유사했기 때문이라고 생각한다.

김대중 대통령은 군부독재 시절 5·18 광주민주화운동의 배후로 지목된 '김대중 내란 음모 사건'으로 1980년 신군부에 의해 사형을 선고받고 수감된다. 하지만 옥중에서도 군부독재에 저항하는 정치활동을 지속적으로 이어나간다. 넬슨 만델라 또한 자국의 흑인인권탄압에 저항하다 27년이란 긴 수형생활을 한다. 독재와 민주주의 억압이라는 국가 폭력에 대해 지속적으로 저항한 두 사람은 마침내 재야 정치지도자에서 민주적 절차에 따라 자유와 평화를 상징하는 대통령이 된다. 이 두 사람이 대통령이 되어 그들이 평생 동안 갈망하던 자유와 민주주의의 빛을 보게 됐다는 점에서 세상은 희망과 꿈과 용기를 가진 자를 잊지 않는다는 사실을 새삼 깨닫게 된다.

만델라 대통령이 남아공 최초의 흑인 대통령으로서 과거를 용서하고 자신을 차별한 백인까지 감싸안는 진정한 통합의 정치를 보여줬다면, 김대중 대통령은 이념적, 군사적으로 극도의 긴장관계를 유지하고 있던 남북한의 긴장완화를 위해 '햇볕정책'을 펼쳤다. 분단 이후 처음으로 남북한 정상이 만나는 한반도 평화의 새로운 장을 연 것이다. 만델라 대통령이 흑인과 백인과의 화합을 주도하고 자국 내 극도의 인종차별 정책에 저항하다 남아공 최초의 흑인 대통령이 된 것처럼 김대중 대통령은 해방 이후 보수세력이 점령하고 있던 대한민국에서 호남출신 야당 후보로서는 처음으로 수평적 정권 교체를 이루는 대통령이 되었다.

오랜 수형생활과 국가가 자행한 모든 폭력으로부터 자유롭지 못한 삶을 살았지만 결국은 불의로 덮인 숲을 걷어내고 국민들이 원하는 민주적 가치와 평화의 나무가 뿌리내릴 수 있도록 밑거름이 된 두 지도자. 이 두 지도자는 1993년과 2000년에 각각 노벨평화상을 수상하며 세계인들로부터 그들의 삶을 인정받았고, 그들이 죽을 때까지 이루고자 했던 화해와 평화는 세계 모든 국가가 바라는 공동의 선(善)으로 기억되고 있다.

넬슨 만델라 이후의 남아프리카 공화국

현재 야당인 민주동맹(DA)은 현 여당이자 만델라의 정치적 기반이었던 아프리카민족회의(ADC)의 경제정책 실패를 강력하게 비판하고 있다. 만델라가 아파르트헤이트(인종차별)를 종식시킨 공로는 크지만 경제살리기에는 실패했으며 빈부격차와 사회불안이 더욱 커졌다는 주장이다.

만델라 대통령 시절에도 요하네스버그의 흑인 거주지역에는 전기가 들어오지 않았다. 흑인들은 각 가정에서 배터리를 이용해 텔레비전을 봐야 했다. 아파르트헤이트 백인정권은 흑인들이 세상 돌아가는 이야기를 모르게 하기 위해서 일부러 전기공급을 차단했었다. 내가 만델라 대통령을 만난 후 찾았던 흑인 거주지역은 흑인 대통령이 탄생했는데도 여전히 사람이 살 수 있는 환경이 아니었다. 만델라가 아파르트헤이트 백인정권은 종식시켰지만, 흑인들의 삶을 향상시키는 사회기반 시설까지 다 복구하기에는 시간이 너무 짧았고 또한 힘에 부쳤을 것이다.

만델라는 집권기간 동안 인종차별정책을 철폐하고 낙후된 흑인의 권익을 보호하는 데 주력했다. 이는 백인 기득권의 약화를 불러왔고, 경제권을 장악했던 백인들이 남아공을 이탈하면서 일자리 부족과 투자 감소로 이어졌다. 그 결과 만델라 집권 초에만 경제성장률 4%를 기록했고, 이후 99년까지 80년대 수준인 1.4%의 평균성장률을 기록했다. 현재 남아프리카공화국의 실업률은 25~30%에 이르고 있다. 경제정책에 실패했다는 평가가 나오는 이유다.

세계 어느 나라든 자유를 갈망하며 당선된 대통령이 경제정책에 성공한 사례는 흔치 않다. 자유와 경제정책이 동시에 성공하기 위해서는 민주주의에 대한 오랜 훈련과 국민들의 의식수준이 뒷받침되어야만 가능하다. 선진국 진입이나 보다 질 높은 경제성장을 위하여 정의와 기회균등이 강하게 요구되는 이유가 바로 그것이다.

만델라 대통령이 그의 취임 연설에서 자유, 평화와 함께 정의를 강조했다는 점에서 이 세 가지는 반드시 함께 공존해야 하는 것임을 알 수 있다. 정의가 없는 자유는 무질서를 가져오고, 자유가 없는 평화는 무덤과 같다고 할 수 있다.

"우리 모두를 위한 정의가 있게 하소서.

우리 모두를 위한 평화가 있게 하소서.

우리 모두를 위한 일, 양식, 물 그리고 소금이 있게 하소서.

우리 모두가 우리 각자의 육체와 영혼이 이미 자유로워졌다는 사실을 깨닫게 하소서.

이제 우리가 다시는 한 사람이 다른 사람을 억압하고 모욕하는 일이 없게 하소서. 자유여 영원하라.

인류의 영광스러운 업적 위에 태양은 영원히 지지 않으리!"

Let there be justice for all.

Let there be peace for all.

Let there be work, bread, water and salt for all.

Let each know that for each the body, the mind and the soul have been freed to fulfill themselves.

Never, never and never again shall it be that this beautiful land will again experience the oppression of one by another and suffer the indignity of being the skunk of the world.

Let freedom reign.

The Sun shall never set on so glorious a human achievement!

－ 남아프리카공화국 넬슨 만델라 대통령 취임연설문 중에서, 1994. 5.10.

만델라는 제3세계 국가들의 외교조직인 비동맹운동 사무총장을 맡아 국제 분쟁을 해결을 위해 노력했고 인도와 파키스탄의 카슈미르 분쟁 종료를 위해 중재자로 직접 나서기도 했다. 또한 인도네시아가 동티모르 독립운동을 무력으로 진압했을 때 수하르토 전 인도네시아 대통령을 직접 찾아가 평화적인 해결을 촉구한 일들은 작은 평화가 아닌 더 커다란 평화를 바라는 그의 노력 가운데 하나였다. 경제발전과 자유, 정의실현은 모두 중요하다. 국민의 동의를 구하고 최소한의 불편을 감수하며 인내하는 시간도 필요하다.

대통령 취임 후 그가 만든 '국민통합 및 화해촉진법'은 평화와 화해를 위한 또 하나의 노력이었다. 아파르트헤이트 정권 시절 백인 가해자들에 대한 처벌을 요구한 국민들에게 만델라가 내놓은 해답이었다. 이 법의 원칙은 '용서하되 잊지는 않는다'였다. 이때 자신의 잘못을 고백하고 사면을 받은 사람이 6,800명이었으며, 자신의 잘못을 자백하지 않았던 사람도 처벌하지 않았다. 이 모든 것이 화해와 평화를 위한 만델라의 노력이었고 만델라의 미소만이 해결할 수 있는 용서였다.

이 시대 마지막 성인이 되다

2013년 12월 5일, 긴 수감생활을 견디고 다시 평화를 가슴에 품고 돌아와 남아프리카공화국에 희망을 안겨 준 넬슨 만델라 대통령이 타계했다. 그의 죽음 앞에 세계가 숨죽여 울었다. 생전의 만델라는 죽음에 대해 이렇게 말했다.

"죽음은 피할 수 없다. 한 사람이 태어나서 자신이 속한 국가와 국민을 위해 해야 할 의무라고 생각하는 것을 다 마쳤다면 그는 편안한 안식을 취할 수 있다. 나는 그러한 노력을 했다고 믿고, 그래서 영원히 잠들 수 있을 것이다(다큐멘터리 〈만델라〉 1996년)."

만델라는 인생에 대해서도 자신의 삶이 다른 사람에게 어떠한 변화를 줄 수 있는지가 중요하다는 것을 강조했다.

"삶에서 중요한 것은 우리가 살았다는 단순한 사실이 아니다. 다른 사람들의 삶을 어떻게 변화시켰는지가 우리 삶의 의미를 결정할 것이다 (2002년 5월 18일 요하네스버그 월터 시술루 홀에서)."

그렇다. 정치도 마찬가지다.

깊은 정치란 그리고 좋은 지도자란 곧 국민의 생활을 국민이 바라는 방향으로 변화시킬 수 있어야 한다. 만델라가 "내 삶이 주위 사람들의 삶에 어떤 변화를 만들어냈는가가 중요하다"라고 했듯이.

1995년 여름, 남아프리카공화국 프리토리아에서 그를 처음 만나 인터뷰했을 때 그가 내게 했던 말이 아직도 생생하다.

"왜 보복하지 않고 용서했냐고요? 사회를 위해 해야 할 일이 너무 많아 보복할 시간이 없었죠."

그는 평생 숱한 고난을 겪고 장기간의 옥고를 치르면서도 인간애와 유머감각을 잃지 않았다. 그의 상징처럼 된 풍신하고 헐렁한 옷은 자유롭고 넉넉한 세상을 꿈꾸는 세계인들의 마음에 두고두고 남을 것이다.

나는 다시 한번 시 〈Invictus(정복되지 않는)〉를 펼쳐 든다.

러시아 연방
초대 대통령

보리스 옐친

1989년 2월 28일 MBC 〈뉴스데스크〉 (옛 소련 모스크바 크레믈린 궁에서)

고르바초프 정권 시절 당의 실질적 2인자이자 외교 전문가였던 알렉산드르 야코블레프는 옐친을 조롱하는 언론에게 "당신들이 지금 자유롭게 옐친을 욕할 수 있게 만든 사람이 옐친"이라는 말로 옐친을 옹호하기도 하였다. 바로 옐친이 러시아 언론의 자유를 가져온 사람이었다는 말이다.

— 본문 중에서

"승자와 패자로 국가를 분열시키지 말자. 신정부는 누구에게든 문호를 개방, 다 함께 러시아를 부흥시킬 것이다."

러시아 연방 공화국의 초대 대통령이었던 보리스 옐친이 1996년 재임에 성공한 후 국민연설에서 한 말이다. 또한 이 말은 급진개혁파인 옐친의 면모를 보여주는 말이었다.

개혁만이 살 길이다

옐친은 1931년 소비에트 연방 스베르들로프스크 주에서 태어났다. 옐친은 베레즈니키의 푸시킨 고등학교를 졸업하고 1955년 우랄 기술대학교를 졸업했다. 그 후 건축기사로 일을 하다가 1961년 31세의 나이에 소련공산당에 입당했다. 이후 모스크바시 당 제1서기와 당 정치국원까지 오르는 엄청난 정치적 성장을 하게 된다. 그의 정치적 성장은 개혁파인 고르바초프가 옐친을 같은 이념을 지닌 동료로 보고 이끌어주었기에 가능한 일이었다.

한동안 계속되던 두 사람의 연합은 급진개혁파인 옐친이 고르바초프의 개혁을 느리고 소극적이라 비판하면서 깨지게 된다. 강도 높은 발언으로 당의 보수세력을 비판하며 공격적인 개혁을 펼치길 주장하던 옐친은 미움을 사 결국 당에서 해임된다. 그 충격으로 병원에 입원하고 자살 시도를 할 정도로 정신적인 충격을 받았다고 전해진다.

하지만 자신의 정치적 이념과 국가개혁을 포기하지 않았던 그는 마음을 다잡고 오히려 더 강한 급진개혁안을 주장하며 개혁파와 보수파를 압박한다. 당시 그는 개혁파외의 권력싸움에서 밀려나 잠시 주춤하던 보수파의 틈을 노려, 보수파의 수구적 자세를 강하게 비난하는 새로운 사회적 분위기를 만드는 것을 주도하여 대중의 큰 지지를 얻게 된다. 이후 1989년 제1차 인민대표회의에서 최다득표를 하여 다음 해에는 러시아 소비에트 연방 사회주의 공화국 최고 소비에트 의장으로 선출되는 등 차기 지도자로서 인정받는다.

특히 고르바초프 정권 때, 공산당 강경파가 일으킨 쿠데타에 맞서 행한 연설은 국민들의 강력한 지지를 받는 계기가 되었다. 거리를 점거하고 의사당을 둘러싼 쿠데타 세력의 전차 위에 올라 강경파와 쿠데타에 대해 강한 비판연설을 한 것이었다.

"러시아의 시민들이여. 1991년 8월 18일과 19일 밤, 이 나라의 합법적인 선거에 의해 모셔진 고르바초프 대통령께서 권좌에서 물러나셨소. 그분의 해임과 관련한 이유 여하를 막론하고, 우리는 이렇듯 극우적이고 수구적이며 또한 비합법적인 쿠데타와 마주하고 있는 것이오. 모든 어려움들과 호된 시련들을 그들 덕에 겪어야 했었음에도 불구하고, 이 나라의 민주화 과정은 더욱더 폭넓게 진행되고 있으며 또한 더 이상 그 누구도 그것을 막을 수 없게 되었소. 우리는 우리 소비에트 사회주의 공화국 연방의 동포들이 저렇듯 부끄러움과 양심을 모조리 상실한 극우수구세력 쿠데타 주모자들의 횡포와 무법함을 결코 허용하지 않을 것임을 절대적으로 확신하는 바이오. 우리는 우리의 소비에트 사회주의 공화국 연방의 군인들에게 '우리의 시민들을 위한 명백하게 뚜렷한 군인으로서의 의무'를 위해서 싸울 것을 이렇듯 간청하는 바이며 또한 극우수구세력 쿠데타 조직의 개가 되지 않도록 하라고 말씀드리는 바이오. 이러한 요구사항들이 관철될 때까지, 우리는 저자들에 대한 전 세계 시민들의 무한한 공격을 호소할 것이오!"

그 자리에 있던 시민들은 박수와 함께 옐친의 이름을 외치며 환호했고, 탱크 위에서 연설하던 이 장면은 전 세계에 타전되면서 세계인의 뇌리 속에 옐친을 각인시켰다. 결국 시민들의 강한 저항으로 쿠데타는 3일 만에 막을 내리게 되었다.

두 얼굴의 대통령

이후 옐친은 소련의 중앙집권화를 비판하는 것으로 또 한번 국민들의 공감을 사고 결국 소련해체를 주도적으로 이끌어내며 러시아 공화국의 대통령이 된다. 그러나 국민들에게 민주주의와 경제성장으로 인도해줄 영웅으로 떠올랐던 것과는 달리 옐친은 집권 이후 대부분의 공산주의 사회가 자본주의 사회로 전환하면서 겪는 사회적 혼란을 제대로 수습하지는 못했다. 미국에 자문을 얻어 실시한 '충격요법', 가격자유화와 함께 공기업을 민영화하고 무역장벽을 낮추는 것이 골자인 이 정책은, 집권 초반 러시아에 아직까지 자리잡지 못한 사유재산권 문제와 정치적 혼란 속에서 부패의 만연을 가져왔고 서민들의 삶을 더 어렵게 만들었다. 그로 인해 옐친 대통령에게 반감을 갖는 국민들이 생겨나기 시작했고, 그것은 정권에 대한 불만으로 표출됐다. 그러자 옐친은 자신의 정책을 비판하는 세력에 매우 강경하게 대응하고 나선다.

1993년 러시아 의회 사태를 무차별적으로 진압하는 일이 발생했고, 러시아로부터 완전한 독립을 주장하던 체첸에 융단폭격을 가해 수천 명의 사상자를 냈다. 그러나 재선을 앞두고 낮은 지지율에도 불구하고 옐친은 네거티브 선거전략으로 다시 당선된다.

재임 시 가중된 불황과 1998년 닥친 외환 사태는 러시아를 경제위기에 빠뜨렸다. 우호적 관계를 이어가며 정권을 유지하는 힘이었던 미국과의 관계도 체첸에 대한 무자비한 정책과 맞물려 서서히 틀어지게 된다. 결국 옐친은 2000년 새 밀레니엄을 앞두고 건강상의 이유를 들어 사임하고 그 자리를 푸틴에게 넘겨준다. 그 당시 그는 사임연설에서 국민 앞에 이렇게 말했다.

"국민 여러분의 꿈이 이루어지지 못한 점에 대해 용서를 빈다. 러시아는 새로운 정치인들, 또 지적이면서도 강력하고 정력적인 새 인물들과 함께 새 밀레니엄을 맞이해야 한다. 오랫동안 권좌에 있던 사람들은 물러나야 한다.”

옐친의 음주벽은 전 세계적으로 유명하다. 미국 백악관 앞 영빈관 숙소에 묵던 중 속옷 바람으로 피자를 사러 나가다가 경비원의 제지를 받았다거나, 1994년 앨버트 레이놀즈 아일랜드 총리와 약속된 정상회담에 참석하지 않고 술에 취해 비행기에서 내내 잤던 일은 아직도 종종 회자된다. 러시아가 술에 호의적인 문화를 가진 나라라 하더라도 타국의 대통령들과의 만남에서 그가 한 실수들은 국가원수로서 자질이 의심된다는 평가가 나올 수밖에 없었고 러시아 당국에서도 옐친을 비판하는 기사들이 쏟아져 나왔다.

고르바초프 정권 시절 당의 실질적 2인자이자 외교전문가였던 알렉산드르 야코블레프는 옐친을 조롱하는 언론에게 “당신들이 지금 자유롭게 옐친을 욕할 수 있게 만든 사람이 옐친”이라는 말로 옐친을 옹호하기도 하였다. 바로 옐친이 러시아 언론의 자유를 가져온 사람이었다는 말이다. 옐친은 대통령으로 집권하는 동안 언론의 자유를 주장했고, 언론통제권을 회복하려는 최고회의 의원에 맞서 “언론에 대한 통제는 옛 소련 시대로 복귀하는 것”이라 말하며 언론계 인사들의 편을 들어주는 등 러시아의 '말할 권리'를 보장해 준 대통령이었다. 그가 그렇게 중요하게 생각했던 '언론의 자유'는 러시아가 아직 소련이던 시절, 내가 그를 처음 마주했던 그때 막 시작되고 있었다.

옐친과의 만남

내가 옐친 대통령을 만난 건 그가 대통령이 되기 2년 전, 그러니까 그가 제1차 소련인민대표회의 선거의 유력한 당선후보였던 1989년 2월이었다. 나는 노보스티통신사의 공식초청을 받아 한국 기자로는 처음으로 소련을 방문하게 되었다. 수교 전이라 중간기착지인 런던에서 임시 비자를 받아 모스크바로 향했다. 모스크바 세레메티예보 국제공항의 음침한 불빛과 콧날이 날카로운 젊은 군인이 느린 동작으로 나를 여러 차례 아래 위로 훑어 보며 여권에 스탬프를 찍어주던 그 순간은 아직도 기억이 생생하다.

공항에서 호텔까지 가는 길은 대로였음에도 불구하고 겨우내 쌓인 눈 때문에 마치 닥터 지바고에 묘사된 것처럼 깨진 맥주병 밑바닥을 밟는 듯 울퉁불퉁했다. 호텔에 도착했을 때 현관에서는 늘씬한 여성이 말보로 담배를 입에 물고 호객행위를 하고 있었다. 당시 소련은 고르바초프의 페레스트로이카(개혁)와 글라스노스트(개방)의 물결이 넘실대고 있을 때였다. 그러나 말보로 담배 한 갑이면 택시비가 해결된다는 속설이 있을 정도로 물자는 품귀현상을 빚고 있었고 서민들의 삶은 피폐해 있었다.

취재팀은 서울과 모스크바를 연결하는 위성 생방송을 시도했다. 위성 생방송을 하기 위해서는 두 가지 난관을 해결해야 했다. 우선 당시에는 국가 간의 위성 생방송을 하려면 사전에 정부의 허가를 받아야 했다. 그러나 한국과 소련이 수교하기 전이어서 양국 정부의 허가를 기대하기 어려운 상황이었다. 다음으로는 텔레비전 방송방식이 한국은 NTSC방식인 반면 소련은 PAL방식이어서 서로 다른 신호를 호환해주는 기술적 어려움이 있었다. 그래서 나는 88올림픽 때 한국에 나왔던 소련 외무성의 극동아시아 담당자를 찾아가서 도움을 요청했다. 그는 나에게 MBC와 제휴한 미국 방송사의 도움을 받아보라고 귀띔을 해줬다. 결국 우리 취재팀은 MBC의 미국 제휴사인 CBS 모스크바 지국의 도움을 받아 모스크바에서 뉴욕을 거쳐 서울로 영상을 보낼 수 있게 되었다. 이렇게 해서 한국-소련 간, 다시 말해 서울-모스크바 간 한국 방송사에 남을 첫 위성 생방송이 이루어졌다. 우리 취재팀이 모스크바에 체류하는 동안 제작한 10분 분량의 기사를 당시 MBC 서울본사에서는 매일 밤 9시 뉴스데스크에 서울과 모스크바를 연결하여 생방송으로 보도했다. 이때 모스크바에서 내가 만난 사람들이 바로 옐친 소련공산당 중앙위원, 프리마코프 동방연구소장, 그리고 말케비치 상공회의소 회장이었다.

당시 고르바초프의 측근이라고 알려진 말케비치 상공회의소 회장은 한국과의 직접 무역사무소 개설에 매우 긍정적인 반응을 보였다. 옐친 중앙위원은 공산당 당대회가 있었던 회의장 앞에서 기다려 인터뷰 할 수 있었다. 대한민국 기자로서는 처음이었다.

"한국과 소련의 수교 관계를 어떻게 생각하십니까"

그는 호탕하고 거침이 없었다. 고르바초프가 관료적이면서 내성적이라면 옐친은 야성적이었다.

"한소는 친선관계를 위해 노력해야 합니다. 특히 경제문화 교류를 외교관계로 발전시켜야 하죠. 한국 국민의 근면성과 경제추진력을 높이 평가합니다."

소련의 정치권에서 나온 이 발언은 한국에 대한 첫 응답이었다. 한소 관계의 물꼬가 터지는 것은 물론, 당시 노태우 정권의 북방 정책의 열기를 한층 끌어올리는 계기도 되었다.

옐친의 첫인상은 러시아 불곰을 연상시켰다. 체구도 크고 목소리도 우렁찼으며 눈빛도 강했다. 그런 그의 강함 뒤에는 순수한 웃음이 은근히 자리잡고 있었다. 한국에서 온 기자라는 내 소개에 옐친은 두말 없이 인터뷰에 응했다. 한·소 수교 전이라 정치인으로서 조심스러웠을 텐데도 그에게서 그런 면은 전혀 찾아볼 수 없었다. 솔직했고 계산적이지 않아보였다. 오히려 "하라쇼!(좋습니다!)"를 연발하며 한국에 관심을 표명했다.

그 당시까지만 해도 옐친은 한국사회에 널리 알려진 인물이 아니었다. 고르바초프는 알아도 옐친은 잘 몰랐다. 그 후 1990년 옐친은 소련의 최고 소비에트의장이 되었다.

소련이 해체되고 국민들의 직접선거로 러시아 연방 공화국의 초대 대통령이 된다. 옐친은 대통령이 된 후에도 친한정책을 펼친다. 그는 1992년 노태우 정권 때 한국을 방문해 예전 북한을 도와 남한을 침략한 소련의 과거에 깊은 유감을 표했다. 이에 대한 진심을 증명하듯 1994년에 러시아를 방문한 김영삼 전 대통령에게 "김일성의 남침계획을 스탈린이 승인하고 소련과 중국의 지원을 약속받은 김일성이 일으킨 남침전쟁이었다"라고 밝히며 6.25 당시 북한이 남한을 침략한 증거가 되는 옛 소련의 기밀문서를 넘겨주기도 하였다.

옐친이 대통령이 된 이후 한국의 대기업들은 옐친의 한국방문을 앞두고 서로 옐친을 모셔가려는 치열한 경쟁을 했다. 그 당시 대우와 삼성은 서로가 옐친의 방문일정을 잡기 위해 모스크바에서도 신경을 곤두세웠다. 당시 중앙일보 모스크바 특파원으로 있던 김석환 기자는 보리스 옐친 러시아 대통령의 방한을 앞두고 그의 고향 예카테린부르그를 방문하였다. 옐친센터의 관계자 및 가족 등을 만나 옐친의 성장과정과 그에 대한 고향주민들의 애정 등을 취재하고 옐친의 어머니에 관한 기사를 실었다. 당시 기사는 이러한 우리나라 기업들의 옐친 유치작전의 와중에 나왔으며 이 기사는 옐친의 서울방문 준비작업에 활용되기도 했다. 김석환 기자의 기사 일부를 인용한다.

옐친 대통령 가족들의 생활은 의외로 조용하다. 동생과 누이동생, 어머니가 모두 예카테린부르크에서 조촐하게 살고 있고 옐친의 딸이나 사위들의 활동도 전혀 잡음이 없다. 옐친의 어머니 클라브디야는 모스크바로 모시겠다는 아들의 말을 거절한 채 현재, 예카테린부르크의 방 두칸짜리 아파트에서 81세의 고령임에도 불구하고 직접 바느질도 하고 요리도 하면서 살고 있다.

예카테린부르크 사람들의 말에 의하면 클라브디야는 "내가 대통령이 아닌데 정든 고향을 버리고 모스크바에 가 살 일이 무엇이 있느냐"며 고향을 떠나지 않고 있으며 옐친도 이러한 어머니를 무척 자랑스러워 한다는 것이다.

예카테린부르크 사람들은 옐친에 대해 더욱 뜨거운 애정을 갖고 있다. 옐친 센터 소장인 알라 이바노브나는 "이곳의 많은 공장 노동자들은 현정부의 정책에 노골적인 불만을 갖고 있다. 과거보다 생활은 더 악화되었고 정부의 약속과는 달리 조만간 다시 경제가 좋아져 생활이 나아질 기미도 보이지 않는다. 그래도 우리는 참고 기다리며 옐친대통령을 지지한다.

그가 임기 후 다시 대통령 선거에 출마해 재선되기를 바라고 있다. 옐친 없는 러시아의 미래는 생각할 수도 없는 일"이라고 말했다. 옐친은 술과 연관된 수많은 일화를 갖고 있다.

모친이 60이 넘은 아들보고 "술 조심해라"는 걱정 반 안부 반의 당부를 요즘도 잊지 않는다든지 옐친과 크라프추크우크라이나 대통령이 술에 취해 회담이 끝난 후 주먹다짐 일보직전까지 갔다든지 하는 이야기도 있다.

동생 미하일은 옐친이 손가락을 절단하게 된 사건에 대해 들려주었다.

"형이 10대 소년이었을 때였다. 당시는 대조국 전쟁(2차 세계대전) 중이었다. 그때 러시아의 모든 남자들이 그랬듯 형도 조국을 방위하는 영예로운 임무를 수행하려 했다. 그러나 형은 나이가 어려 전쟁터에 나갈 수가 없었다. 그렇지만 형은 마을의 소년들과 함께 무기의 조작법을 익히고 박격포도 분해하는 등 열심이었다. 그러다 포탄이 터져 왼손의 손가락 2개를 절단해야만 했다."

예카테린부르크와 옐친이 태어난 베레즈니키에는 옐친의 어릴 적 친구들이 많다. 이들의 기억을 종합하면 옐친은 외모와는 달리 문학에 대한 취미가 대단했다. 흥이 나면 노래도 부르고 춤도 춘다. 배구나 테니스 등 운동도 선수만큼 잘한다. 체호프의 작품을 즐겨 읽고 러시아의 민요를 수준 급으로 부른다. 민요 〈랴비냐 랴비누슈카〉는 그가 가장 애창하는 곡이다. 춤곡으로는 러시아의 작곡가들의 작품과 왈츠를 좋아한다. 집안의 행사 때 는 둘째 딸 타냐와 함께 춤 솜씨를 자랑하기도 한다.

— 김석환 특파원 〈옐친, 문학·춤도 즐긴다 —고향가족·주민에 들어본 옐친의 모든 것〉, 중앙일보 기사 중에서.

문학과 춤을 즐기던 옐친. 삼성전자는 옐친이 방문했을 때 그가 가장 좋아하는 춤곡인 러시아 민요 〈랴비냐 랴비누슈카〉(이 곡은 나도 러시아 방문 때 LP판으로 구입하여 소장하고 있다)를 환영음악으로 사용했다. 또한 옐친이 가장 좋아하는 음식인 우랄뺄메니(양파와 고기만 들어간 우랄식 물 만두)까지 준비해서 옐친을 감동시키는 일화를 남겼다.

'러시아의 불곰'도 역사 속으로 사라지다

2007년 4월 23일 옐친 대통령의 사망소식이 전 세계로 타전됐을 때 나는 과거 모스크바에서 러시아 불곰처럼 큰 덩치에 어울리지 않는 순 진한 웃음을 지으며 나와 인터뷰를 하던 그의 모습을 떠올렸다. 그리고 한때는 국민들의 전폭적인 지지와 신뢰를 받으며 러시아의 초대 대통령 으로 당선되었으나, 결국 초기 러시아의 혼란을 극복하지 못하고 건강상의 이유로 스스로 물러나던 그의 모습도 생각났다.

이제 한국과 러시아는 비자가 필요 없는 나라가 되었다. 1989년 당시 서울과 모스크바 간의 실시간 위성 생방송을 통해 전해지는 소련의 소식을 접하면서 신기해하던 우리 국민들이, 불과 20여 년 만에 이제 비자 없이도 러시아를 방문할 수 있게 된 것이다.

옐친은 두려워하지 않는 용기로 당선된 대통령이었다. 그래서 그의 거침없음과 호탕함 때문에 한-러 관계는 급속하게 발전했고, 모스크바의 크레믈린 궁으로 향하는 다리와 건물 지붕 등 주요장소에 한국기업의 광고가 들어설 수 있었다. 옐친의 두려워하지 않는 용기는 그 시대를 관통했지만 지속가능하지는 못했다. 그것은 아마도 두려워하지 않는 용기와 함께 그 이후를 대비하는 세밀한 전략과 정책대안이 없었기 때문일 것이다.

지금 우리는 과거의 20년을 돌아보고 앞으로의 20년을 내다보며 새로운 한-러 관계를 위한 준비를 시작해야 할 시점에 와있다. 옐친의 후임 푸틴의 러시아를 보며 정치인으로서의 호탕함과 넘치는 정직함의 힘 그리고 정치인으로서의 치밀함과 은밀함이 교차하는 힘들의 길고 짧음을 느끼며 격세지감을 생각하게 된다.

중동 평화의
상징

이츠하크 라빈

1994년 12월 8일 특집 인터뷰(이스라엘 라빈수상 집무실에서)

"평화는 강한 힘이 있을 때만 유지되고 존재한다."

– 1994년 12월, MBC 박영선 기자와의 인터뷰 중

1995년 11월 4일, 이스라엘의 평화주의자였던 이츠하크 라빈 총리가 유대인 극우파 청년 이갈 아미르에 의해 암살되었다. 라빈 총리는 중동 평화를 위한 축제에 참가해 연설을 마친 뒤였다. 그의 죽음으로 인해 많은 국민들이 눈물을 흘렸고 그를 추모하는 노래를 불렀다.

나는 너를 위해 울러 간다
너는 하늘 위에서 영원할거야
밤에 열려 있는 문들처럼
너에 대한 그리움이 열려 있어

친구여 영원하라
널 항상 기억할게
너는 알지? 우린 결국 다시 만날 거란 것을 말이야
내게 친구들이 있지만,
그러나 너의 멋진 불빛 앞에서는 빛을 발하지 못해

사람들은 슬플 때 바다로 간다
그 때문에 바다는 짠 것이다

그리움 없이 하늘로 너를 되돌려 줄 수 없다는 것은

슬프구나

친구여 영원하라. 널 항상 기억할게

너는 알지? 우린 결국 다시 만날 거야

내게 친구들이 있지만

그러나 너의 멋진 불빛 앞에서는 빛을 발하지 못해

파도가 방파제에 부서진다

우리도 우리 삶에 부서진다

— 〈너를 위한 눈물〉 중에서

전쟁영웅에서 평화의 중재자가 되다

이츠하크 라빈 총리는 당시 영국령 팔레스타인의 일부였던 예루살렘에서 태어나 크파르타보르의 카두리 농업학교를 졸업하고 제2차 세계대전 중인 1941년에 유대인 방위특공대인 팔마츠에 입대했다. 팔마츠에 입대한 라빈은 시리아와 레바논에서 비시 프랑스에 맞서 싸웠으며 1947년에 팔마츠의 부사령관이 되었다. 이스라엘 독립전쟁 당시에는 정전협정 대표 가운데 한 사람으로 참석하여 이스라엘 독립에 기여했다. 그리고 34세의 나이로 육군참모총장에 임명되었다.

그가 군인으로서 최고의 면모를 떨친 계기가 된 사건은 1967년 이스라엘과 아랍연맹 사이에서 발생한 6일전쟁(제3차 중동전쟁)이었다. 이때 불과 5만의 군대로 10배가 넘는 아랍 연합군을 물리친 전쟁은 우리에게도 잘 알려져 있다. 당시 그는 '사브라'(선인장 꽃의 열매로 이스라엘인들의 고난 극복의 상징)라는 애칭으로 불려졌다. 이는 외국이 아닌 이스라엘 땅에서 태어난 유태인 영웅이라는 의미였다. 그는 27년의 군인생활을 마감하고 정치인으로 변신했는데, 정계입문 이후 그의 삶은 이전보다 훨씬 빛을 발하기 시작했다. 이스라엘 본토 태생으로 전쟁영웅을 거쳐 최초의 이스라엘 총리가 된 것이다.

그는 1968년 군에서 전역한 후 동시에 주미대사에 임명되어 미국에서 5년간 근무한다. 그러고는 1973년 봄 이스라엘로 돌아와 노동당 소속으로 크네세트(이스라엘 국회) 의원으로 선출되고, 1974년 4월 골다 메이어 내각 때는 노동장관을 역임하기도 한다. 그리고 1974년 6월 2일 골다 메이어의 사임 이후 이스라엘 국회는 이츠하크 라빈 총리가 이끄는 신정부를 승인한다. 라빈이 총리직에 있는 동안 이스라엘 정부는 경제력 강화, 사회문제 해결, 이스라엘군의 증강 사업에 역점을 두는 등 내각을 성공적으로 이끌어낸다. 그리고 1977년 라빈은 총리직에서 물러난다.

1984년부터 1990년까지 라빈은 국방부장관을 지내다 1992년 2월 노동당 사상 처음으로 실시된 전국 예비선거에서 이스라엘 노동당 당수에

선출된다. 1992년 총선에서 노동당을 승리로 이끌고 그는 다시 총리로 취임해 두 번째 총리직을 수행한다. 그러고는 팔레스타인과의 평화협상에 들어간다. 1994년 10월에는 오슬로협정을 맺어 중동 평화에 기여한 공로로 PLO 아라파트 의장, 시몬 페레스 이스라엘 외무장관과 함께 노벨 평화상을 수상했다.

매파에서 비둘기파로

라빈 총리의 중동 평화정책은 이스라엘의 극우 시오니스트, 유태교 종교 조직, 그리고 당시 집권당이었던 노동당까지 모두 그를 '민족의 적'이라 비난하게 만들었다. 집권 초기 라빈 총리는 "이스라엘의 이익을 위해서라면 어떤 일이든지 할 수 있다"라는 강경파의 모습을 보여주었다. 하지만 80년대 말부터 과거 강경파로서의 이미지를 버리고 팔레스타인인들의 자치를 허용하는 비둘기파의 길을 선택했다. 정치입문 초기 팔레스타인인들의 독립의지를 꺾고 인권유린을 주도해왔던 모습과는 엄청난 대조를 보였다.

그가 비둘기파의 지도자가 된 이유는 세 가지로 압축된다.

첫째, 이미 팔레스타인 탄압에 대해 국제사회로부터 심각한 비판을 받고 있으며 그로 인해 중동국가들과의 관계가 악화되고 있는 상황이 지속되는 한 이스라엘의 미래는 없다고 판단했다. 둘째, 80년 대 말 정치·경제적으로 미국의 주도력이 약해지고 있는 상황을 감지했다. 셋째, 이스라엘의 안전을 도모하기 위해서는 아랍국가들과의 화해를 통한 공존만이 살길이라 생각했다.

결국 이러한 대내외적인 상황에서 라빈 총리는 이스라엘의 이해 당사국인 팔레스타인, 요르단, 이집트와의 협상을 통해 리비아, 시리아, 이라크, 이란 등 강경국가들을 이분시키려는 전략의 일환으로 중동협상을 가져갔다. 그러나 이러한 라빈 총리의 노력은 일부 극우성향의 강경파 유대인들에게 받아들여지지 않았으며 결국 비극적 종말을 가져왔다. 자신의 전 생애를 걸고 이스라엘의 독립과 안전, 그리고 번영에 두었던 그로서는 너무나 안타까운 죽음을 맞이했던 것이다.

평화는 강한 힘이 있을 때만 유지되고 존재한다

1994년 12월. 기자 시절 나는 이츠하크 라빈 총리를 인터뷰하기 위에 예루살렘으로 날아갔다. 총리실은 마치 야전 사령부를 방불케 할 만큼 매우 검소하고 작았다. 무려 아홉 번의 검문 끝에 도착한 총리실 안에는 나무로 된 책상 하나와 나무 의자만이 눈에 띄었다. 언제 일어날지 모르는 전쟁에 대비해서 정부 공공기관 사무실도 야전체제를 방불케 하는 형태를 띠고 있었다. 그때 그가 인터뷰 내내 수차례 강조했던 말. 그 말을 나는 요즘도 때때로 인용하곤 한다.

"평화는 강한 힘이 있을 때만 유지되고 존재한다"

이 말은 라빈 총리의 체험에서 우러나온 말이기에 내게 더욱 강한 인상으로 남았다. 그는 자신이 전쟁영웅에서 평화의 중재자가 된 배경을 이렇게 설명했다.

"(아랍국가와 이스라엘 간에 전쟁이 자주 발발하자) 전쟁과 폭력을 통해서는 국민이 원하는 것을 얻을 수 없고, 오직 평화만이 그것을 성취할 수 있는 방법이라는 것을 깨달았다. 처음에는 이집트 사다트 대통령이 공감을 하면서 이스라엘과 이집트간에 조약이 체결되었고, 12년 후 마드리드 평화회의에 이르러 마침내 다른 아랍국가들도 인식을 같이 했다. 우리는 앞으로도 자주적 방위력을 바탕으로 한 평화 정책에 노력할 것이다. 아랍국가들도 무력으로는 결코 원하는 것을 얻을 수 없으며, 이스라엘과 평화협상을 벌이는 것이 이롭다는 생각을 하고 있는 것 같다."

당시 중동 평화정책에 기여한 공로로 노벨 평화상을 수상했던 그는 한국과 이스라엘 간의 경제협력에 초점을 맞춰 김영삼 정부의 초청으로 한국 방문을 약 일주일 정도 앞둔 상태였다.

돌이켜보면 나는 3명의 노벨 평화상 수상자를 직접 만날 기회가 있었다. 김대중 대통령, 만델라 대통령 그리고 라빈 총리였다. 김대중 대통령과 만델라 대통령은 오랜 기간에 걸친 정치적 탄압과 고난을 극복해 낸 사람들로서 내면에서 우러나오는 영적인 성숙함이 느껴진다는 공통점이 있었다. 반면 군인에서 출발하여 정치가로 변신하고 두 번에 걸쳐 총리를 역임한 라빈의 경우에는 상대적으로 현실정치인의 풍모가 보다

강하게 느껴졌다.

라빈 총리의 눈은 매서웠지만 그의 말하는 태도는 참 부드러웠다. 라빈 총리의 인상을 굳이 한국의 지도자 중에서 고른다면 정운찬 총장과 닮았다고 할까? 정운찬 총장의 눈매보다는 매서운 눈의 소유자였으나 그에게도 상대방의 긴장을 녹여주는 은은한 푸근함이 있었다.

지도자에게 푸근함은 상대방으로 하여금 그를 평가하는데 중요한 요소로 작용하게 한다. 지도자의 푸근함이란 상대방의 긴장을 풀어줌으로써 속내를 끌어내는 무기이기도 한데, 이것은 지도자 자신이 연마한 내공과 여유에서 비롯되는 것이다. 흔히 지도자를 만나는 일반인들은 지도자의 푸근함의 정도에 따라 존경의 마음을 갖게 되기도 한다.

라빈 총리는 인터뷰에서 산업, 농업, 문화 어느 분야든 한국과의 경제협력을 확대할 것이라 말했고 항공협정 체결을 원했다. 또한 한국과 이스라엘의 과거사를 재조명한다는 데 초점을 맞추기도 했다. 그것은 우리나라가 70년대 아랍을 중시하는 신중동정책을 편 이후에 소원해지기 시작했던 한국과 이스라엘 간의 관계를 재정립한다는 외교적인 의미가 담겨 있었다.

라빈 총리는 오전시간 거의 전부를 인터뷰에 할애해 주었다. 그만큼 그 당시 한국은 경제적으로 중요했던 것으로 보인다. 또한 북한 문제와 관련해서도 한국과의 관계 증진은 필요했던 것으로 보인다.

특히 북한이 이란과 맺은 미사일 개발생산 협의에 대해서 라빈 총리는 "북한이 매우 위험한 나라"라며 심각한 우려를 표명하기도 했다.

"우리 입장에서는 북한에 관한 또 하나의 문제가 있습니다. 북한은 지대지미사일을 개발해서 이란과 시리아에 수출했습니다. 또한 스커미사일을 수출했고 스커드미사일 개발기술까지 전수했습니다. 그뿐만 아니라 이란과 북한 사이에는 사정거리 1300Km에 이르는 노동 미사일 개발 및 생산에 관한 협정이 체결되었습니다. 이란은 이스라엘 공격을 위해 미사일이 필요하고, 북한은 일본을 공략하기 위해 미사일이 필요합니다. 지금은 노동미사일 개발이 중단된 것으로 알고 있지만, 어쩌면 핵기술을 확산시키고 있을지도 모른다는 사실이 가장 우려됩니다."

그 당시 모사드(이스라엘의 정보 및 특수공작 담당기관)는 이러한 북한의 움직임에 상당히 민감한 반응을 보였던 것으로 보인다. 북한의 무기 개발이 결과적으로 중동평화에 영향을 끼친다는 인식에 따라 이스라엘이 북한과 접촉이 있었다는 사실도 그는 시인했다.

"1년 반 전쯤 이스라엘 관리들이 북한과 접촉한 것이 사실입니다. 그러나 나는 미국이 북한 문제에 대처해주기를 원했기 때문에 북한과의 접촉을 끊었습니다. 나는 이스라엘이 북한에 별 영향을 미칠 수 없다고 생각합니다. 우리는 우리의 한계를 인식하고 있습니다. 미국이 북한 문제를 이끌어가기를 바랍니다. 미국이 요청하지 않는다면 우리가 북한과 직접 교류할 생각은 없습니다. 현재 미국은 우리가 북한 문제에 관여하지 않기를 바라고 있습니다."

나는 이러한 라빈 총리의 발언을 들으며 그가 북한의 미사일 문제와 핵 문제, 나아가 북미관계에 대해서까지도 국제정치의 시각에서 매우 섬세하고 신중한 전략적 판단을 하고 있다는 인상을 받았다. 한반도 통일 문제에 대해서도 매우 조심스럽게 그러나 의미심장한 언급을 했다.

"내가 한국 정부에 대해 감히 충고할 입장은 아닙니다. 우리의 경험에 비추어볼 때 우선 무엇보다도 남북 양측이 합의를 도출해낼 만반의 준비가 되어 있어야 한다고 봅니다. 그런 후에 함께 앉아 그 문제에 대해 논의해야 합니다. 어제의 적들 사이에서는 서로 만나서 얼굴을 맞대지 않고서는 문제해결이 어렵습니다. 우리(이스라엘과 아랍국가)의 경우를 보면 문제점에 대해 마음을 터놓고 이야기한 뒤에야 해결책을 찾았습니다."

라빈 총리는 아시아의 서쪽 끝자락에서 일고 있는 평화의 기운이 동아시아의 한반도에도 미칠 수 있기를 희망했다. 한반도 통일을 위해서는 남북 간의 격의 없는 대화가 절실히 필요하다고 언급했다.

두 번째로 한국을 방문하다

1994년 12월 14일, 라빈 총리는 3박 4일 일정으로 생애 두 번째 한국을 방문한다. 라빈 총리는 인류평화에 기여한 공로로 서울대에서 명예철학박사 학위를 수여받은 후, 김영삼 전 대통령과의 만찬에서 한국과 이스라엘 가정의 전통적인 자녀교육을 언급하며 교육에 대해 깊은 관심을 드러내기도 했다.

"이스라엘과 한국은 과거와 미래를 공유할 것입니다. 서울과 예루살

렘의 거리는 수천 킬로미터나 된다고 하지만 우리는 같은 아시아 대륙에 위치한 이웃입니다. 한국과 이스라엘은 고대사를 공유하고 있으며 또한 미래에 대한 밝은 희망도 공유하고 있습니다. 우리 국민들은 자국의 문화와 민족의 역사적 유산을 자부하고 있으며, 그 문화를 보존하고 향상시키기 위해 많은 노력을 기울이고 있습니다. 양국은 주변의 강대국들 속에서도 자국의 민족적 농실성을 단호하고 끈기 있게 보존해 왔습니다.

한국과 이스라엘 양국이 공유하고 있는 또 하나 중요한 점은 전통적으로 가정을 중시하고 있다는 것입니다. 우리 양국의 부모들은 자녀교육을 가장 중시하며 그를 위해 모든 노력을 아끼지 않고 있습니다. 한국과 이스라엘의 경제는 여러모로 상호보완적입니다. 서로가 상대국에서 많은 기회들을 갖고 있습니다. 한국은 산업의 고도발전과 소비재의 대량생산에 도달했습니다. 이스라엘은 고부가가치의 하이테크 제품의 제조, 그리고 과학적 창조성과 기술혁신에 기초한 상품개발에 주력해왔습니다.

이스라엘의 하이테크 그리고 고도로 발전된 한국의 산업과 마케팅은 양국의 결속기반으로 기여할 수 있습니다. 과학적 연구개발(R&D) 분야에서 우리 양국의 협력 가능성은 거의 무한대입니다. 이스라엘은 한국에 높은 수준의 연구개발 시설과 고학력 인력을 제공할 수 있으며, 그것은 한국의 산업성장을 지속시키고 한국의 기술적 기반을 G-7 국가들 수준으로 향상시킬 수 있을 것입니다."

평화를 외쳤지만 암살로 세상을 떠나다

한국 방문 뒤 채 1년이 되지 않아 그는 암살로 갑작스레 세상을 떠났다. 1995년 11년 4월, 라빈 총리의 장례식에는 세계 각국의 많은 지도자들이 참석해 평화를 부르짖었던 라빈 총리의 마지막 길을 위로했다. 후세인 요르단 국왕은 라빈 총리의 용기를 높이 샀다. 그리고 그를 평화의 전사라고 칭하기도 했다. 또한 페세스 이스라엘 총리대행은 라빈 총리와의 추억을 새기며 "흉탄은 평화의 행진을 결코 멈출 수 없을 것"이라며 평화의 노래를 부르기도 했다. 그리고 당시 미국 대통령이었던 빌 클린턴은 라빈 총리의 순교가 지닌 의미를 되새겨야 한다고 말하며 "미국인들은 링컨과 케네디, 그리고 마틴 루터킹을 잃었다. 그 오랜 상실의 역사를 기억하고 있는 미국인들의 전철을 이스라엘 국민들이 밟지 않기를"이라는 말을 거듭 강조했다.

나는 중동의 평화를 위해 많은 노력을 했던 라빈 총리의 죽음을 생각하면, 과거 해방 이후 분단된 조국의 평화와 통일을 위해 노구를 이끌고 평양을 방문했던 김구 선생이 떠오른다. 김구 선생이 암살을 당한 후 한반도에 전쟁이라는 비극적인 운명이 잉태된 것처럼 라빈 총리의 사망 이후 이스라엘과 팔레스타인의 분쟁은 끊이지 않고 있다. 또한 2014년에는 이스라엘의 대대적인 공습과 침공으로 많은 팔레스타인 민간인이 사망하는 사태까지 빚어졌다.

역사에서 보듯이 국가란 어떤 지도자를 만나 어떤 정책을 펼치느냐에 따라 미래도 결정된다. 지난 '국민의 정부'와 '참여정부'에서 진행됐던 한반도 평화 정책은 이후 이명박 정권과 박근혜 정권을 거치며 퇴행했다. 민주정부 10년의 대북정책이 북한에 대한 퍼주기라는 보수진영의 주장은 지금의 보수정권 10년의 남북관계를 지나치게 경색시키는 반작용을 초래하고 있다. 이러한 한반도의 냉기류가 과연 변화하는 21세기에 얼마만큼 우리 민족의 미래를 담보할 수 있느냐는 걱정의 목소리가 높아지고 있다.

박근혜 대통령은 "통일은 대박"이라고 외치지만 그 과정에서 평화를 담보하지 못하거나 미리 준비하지 않는다면 그런 '통일대박론'은 공허한 말로 그칠 것이다. "강한 힘이 있을 때만 평화가 유지된다"고 말하면서 그 강한 힘을 유지하기 위해 많은 준비를 했던 라빈 총리처럼, 통일대박도 준비하지 않으면 또 힘을 비축하지 않으면 안된다는 것은 너무도 자명한 일이다.

중동의 평화를 위해 기꺼이 자신을 희생했던 라빈 총리처럼 미래의 대한민국에 평화를 가져올 수 있는 지도자가 절실한 시점이다.

독재 정권에
승리한
여성의 힘

코라손 아키노

1998년 2월 24일 김대중 대통령 취임 특집 아키노 여사 대담(필리핀 마닐라 자택에서)

"미국 정부에서는 이런 일(필리핀 민주화 지도자 니노이 아키노 암살사건)이 재발
되지 않기를 원했습니다. 그래서 김대중 대통령이 미국에서 한국으로 귀국했을 때
미국의 주요인사들이 동행을 했죠. 저는 이런 점에서 김대중 대통령께서 제 남편의
비극적인 사건 때문에 한편으로 보호 받으실 수 있었던 것이 기쁩니다."

– 1997년 12월, MBC 기획특집

〈민주주의를 지킨 대통령〉 중 박영선 기자와의 인터뷰에서

2012년 12월 대선을 앞두고 미국의 유명 시사잡지 《타임》은 박근혜 후보를 표지인물로 장식한다. 제목은 〈The Strongman's Daughter〉. 일부에서는 독재자의 딸이라고 해석하기도 했고 일부에서는 다른 해석을 내놓기도 했지만, 북한의 김정일 국방위원장이나 리비아의 카다피 원수, 그리고 시리아의 독재자 알 아사드 대통령을 지칭할 때 외신들은 종종 'Strongman'이란 단어를 썼다.

1986년 타임지는 올해의 인물로 코라손 아키노 대통령을 선정한 바 있다. 마르코스 독재정권에 항거하다 암살당한 남편을 대신해 그 독재정권을 몰락시키고 필리핀 최초의 여성 대통령이 된 코라손 아키노. 우리는 필리핀에 비해 26년 늦게 첫 여성 대통령을 탄생시켰다. 타임지의 표지인물로 등장한 한국과 필리핀 양국의 여성 대통령은 그 탄생의 배경은 달랐지만 아버지의 후광, 남편의 후광이라는 점에서, 그리고 그 후광의 한 편에는 총탄에 목숨을 잃은 큰 충격이 남아있다는 점에서 공통점이 있다. 그러나 역사적으로 1970년대 계엄령을 선포하며 독재자의 길을 간 박정희 대통령과 필리핀의 마르코스 대통령을 놓고 보면 그 공통점 속에 아이러니가 존재한다.

한 사람은 독재정권을 몰락시킨 야당당수의 부인으로서 필리핀의 민주화를 이끌었고, 한 사람은 말년에 독재자의 길을 걸은 아버지의 딸로서 때때로 한국 민주주의를 유신시대로 후퇴 시키려는 것 아니냐는 비판을 받고 있다.

남편 니노이 아키노의 죽음

1986년 2월 25일, 노란색 옷을 입은 여인이 단상에 올라 연설을 시작했다. 대통령 취임식에서 부정부패 척결을 다짐한 필리핀 최초의 여성 대통령 코라손 아키노였다.

"나라의 주인은 국민입니다. 부디 정부의 행동을 잘 감시해주세요."

평범한 주부로 자식을 키우며 살아가던 코라손 아키노를 대통령으로 만든 것은 남편의 죽음이었다. 그의 남편, 니노이 아키노가 독재정권에 의해 암살당한 지 햇수로 3년. 3년 전인 1983년 남편의 죽음 앞에서 오열하던 코라손 아키노 여사. 남편 니노이 아키노는 당시 극에 달한 마르코스의 독재에 온몸으로 저항했던 야당의 정치지도자였다. 그는 1972년 마르코스가 계엄령을 선포하자 투옥되었고 7년간의 수감생활을 견뎌내다 이후 건강악화로 미국으로 망명한다. 1981년 계엄령을 철회한 마르코스는 선거에 출마해 이해할 수 없는 압도적인 표차로 당선된다. 이에 미국에 있던 니노이 아키노는 마르코스 독재를 비판하며 귀국을 결정한다. 니노이 아키노는 투옥 또는 암살될 것이라는 경고와 협박을 거듭 받았지만, 1983년 8월 3년 만에 귀국 비행기에 오른다. "암살자의 총탄에 내가 죽을 운명이라면 그렇게 받아들이겠다"는 말과 함께.

  마닐라 국제공항에 도착한 비행기에서 니노이 아키노는 정부 측 군인들에게 둘러싸여 트랙을 내려왔다. 동승했던 외신기자들은 함께 트랙을 내려올 수 없었다. 하지만 니노이 아키노가 트랙을 다 내려오기도 전에 총성이 울렸다. 호송하던 군인에 의해 니노이 아키노는 즉사하였다. 총을 쏜 군인도 활주로에 있던 다른 군인들에 의해 사살되었다. 이 장면은 TV로 전 세계에 생생하게 중계되었다. 정부는 암살범인 갈만(Galman)이 공산당의 사주를 받았다는 황당한 발표를 하였다. 하지만 그 말을 믿는 사람은 아무도 없었을 것이다. 1983년 8월 21일, 마닐라 공항에 울려 퍼진 총성은 코라손 아키노의 삶과 필리핀의 역사를 그렇게 바꿔 놓았다.

독재정권을 몰아내다

  당시 니노이 아키노의 장례식에는 수많은 인파가 몰렸다. 평소 니노이 아키노는 노란색을 좋아했는데, 많은 사람들이 노란색 옷을 입고 거리로 몰려나왔다. 그리고 거리 곳곳에 노란색 리본을 달기 시작했다. 사람들이 만들어낸 노란물결은 대규모 '반 마르코스 운동'으로 번지기 시작했다. 그때 코라손 아키노는 대중들 앞에서 독재정권과 맞서 싸울 것을 선언했다.

"남편을 잃은 슬픔은 저만의 슬픔이 아닙니다. 이것은 곧 필리핀 전체의 슬픔입니다."

장례식장에서 수많은 사람들은 코라손 아키노를 위로했다. 그리고 코라손 아키노의 애칭인 "코리"를 외쳤다. 그것은 곧 필리핀 민주주의의 상징으로 여겨지며 마침내 코라손 아키노를 대통령 후보로 추대하기에 이른다. 그동안 정치경험이 없었던 코라손 아키노는 잠시 대통령 출마를 망설였지만 "필리핀에 민주주의를 정착시킬 수 있는 절호의 기회에 국민의 부름을 거부하는 것은 죄악이다"라는 친구의 설득으로 결심을 굳히게 된다. 그리고 코라손 아키노는 남편의 무덤 앞에서 다시 한 번 다짐한다.

'당신이 이루지 못한 꿈을 내가 이루어 줄 것입니다.'

거리는 온통 저항을 상징하는 노란색으로 물들었고, 국민들은 코라손 아키노의 연설에 환호했다. 그리고 노란색 손수건을 흔들며 "코리"를 외쳤다. 이후 마르코스 대통령은 이런 정치적 위기를 돌파하고자 1986년 대통령 선거를 실시한다. 이에 코라손 아키노는 야당연합의 단일후보로 추대되었지만 패하고 말았다. 정치경험이 부족한 가정주부에게 표를 줄 수 없다는 관변 언론의 해석도 있었지만 명백한 마르코스 대통령의 조직적 부정선거의 결과였다. 코라손 아키노의 패배를 지켜보며 선거 참관인들은 마르코스의 승리를 부정했고, 카톨릭계와 미국을 비롯한 국제사회도 마르코스 정부를 강하게 비난하고 나섰다. 그 결과 독재자 마르코스는 미국으로 망명하게 되고 마침내 코라손 아키노는 필리핀 최초의 여성 대통령에 오른다.

코라손 아키노는 대통령에 취임한 후 마르코스와는 달리 '비폭력'의 원칙을 내세우며 도덕적 기반을 토대로 부정부패를 몰아낼 것을 약속했다. 그런 일환으로 부패한 기업과 은행을 퇴출시키고, 대통령의 임기를 6년 단임제로 제한하는 헌법을 개정해 민주주의의 기틀을 만들어 갔다. 이외에도 장관, 차관급의 고위직에 여성을 대거 등용하는 등 여성들의 사회적 진출을 도우며 독재정치의 아픔을 극복하고 민주주의 국가로 거듭나는 발판을 만들어 나갔다. 그러나 독재정권에 의해 피폐해질 대로 피폐해진 필리핀의 경제와 사회를 바로잡는 일은 결코 쉬운 일이 아니었다.

한국과의 깊은 인연

1982년 MBC 방송국에 입사한 후 1년이 지난 어느 여름날. 나는 기사작성 훈련을 받고 있었는데, 그 주제가 바로 마닐라 공항에서 벌어졌던 니노이 아키노의 암살 사건이었다. 이 사건 때문에 같은 여성으로서 미망인 코라손 아키노에 대해 더욱 친밀감을 갖게 되었다. 당시 선배는 6하원칙에 입각한 기사훈련을 시켰는데, 훈련을 받는 수습기자로서 기사를 수도 없이 썼다 지웠다 반복했던 기억이 있다.

1994년 1월 코라손 아키노는 대통령직에서 물러난 뒤 한국을 방문했다. 당시 김대중 전 대통령이 설립한 '아시아태평양평화재단' 창립식에 참석하기 위해서였다. 코라손 아키노를 강렬한 민주주의 투사로 생각했던 많은 사람들은 그녀의 가녀린 모습에 놀라기도 했다.

코라손 아키노는 "한국의 정치적, 경제적 성취에 감명을 받았으며 특히 한국에서 개혁이 잘 이루어지고 있는 깃에 대헤 축하를 보낸다"며 연설을 시작했다. 그는 한국에서 종군기자로 일했던 자신의 남편인 니노이 아키노에 대한 이야기로 한국과의 깊은 인연을 말하기 시작했다.

"남편은 한국전쟁 당시 《마닐라타임즈》의 종군기자로 참전을 했죠. 당시 17세였는데 법적 종군 연령이 18세여서 나이까지 속였답니다. 한국전쟁에 종군기자로 참전한 것이 남편의 정치활동의 시작이 아니었나 싶습니다."

기자들은 코라손 아키노 정부가 출범한 뒤 1989년 12월 일어났던 쿠데타에 대해 질문했다. 쿠데타 당시 대통령궁이 공격을 당했고, 대부분의 사람들은 목숨을 부지하고자 도망치기에 급급했지만 코라손 아키노 대통령은 자신의 자리를 굳게 지켰었다. 왜 몸을 피하지 않았느냐는 기자들의 질문에 코라손 아키노는 이렇게 대답했다.

"여성이지만 남성보다 더 큰 용기를 갖고 있다는 것을 보여주기 위해서였습니다."

그날 강연회를 통해 코라손 아키노 전 대통령은 자신의 신념과 대통령 재직 당시 자신이 실행했던 여성정책 그리고 여성 대통령으로서 겪어야 했던 어려움에 대해 이야기했다. 특히 재직 당시 장관과 차관급 등의 고위보직에 여성을 진출 시키려 많은 노력을 기울였는데, 그 노력이 꾸준히 이어지고 있어 보람을 느낀다고 말했다. 그리고 재출마 의사를 묻는 기자의 물음에 이렇게 답했다.

"필리핀의 민주화는 잘 진행되고 있습니다. 지난번 대통령 선거는 어느 때보다 질서 있고 깨끗하게 치러졌으며 그것에 대해 작은 힘이나마 기여한 것에 대해 긍지를 느낍니다. 정치에 참여하게 된 것은 필리핀 민주화를 위해서였는데, 이제 민주화가 이루어졌으니 민간활동에 전념할 계획입니다. 대통령 재출마는 전혀 생각이 없습니다."

마닐라에서 만난 노란 브라우스의 아키노 여사

1997년 12월 대선 이후 MBC에서는 '민주주의를 지킨 대통령'이라는 타이틀로 코라손 아키노 전 대통령을 인터뷰하는 특집방송을 기획하고 있었다. 당시 MBC가 김대중 대통령 취임 이전에 코라손 아키노 여사 인터뷰를 특집으로 꾸민 것은, 남편 니노이 아키노와 김대중 대통령이 서로 같은 반정부 지도자로서 망명지인 미국 보스턴에 살며 하버드 대학을 같이 다닌 친분이 있었기 때문이다. 이 인터뷰는 1998년 2월 19일 김대중 대통령의 취임 직전에 방송되었다.

필리핀 마닐라의 아키노 자택은 비교적 부촌에 있었다. 오랜 가문의 역사가 느껴졌다. 그날도 코라손 아키노 여사는 노란색 블라우스를 입고 나를 반갑게 맞아 주었다. 나는 "필리핀 최초로 여성 대통령에 당선되어 가장 어려웠던 점은 무엇이었습니까?"라는 질문으로 인터뷰를 시작했다.

"마르코스가 거의 파산위기까지 몰아간 경제를 되살리는 게 가장 어려웠습니다. 경제난국을 푸는 것이었지요. 취임하면서 나는 필리핀의 채무를 모두 갚겠다고 말했습니다. 더러 측근들은 마르코스와 그 일행들이 탕진한 빚을 왜 우리가 갚아야 하느냐고도 했지만, 이제는 우리가 필리핀 정부이기 때문에 우리가 책임을 지고 감당하며 극복해가야 한다는 생각을 했습니다. 그렇게 생각하고 말하자 필리핀 국민들이 믿고 지지 했습니다. 모두 허리띠를 함께 졸라맸습니다. 마르코스의 빚을 갚겠다는 말이 외국에게도 신뢰를 주었습니다. IMF 프로그램을 성실히 수행하며 토지개혁을 실시했습니다. 토지 재분배만이 아니라 외국인도 적절히 투자할 수 있게 하였습니다. 세계경제 속에서 필리핀의 위치를 격상시키는 것이 쉽지만은 않았습니다. 새 행정부가 들어설 때마다 조금씩이라도 발전이 있는 것이 진정한 민주주의라고 생각합니다."

코라손 아키노 여사는 몇 차례씩 지도자의 검소함을 이야기했다. 대통령이 희생하며 솔선수범하여 검소하게 살아야 한다고 했다. 대통령이 되고서 그는 대통령 관저에서 살지 않았다고 했다. 그러다가 임무를 수행하는 직원들이 자신이 사는 곳까지 출퇴근하는 것이 힘들게 보여 그들과 함께 관저로 들어갔다고 했다.

"지도자는 국민에게 믿음을 줘야 해요"

전직 대통령으로서 대통령의 가장 중요한 역할은 무엇이냐고 묻자 코라손 아키노 여사는 주저없이 '믿음'이라고 답했다. 국민에게 믿음을 주기 위해서는 일구이언하면 안 된다는 것, 무슨 말이든 책임을 져야 하고 자신에게 솔직해야 하며 자신이 먼저 모범을 보여야 한다는 것, 최선을 다해 성실해야 한다는 것, 이것이 신뢰받는 리더십을 만들 수 있다고 힘주어 말했다. 평범한 말인듯 하면서도 정치인으로서는 완벽하게 실천하기는 힘든 말이다.

필리핀 최초 여성 대통령을 만나 인터뷰하며 모름지기 대통령이란 국민들을 내 가족처럼 생각하고 돌보아야 한다는 것, 함께 아파해주고 배고프면 먹여 살려야 하는 어머니처럼 희생정신이 필요하다는 것을 배웠다. 그러나 코라손 아키노 여사도 어머니로서 아들에게 바라는 속내는 감추지 못했다. 자신은 앞으로 대통령에 재출마할 생각이 전혀 없지만 아들이 자신의 뒤를 이어 필리핀의 지도자가 되기를 원한다고 피력했다. 당시 코라손 아키노 여사의 아들은 국회의원 출마를 선언하고 선거운동 중이었다. 그 후 아들 베니그노 아키노 3세는 필리핀의 대통령에 당선된다.

김대중 대통령 내외와의 각별한 인연

코라손 아키노 전 대통령은 김대중 대통령과 이희호 여사에 대한 애정이 참으로 남달랐다. 반독재 민주화라는 공통의 역사를 가진 한국과 필리핀 양국이 야당 지도자들 사이에서도 각별한 인연의 끈이 존재했음을 확인할 수 있었다. 코라손 아키노 전 대통령은 미국에서 김대중 대통령 부부와 만나기 이전부터 이희호 여사와 편지를 주고 받는 사이였음을 나와의 인터뷰를 통해 밝혔다.

"우리가 보스턴에서 만나기 전에 제가 이희호 여사에게 편지를 보낸 적이 있습니다. 우리 모두 남편이 감옥에 있었고, 두 분 모두 야당 지도자라는 비슷한 경험을 갖고 있었기 때문이죠. 그래서 그때 이희호 여사께 편지를 보냈고 결국 제 남편과 김대중 대통령께서 망명지였던 보스턴에서 만나게 되었죠. 그것이 제 남편에게는 김대중 대통령을 만난 처음이자 마지막 기회가 되었습니다."

코라손 아키노 전 대통령은 보스턴에서 김대중 대통령 부부와 함께 찍은 사진을 보여주며 당시를 회상했다. 아키노 대통령은 남편 니노이 아키노가 김대중 대통령에게 선물한 타자기에 얽힌 일화도 소개했다.

"제 남편은 정치인이 되기 전에 신문기자였습니다. 그래서 타자기가 여러 개 있었는데 남편이 그중 하나를 김대중 대통령에게 드린 것으로 압니다."

김대중 대통령에 대한 이야기를 하면서 아키노 대통령은 남편의 죽음으로 인해 김대중 대통령이 역설적으로 보호받을 수 있게 된 것이 기쁘다고 말하기도 했다.

"제 남편이 미국에서 귀국했을 때 공항(현 니노이아키노 공항)에서 암살을 당하지 않았습니까? 미국 정부는 이런 일이 재발되지 않기를 원했습니다. 그래서 김대중 대통령이 미국에서 한국으로 귀국했을 때 미국의 주요인사들이 동행했죠. 동행한 인사들 가운데 한 명이 에드워드 케네디 상원의원이었던 것으로 기억합니다. 저는 이런 점에서 김대중 대통령께서 제 남편의 비극적인 사건 때문에 한편으로 보호받으실 수 있던 것이 기쁩니다."

김대중 대통령과 아키노 대통령의 관계는 이후에도 지속되었다. 김대중 대통령은 야당 시절 아키노 대통령을 위한 파티를 개최한 적이 있었는데, 그때 김 대통령은 아키노 대통령을 소개하면서 "여기 아키노 여사는 한 번만에 대통령에 당선되셨습니다"라고 말했다. 그러자 아키노 대통령은 "김대중 선생님께서 네 번째에는 틀림없이 당선되실 것입니다"라고 화답했다.

아키노 여사는 이후 여생을 국민을 위해 봉사활동을 하며 보냈다. 2001년 한국방문도 해비타트 집짓기 운동에 참여하기 위함이었다. 정치에서 물러나 평범한 생활을 이어갔지만 후임 대통령을 비롯한 관리들의 부정부패가 드러나며 비판을 하기도 했다. 2006년, 한때 동지였던 아로요 대통령의 부정이 드러나자 일침을 가하며 퇴진을 요구하기도 했다.

"우리는 또 다시 민주주의를 잃어버려서는 안 됩니다. 아로요 대통령이 스스로 물러나는 것이 최고의 희생입니다."

코라손 아키노가 대통령으로 재직했을 당시 국민들로부터 절대적인 지지를 받았던 것만은 아니었다. 오랫동안 부정부패와 독재정권에 시달려온 필리핀 국민들은 대부분 호감을 갖는 듯했으나, 부정부패를 척결하지 못했고 집권기간 중 군부 쿠데타가 일어나는 등 정치적 위기를 맞기도 했다. 야심차게 시작했던 토지개혁은 미완으로 끝나버렸고, 대지주의 딸이라는 한계를 벗어나지 못한 이유도 있었다. 객관적으로 성공한 대통령이라고 볼 수는 없지만, 단 한 가지 우리가 인정해야 할 것은 여성으로서 민주주의를 실현하고자 노력했다는 사실이다.

2009년 8월 1일, 코라손 아키노 대통령은 파란만장했던 생을 마감한다. 장례식에는 많은 사람들이 모였고 그날은 코라손 아키노 전 대통령의 죽음을 애도하기 위해 임시국경일로 지정됐다. 살아생전 국민들에게 헌신하고자 했던 그의 정치적 진심은 그날 국민들의 많은 눈물로 승화되었다.

모자(母子) 대통령의 탄생

필리핀 첫 여성 대통령 코라손 아키노의 죽음으로 국민들은 아키노 가(家)에 대한 향수에 젖게 된다. 국회의원으로 정치경력을 쌓고 있던 아들 베니그노 아키노는 정치경험이 많지 않아 지도력은 미지수라는 지적이 있었지만, 아키노가의 지명도와 이미지로 2010년 6월 30일 대통령에 취임한다.

2013년 10월 베니그노 아키노 대통령은 박근혜 대통령의 초청으로 방한했다. 그의 모습은 코라손 아키노의 모습을 연상케 했다. 그리고 그것은 대한민국 최초의 부녀 대통령과 세계 최초의 모자 대통령의 만남이었다. 베니그노 아키노 대통령은 젊은 대통령답게 말하는 모습이나 몸짓이 매우 활기찼는데, 나는 그런 모습을 보며 그가 대통령에 당선되었을 때 했던 말이 떠올랐다.

"부모님의 뜻을 이어받아 국민을 위한 나라를 만들겠습니다."

박근혜 대통령이 총탄에 쓰러진 아버지의 명예회복을 위해 대통령이 되어야겠다고 생각해왔던 것, 그리고 필리핀의 현 대통령이 총탄에 쓰러진 아버지의 유업을 이어받아 국민을 위한 나라를 만들겠다고 외치는 것. 이 두 장면은 미국의 시사주간지 《타임》지가 한국과 필리핀의 첫 여성 대통령을 커버스토리로 다뤘던 것과 마찬가지로 묘한 여운을 남긴다. 국민들은 한 인물을 평가할 때 그 시대를 마감하는 역사적 사건에 대한 의미 부여에만 그치지 않고, 더 나아가 인간적인 동정심도 잊지 않는 것일까.

시진핑의
중국은 어떻게
변화할 것인가

시진핑

2014년 7월. 중국 국가주석 시진핑과의 세 번째 만남

"남한과 북한은 형제입니다. 형제끼리 마음을 열고 접근하지 않으면 누가 이 문제를 진심으로 풀어줄 수 있겠습니까? 특히 남한은 형의 나라라고 볼 수 있습니다. 피를 나눈 형제끼리 서로 대화를 해야지, 형이 이렇게 경색 국면으로 몰고 간다면 결국 주변 강대국에게 끌려갈 수밖에 없을 것입니다. 피는 물보다 진하지 않습니까?"

　　　　　　　　　　　　　- 2011년 7월, 시진핑 부주석과 민주당 지도부 회동 중에서

2011년 7월 중국의 2인자로 불리던 시진핑(習近平) 부주석을 만났다. 후진타오 국가주석을 만난 직후였다. 당시 민주당 손학규 대표와 동행했다. 시진핑의 첫인상은 내면의 격정과 외면의 미소가 공존하는 가운데 마치 굽이굽이 물결치는 강물을 연상시켰다.

시진핑 부주석과의 만남은 후진타오 국가주석과의 만남과는 분위기가 사뭇 달랐다. 후진타오 주석과의 두 차례 만남이 외교적 의전에 치우친 감이 있었다면, 시진핑 부주석과의 첫 만남은 친밀함 속에 활발한 의견교환이 이루어진 마치 오랜 친구와 벌인 토론 같은 자리였다. 누구와도 처음 만남에서 이런 분위기가 연출되는 것은 쉽지 않은 일인데 상대가 중국의 지도자라면 더욱 어려운 일이다.

내가 지금까지 만나본 중국의 다른 고위급 인사들과는 달리 시진핑은 온화함 속에 솔직함과 격정, 그리고 열의를 가지고 있었다. 중국 고관들과의 회동은 대개 주어진 시간 동안 틀에 박힌 대화만 주고받는 것이 상례였다. 그러나 시진핑은 달랐다. 그는 대화를 시작하면서 이명박 대통령의 대북정책을 신랄하게 비판했다.

"남한과 북한은 형제입니다. 형제끼리 마음을 열고 접근하지 않으면 누가 이 문제를 진심으로 풀어줄 수 있겠습니까? 특히 남한은 형의 나라라고 볼 수 있습니다. 피를 나눈 형제끼리 서로 대화를 해야지, 형이 이렇게 경색 국면으로 몰고 간다면 결국 주변 강대국에게 끌려갈 수밖에 없을 것입니다. 피는 물보다 진하지 않습니까?"

"피는 물보다 진하다."

그렇다. 분명 피는 물보다 진하다. 그런데 이 말을 중국 시도자로부터 들었던 그 순간은 몸에 전율이 느껴졌다. 남북대화를 촉구하는 시진핑 부주석의 발언은 당시 MB정부가 미국에 치우친 외교를 하고 있다는 판단에서 나온 발언이었겠지만, 남북관계의 경색 국면이 가져올 한반도의 장래에 대한 깊은 우려의 표시였다.

이러한 시진핑의 발언이 내게는 충격이었다. 온화하던 중국의 제2인자가 남북관계라는 매우 예민한 주제와 관련해 이렇게 진솔한 이야기를 할 수 있고 또 했다는 데 놀랐다. 여기서 나는 시진핑의 자신감을 보았다. 시진핑은 "한반도의 전쟁을 결연히 반대한다. 중국은 비핵화의 목표를 시종일관 견지할 것이다. 그리고 한반도 문제를 대화와 협상의 방식으로 풀어나갈 6자회담을 적극 지지할 것이다. 6자회담의 재개는 시급하다"고 강조하였다. 남북대화의 촉구방식도 '피는 물보다 진하다'는 말로 표현함으로써 대화와 협상의 방식에서 형제애를 강조했다. 시진핑은 북한 문제와 관련해서도 북한의 민생개선을 위해서 힘을 쏟겠다는 점을 강조했고, 한반도 평화와 안전 유지를 위해 중국과 한국의 긴밀한 협력 필요성을 수차례 언급했다.

시진핑의 논법은 매우 강렬하면서도 따뜻했다. 그는 에두르지 않고 정곡을 찌르면서도 따뜻한 공감의 느낌을 담은 말을 통해 어떻게 상대의 마음을 움직이는지를 알고 있었다. 평창 동계올림픽과 관련해서도 "이웃 나라의 올림픽은 우리에게도 좋은 소식이다"라는 점을 강조하며 적극적인 지지의사를 밝혔고 한중 FTA 협상에 진한 관심을 표명했다.

시진핑의 이날 발언은 중국의 2인자로서 한 말이었지만, 그가 국가주석이 될 경우 향후 한중관계와 시진핑 시대의 중국 모습은 어떠할지를 가늠하게 하는 중요한 이야기였다고 생각된다. 토론을 방불케 하는 한 시간 가량의 대화에서 그는 중국의 민주화에 대해서도 간결하면서도 강한 어조로 이야기를 이어갔다.

> "중국은 단계적으로 민주화를 진행할 것입니다. 이미 투표로 마을의 지도자를 시범적으로 뽑고 있으며, 선거제도를 확대해나갈 것입니다. 다당제의 도입도 장기적인 관점에서 준비하고 있으며, 당내 민주화도 진행할 것입니다."

중국의 민주화를 마치 경제개발 5개년 계획 설명하듯 이어가는 그의 모습 다소 어리둥절하게 느껴졌지만, 한편으로는 세계적 기준을 염두에 두면서도 중국식 민주주의를 단계적으로 발전시켜 가며 21세기를 대비하는 중국의 치밀한 준비자세를 엿볼 수 있었다.

시진핑의 미소와 만델라의 미소

기자생활과 정치를 하는 동안 숱한 정치지도자들을 만났지만 첫 만남에서 시진핑처럼 '과연 이 사람은 어떤 삶을 살았을까' 하는 궁금증을 불러일으켰던 사람은 많지 않다. 그때부터 나는 시진핑은이 어떤 삶의 과정을 거쳐 왔는지 궁금했다. 특히 그 온화한 미소의 원천은 무엇일까 반문해보곤 했다.

싱가포르 국가지도자였던 리콴유는 시진핑 미소의 원천은 오랜 시련 속에서 스스로를 단련한 인물들에게서 피어나는 만델라와 같은 미소라고 말한 바 있다.

"그는 생각이 깊은 사람으로 살아오는 동안 많은 시련과 고난을 겪었습니다. 그는 어린 시절에 정치적 탄압을 받은 아버지를 따라 8년 동안 농촌으로 내려가서 어려운 생활을 했고, 푸젠(福建)에서 18년을 지낸 후에 좀 더 조건이 나은 저장(浙江)으로 갔다는 것을 알고 있습니다. 나는 그를 만델라와 같은 유형의 인물이라고 봅니다. 이런 인물들은 강한 감정적 자제력을 가지고 있어 개인의 불행과 고난이 그의 판단에 영향을 미치지 않습니다."

리콴유 총리가 언급한 만델라와 시진핑 미소의 동질성에는 동의한다. 그러나 나는 두 사람의 미소에는 차이점이 있다고 생각한다.

사람들은 시련에 빠지면 크게 두 가지 유형으로 반응한다. 첫째 유형은 시련에 좌절하고 자포자기하는 사람이다. 둘째 유형은 시련 속에서 스스로를 단련시켜 더 성숙한 인간으로 성장하는 사람이다. 만델라와 시진핑은 두 번째 유형에 속하는 대표적인 인물이라는 점에서 공통점이 있다.

만델라는 로벤 섬의 창살 속에서 갈등과 폭력을 넘어 분노를 승화시키며 절망 속에서 스스로 인류의 양심으로 정화되어 갔지만, 시진핑은 문화혁명기 중국을 휩쓸었던 숙청과 하방의 광풍 속에서도 미래를 위해 끊임없이 자신을 낮추고 연마하다 기회가 왔을 때 정치무대의 전면으로 나아가 유감없이 능력을 증명해 만인지상의 자리에 올랐기 때문이다.

그래서인지는 몰라도 만델라 대통령의 미소가 모든 것을 용서하고 마음속 깊은 곳에서부터 피어나는 연꽃 같은 자비의 미소라면, 시진핑의 미소는 어딘가 호랑이가 숨어 있을 것 같은 마치 가시가 있는 장미꽃의 미소처럼 느껴졌다.

미소 속에 숨겨진 강한 의지

이러한 미소 속에 숨겨진 시진핑의 강한 의지를 잘 보여주는 것이 부패척결과 관련한 일화다.

"호랑이에서 파리까지 일망타진하겠다(老虎蒼蠅一起打)."

여기서 호랑이는 고위관료를, 파리는 하급관리를 말한다. 즉, 당과 정부에서 지위 고하를 막론하고 부패를 저지르는 자는 과감하게 척결하겠다는 뜻이다.

2013년 1월 시진핑 총서기가 중국공산당 중앙기율검사위원회에서 한 이 말은 시진핑의 강력한 부패척결 의지를 말해준다. 그가 부패와의 전쟁을 선포하면서 중국은 개혁드라이브를 걸고 있다. 이 과정에서 많은 고위인사들이 부패혐의로 심판을 받고 있다. 2014년 쉬차이허우 당 중앙군사위 부주석이 뇌물혐의로 처벌받는가 하면, 2015년 저우융캉 당 중앙정치국 상무위원이 부패혐의로 기소된 사건이 그 대표적인 사례다.

시진핑이 추진 중인 부패와의 전쟁은 많은 중국인들로부터 지지를 받고 있다. 장시성에 거주하는 홍군 출신 노혁명가 왕청덩(100)은 시진핑 주석의 부패척결을 지지한다는 편지와 함께 장시성 지역특산물인 동백기름 2병(1병당 한화 17,500원 상당)을 보냈다. 그러나 시 주석의 비서실에서는 편지만 받고 동백기름은 정중히 돌려보냈다. 시 주석이 당 총서기에 취임한 직후 발표한 당원 윤리규정에는 지역특산물을 선물로 받지 말라는 내용이 포함되어 있기 때문이다.

지도자의 강한 의지표명은 그 방향이 옳더라도 때로는 국민에게 공포감을 주거나 거부감을 주는 경우가 있다. 부패의 온상이었던 베이징 시내의 고급 음식점들이 줄줄이 문을 닫고, 부패에 연루된 고위공직자들의 자살률이 급증하고 있다. 그러나 당·정·군의 간부들을 제외한 대부분의 중국인들에게 시진핑은 공포감이나 거부감이 아닌 지지를 이끌어낸 따뜻한 지도자로 받아들여지고 있다.

강한 의지의 씨앗—가문의 몰락과 첫 번째 하방

1953년생인 시진핑 주석은 중국 고위간부의 자제를 일컫는 소위 '태자당(太子黨)' 출신이다. 그의 아버지인 시중쉰은 국무원 부총리를 역임한 혁명 원로로 공산당 중앙위원회의 신임을 받는 권력층이었다. 하지만 그가 아홉 살이 되던 해 소설 《류즈단(劉志丹)》으로 인해 아버지가 반역분자로 몰리면서 시진핑은 험난한 청소년기를 보내기 시작한다.

시진핑을 한순간에 몰락한 집안의 자제로 만들어버린 이 사건은 소설 속에서 시중쉰을 숙청당한 가오강 등과 함께 혁명운동한 것으로 묘사한 게 발단이 되었다. 소설은 출간과 동시에 반동소설로 분류되고 출간에 관련된 모든 사람이 숙청되는 상황에 이른다. 시진핑도 반역분자의 아들로 몰리며 주변의 냉대를 받게 된 것이다.

시진핑은 갑자기 변한 환경을 피해 어쩔 수 없이 '하방(下放)'에 자원해 시골에서 노동을 하며 어린 시절을 보내야 했다. 문화혁명기에 시작된 하방운동은 낙후된 지역에 지식청년을 보내 공산주의에 걸맞은 인성을 기르고 지역발전을 이룬다는 명목하에 실시되었다. 그러나 사실상 당·정·군 간부의 관료화를 막기 위한 반강제적인 제도였다.

시진핑은 벌레가 들끓는 집에서 먹고 자며 인민들과 쌀자루를 옮기거나 인분을 치우고 석탄을 캐는 등 7년간의 막노동 생활을 했다. 훗날 시진핑은 "당시는 내 인생에서 정말 잊을 수 없는 힘들었던 시절로 고된 날들이었지만 오히려 나의 삶을 굳건히 해주었다"고 회고했다. 그것은 인민과의 소통이 무엇인지, 인민들이 진정으로 원하는 것이 무엇인지 고민하고 성찰할 수 있는 계기가 된 중요한 전환점이었다.

온화한 미소가 꽃피다-두 번째 지방행과 정치적 성장

평생 권력과는 등지고 살 것 같았던 시진핑의 인생은 후야오방(胡耀邦) 총서기의 도움으로 서서히 풀린다. 마오쩌둥(毛澤東) 주석이 사망하고 문화대혁명이 끝나면서 중앙위원회 총서기였던 후야오방이 그동안의 잘못된 정책들을 바로잡기 시작했다. 그 결과 시진핑의 아버지 시중쉰은 광둥(廣東)성 서기에 임명되고 정치적 복권이 이루어진다.

중국공산당 입당을 여러 차례 거부당할 만큼 정치적으로 희망이 없었던 시진핑의 인생도 그때부터 조금씩 피기 시작한다. 이후 공산당의 추천으로 입학한 칭화대학에서 화학공정학과를 전공한 후 국무원 판공청, 중앙군사위원회 판공청 등에서 일한 시진핑은 1982년 겅바오(耿颮) 국방장관의 비서로 들어가며 첫 정치인생에 발을 내딛는다.

지금까지 살펴본 대로 오늘의 시진핑을 만든 자양분은 어린 시절의 농촌생활이었다. 첫 번째 하방이 아버지에 대한 정치적 탄압으로 어쩔 수 없는 것이었다면 두 번째 지방행은 스스로의 선택이었다. 1982년 30세의 나이에 그는 돌연 지방근무를 자원해 허베이(河北)성 정딩(正定)현의 부서기로 부임한다. 군복을 벗고 북경에서 생활하는 편안한 삶 대신

지방의 기층(基層)으로 내려간 것이다. 그곳에서 그는 중국의 민중과 호흡하며 그들의 눈높이에서 그들의 관심사를 이해하는 법을 배운다. 두 번째 지방행은 오늘날 시진핑의 포용력을 만든 실질적인 선택이라고 할 수 있다.

"여유롭고 한가한 생활이 오히려 나를 초조하고 불안하게 하였다. 나는 기층으로 가서 일반 주민들과 함께하기를 갈망하였다. 1982년, 중앙기관에서 기층으로 가는 일을 지원한 사람은 3명이었는데 나는 그중의 하나였다."

문화혁명 때 충분히 고통을 당했기 때문에 더 이상 손해보지 않겠다는 것이 태자당의 일반적인 정서였다. 오히려 그 일부는 보상심리로 당장의 즐거움을 추구하는 사람들도 있었다고 한다. 이들은 베이징 반경 50Km를 벗어나지 않으려는 정서를 갖고 있어 베이징을 떠나는 것을 원치 않았다. 태자당 중에 오직 3명만이 자발적 하방을 선택했고 시진핑은 그중 한 명이었다. 훗날 홍콩의 한 일간지는 이때의 일을 시진핑 성장의 원천으로 보고 있다.

"개혁 개방 이후 시진핑은 국가 부서에서 요직을 맡을 기회가 있었다. 그러나 그는 아버지 세대의 유명한 고인이 말했던 '젊은 사람이 뜻을 얻으려면 아무리 먼 곳도 멀다 하지 말고 가야 한다'는 가르침을 따랐다. 그는 베이징을 떠나 멀리 변두리 지역에서 수년간 경험을 쌓으며 한 계단 한 계단 올라갔고 그 경험이 더욱 풍부해져 마침내 큰 그릇이 되었다."

시진핑 평전에는 "이 결정이 시진핑의 운명을 바꾸어 놓았다. 만약 그가 중앙기관에 남아있었다면 오늘날의 휘황찬란한 성공은 절대로 없었을 것이다. 그가 중국 공산당 제5세대 중에서 가장 돋보이는 것은 바로 기층 경험이 풍부하다는 것이다"라고 평가하고 있다.

그가 그렇게 선택한 배경에는 더 큰 자리를 꿈꾸며 기반을 다지려는 정치적 야망을 가졌기 때문이라고 보는 견해도 있지만, 인민들의 삶을 제대로 이해하기 위한 측면으로 이해할 수도 있을 것이다.

가시를 품은 장비-중국의 1인자로 오르다.

이후 푸젠성(福建省) 성장, 저장성(浙江省) 서기 등을 역임하며 크고 작은 성공을 거둠과 동시에 부패척결에 앞장섬으로써 서서히 중앙정부로부터 관심을 받게 된다. 그리고 시진핑은 2007년 상하이(上海)시 시당위원회 서기 자리에 오르며 단숨에 지방에서 대도시로 진출하게 되는데, 그 이유는 당시 상하이시 서기였던 천량위(陳良宇)가 공금비리 사건에 연루돼 낙마하는 사건이 발생했기 때문이다. 이후 시진핑은 빠른 속도로 권력의 상층부로 이동하게 되고 취임 후 7개월 만에 개최된 제17차 당대회에서 당 중국정치국 상무위원으로 선출되며 중국 권력서열 6위에까지 오르게 된다.

2008년 베이징 올림픽을 성공적으로 치러내면서 중국은 세계 속에서 자신의 위치를 알린다. 부주석 자리에 있던 시진핑은 차분히 지방을 돌며 국민들과의 소통을 통해 중국 국민이 원하는 것이 무엇인지 파악한다. 2012년 11월 15일 시진핑은 중국 공산당 제18차 전국대표대회에서 당 총서기 겸 당 중앙군사위 주석에 선출되면서 당권과 군권을 장악하고, 이어서 2013년 3월 제12기 전국인민대표자대회에서 중화인민공화국 주석으로 선출되어 마침내 당·정·군을 아우르는 명실상부한 중국 제1인자로 등극한다. 바야흐로 '시진핑 시대'가 열리게 된 것이다.

반동의 가족으로 몰려 중노동을 하고, 이후 아버지가 정치적 재평가를 받아 복권되면서 국방장관 비서로 일했던 시진핑은 돌연 시골마을로 내려가 천천히 재도약을 꿈꾸다 대도시로 진출해 순식간에 주석의 자리에 올랐다. 그는 차근차근 자신의 자리에서 최선을 다하며 실력을 바탕으로 최고 권력의 자리에 올랐다. 그러나 그 이면에는 중국 정계의 치열한 파벌대립이 작용했다는 점도 간과할 수 없다.

중국에는 크게 3대 파벌이 있다. 상하이 출신 인사들의 집단이자 5대 주석인 장쩌민이 속한 상하이방(上海幇), 공산주의 청년들의 집단이자 6대 주석 후진타오가 속한 공청단(共靑團), 그리고 7대 주석인 시진핑이 속한 혁명 원로들의 자제들의 집단인 태자당이 그것이다.

마오쩌둥 사후 덩샤오핑(鄧小平)이 주석직을 수행할 때였다. 원래 덩샤오핑은 자오쯔양(趙紫陽) 총서기를 후계자로 지명하려고 했다. 그러나 자오쯔양이 '천안문 사태'에서 학생과 시민들에 대한 온건한 태도를 취하면서 실각하고, 덩샤오핑은 장쩌민(江澤民)을 후계자로 택하면서 장쩌민 다음의 차기 주석을 후진타오로 할 것을 조건으로 내걸었다. 서로 다른 파벌에 속한 장쩌민과 후진타오 두 사람은 장쩌민 정권 내내 갈등을 빚었다. 상하이방 전체가 정치적으로 매장당할 것을 염려한 장쩌민은 이후 후진타오에게 권력을 승계하는 과정에서 군사에 관한 권한이양을 유보하기도 했다.

수적으로 불리해진 후진타오가 공청단을 모집하기 시작하자 상하이 방과 태자당 연합과 겨룰 정도로 큰 힘을 갖게 되었다. 그리고 후진타오가 자신의 후계자로 리커창(李克强)을 지명하며 2대 연속 공청단의 시대가 될 것 같았다. 그러자 다급해진 상하이방과 태자당이 연대하여 집권 레이스에 돌입했다.

이후 상하이방과 태자당이 함께 밀었던 시진핑이 국가주석 자리에 오르게 된 것이다. 리커창은 2013년부터 시진핑 주석을 이어 국가서열 2위인 총리직에 머물고 있다.

시진핑의 중국

2011년의 회동 이후 나는 시진핑을 두 차례 더 만났다. 2014년 7월 시진핑 주석은 대한민국 국회를 방문했다. 이때도 그는 특유의 미소를 잃지 않았고 낮은 목소리로 조용조용 이야기했다. 그렇다고 권위적이지도 않았다. 나는 시진핑 주석과 국회에서 그리고 한중 정상회담 이후 청와대에서 또 만났다.

청와대 만찬장에서 시진핑의 태도는 정상 간의 만남임에도 매우 나긋나긋했다. 몸을 뒤로 젖혀서 의자에 앉는 자세가 아닌 약간 구부러진 듯한 자세를 취함으로써 박근혜 대통령에게 매우 진중한 예의를 표했다. 이명박 대통령의 대북정책을 우리에게 신랄하게 비판하던 2011년 당시의 모습과는 매우 달랐다. 오히려 부인 펑리위안 여사가 더 위풍당당해 보였다고나 할까. 그의 평소 태도는 매우 부드럽지만 일단 자신의 주장을 펼치며 말을 하기 시작하면 달라진다. 하지만 그런 모습은 좀처럼 보기 힘들다. 시진핑의 중국을 지켜볼 때 우리가 항상 잊지 말아야 할 대목이기도 하다.

악수를 나눌 때마다 지긋이 사람을 쳐다보는 눈매나 격정을 드러내지 않는 온화한 미소는 시진핑의 시대가 우리에게 위협인 동시에 기회임을 암시한다. 시진핑의 미소와 함께 그의 자제력과 진중함, 여기에 더해 그의 부인 펑리위안의 무대 장악력 등은 시진핑이 이끌어갈 중국의 미래를 바꿀 것이라는 점에서 우리에게는 사뭇 위협적이다. 그러나 또한 그의 미래지향적 사고는 우리에게 새로운 한중관계를 만들어 가면서 한반도 문제를 평화롭게 풀 수 있는 기회요인이 될 수도 있다.

중국은 제5세대 국가지도자로 시진핑을 선택함으로써 향후 10년간 과거 그 어느 시기보다 약진할 것으로 예상된다. 그의 온화한 미소와 함께 오랜 기간 시련 속에서 가슴에 품어온 심지는 중국의 굳건한 미래를 보는 것 같다.

그는 스스로 진시황, 한무제, 당태종, 송태조 같은 문무를 겸비한 걸출한 영웅들보다는 유방, 유수, 송강 같은 인물에 자신을 비유한다. 그는 매력적인 카리스마가 빛나는 인물들과 달리 자신에게는 뛰어난 재능이나 원대한 지략이 없다고 스스로를 낮추면서 인화단결을 강조하는 겸손한 지도자가 되기를 원한다. 그래서 역설적으로 중국의 미래가 환해 보인다.

시진핑 주석은 중국인들에게 '중국의 꿈'(中國夢)에 대해 설파한다. 빈부격차와 부정부패를 척결해서 공정한 사회를 건설하고, 고부가 가치 산업을 육성하는 동시에 평화발전하는 대국으로서 국제사회에서 중국의 합당한 입지를 만들어 나가겠다는 것이다. 이러한 시진핑의 원대한 꿈과 이를 이루겠다는 뚝심은 13억 인구의 거대한 대륙 중국을 움직이게 만들고 있다. 영국까지도 참여하게 해 아시아인프라투자은행(AIIB)을 성공시킴으로써 해상과 육상으로 이어진 21세기의 실크로드를 통해 아시아와 유럽을 잇겠다는 그의 '일대일로(一帶一路)' 구상에 한 획을 그었다. 이것은 그의 미소와 결단이 한데 어우러져 만들어낸 작품이라고 하겠다.

시진핑 시대 중국과 대한민국

나는 시진핑을 보면서 우리의 과거와 현재, 그리고 미래가 얽혀있는 남북관계와 통일 문제를 떠올린다. 지금 한반도 정세는 그 어느 때보다 급박하게 돌아가고 있다. 세계 패권을 둘러싸고 미국과 중국의 힘겨루기가 한창인 가운데 미국의 오바마 정부는 일본 군사대국화의 길을 열어주고 있다. 또한 한반도에 전략무기 사드 추가 배치를 거론함으로써 한국, 미국, 일본을 잇는 태평양 동맹체제를 강화하려 한다.

중국은 이런 움직임을 예의주시하고 있다. 한국을 방문한 중국 지도자들이 공개적으로 사드 도입에 이의를 제기한 것에서 볼 수 있듯이, 중국이 한반도 안보 문제에 매우 민감하다는 것은 너무나 명약관화한 일이다. 중국과 한반도의 역사적 교차점마다 이 점은 분명히 드러난다.

중국은 6.25전쟁의 참전 명분을 '항미원조(抗米援朝)', 즉 미국을 반대하기 위해 북한을 돕는다고 했다. 한국군과 미군을 위시한 UN군이 평양 이북으로 진격하자 만주에 주둔 중이던 중국군 8로군이 한국전쟁에 참전하였다. '장진호 전투'에서 미군과 중국군은 격렬하게 충돌하였고 그 이후 1.4후퇴가 이어져 또 한 번 전쟁의 양상이 바뀌었다.

중국의 한반도 개입의 역사적 뿌리는 매우 깊다. 1592년에 일어났던 임진왜란에 중국의 명나라가 개입했던 근거도 '항왜원조(抗倭援朝)', 즉 일본의 왜를 반대하기 위해 조선을 돕는다는 것이었다. 평양성에 주둔하고 있던 일본의 고니시 군대와 명의 이여송 군대가 한반도에서 격렬한 전투를 벌였고 왜군은 한양까지 후퇴하였다. 그 와중에 벽제관 전투에서 일본이 다시 명군에 작은 승리를 함으로써 전쟁은 소강상태에 접어들었다. 임진왜란과 6.25전쟁의 양상은 350년의 역사적 간극이 있지만 너무나 흡사하다. 이는 달리 얘기하면 중국의 한반도에 대한 이해관계와 정책이 지금까지 400년이 넘도록 변화하지 않았다는 것을 방증한다.

400년을 관통하는 중국의 한반도 정책의 기조를 냉정하게 인정할 때 남북관계의 진실도 보이게 된다. 한반도에 대한 중국의 사활적 이해관계는 400년 동안 변하지 않았다. 2011년에 만났던 시진핑은 한반도 문제에 있어서만은 목소리를 높였다. 호랑이처럼 중국은 핵심이익 앞에서 단호했고 물러섬이 없었다. 시진핑 주석이 추대되고 얼마 되지 않아 중국의 만류에도 불구하고, 북한 김정은 정권은 3차 핵실험을 단행했고 핵개발에 나섰다. 시진핑은 단호했다. 2010년 천안함, 연평도 사태에도 불구하고 중재역할을 맡으려 했던 중국의 모습이 아니었다. 중국은 핵문제로 인해 북중 간 차관급 이상 인사의 교류가 2년여 중단되는 상황에 이르렀지만, 시진핑은 단호하고 확고하며 원칙적인 태도를 견지하고 있는 것이다. 시진핑 시대의 남북관계와 한반도는 새로운 도전이자 기회를 맞고 있는 것이다.

시진핑의 온화한 미소 뒤끝에 느껴지는 그 단호함을 우리는 남북문제 해결과 한반도 평화정착에 활용할 수 있어야 한다. 마치 시진핑이 최근 벨기에 국왕의 마음을 얻기 위해 중국의 쉰들러(Oskar Schindler) 실화소설을 선물해 화제가 된 것처럼 말이다.

시진핑은 2015년 6월 24일 베이징을 방문 중인 벨기에 국왕을 중국 최고지도부의 집무 겸 거주공간이 밀집한 중난하이로 초청해 《게슈타포 총구 앞의 중국 여인》이란 제목의 책을 선물했다. 이 책은 제2차 세계대전 당시 벨기에 루뱅대학 박사과정을 다녔던 중국 장수성 출신 첸슈링이 나치 주둔군 사령관을 끈질기게 설득해 청년들을 구해 '벨기에의 어머니'라는 칭호를 얻었던 이야기를 근거로 한 실화소설이다. 올해 가 제2차 세계대전 승전 70주년임을 상기시키는 동시에 나치에 맞선 중국과 벨기에의 국민연대를 강조하기 위해서였다.

중국이 세계 곳곳에서 함께 고난을 헤쳐나간 역사적 사실을 외교에 활용함으로써 상대방 국민의 마음을 사는 것은 시진핑 외교의 단골메뉴이기도 하다. 예를 들어 한국과의 관계에서도 한국이 요청한 것보다 더 크게 안중근 기념관을 세운 것이라든가, 안중근 기념공연을 성대하게 할 수 있도록 도움을 준 것 등이 그러하다.

시진핑 주석은 '지한파'이자 '친한파'임이 분명하다. 시진핑은 북한을 먼저 방문하지 않고 한국을 먼저 방문한 중국의 첫 최고지도자다. 시진핑 이전 후진타오 주석도 처음에는 북한보다 한국을 먼저 방문하려고 계획을 세웠다. 2005년 9월 문희상 당의장과 함께 후진타오 주석을 만났을 때 후 주석은 "김정일 국방위원장으로부터 방북을 제의 받았고 수락한 것은 사실이지만 가까운 시일 내에 북한 방문은 어려울 것"이라고 밝힌 바 있다. 그러나 후진타오는 당시 북한의 요청을 뿌리치지 못해 갑자기 2005년 10월 28일 북한을 방문한 후 그 다음 달인 11월 16일 한국을 방문한다. 후진타오 주석 시절부터 중국의 대북한 시각에 변화가 감지됐지만 이를 몸으로 실천한 사람은 결국 시진핑이었다. 이는 중국의 대북한 시각을 보여주는 중요한 대목이다. 시진핑의 단호한 행보는 중국의 변화이자 곧 시진핑의 자신감으로 해석할 수 있을 것이다.

이런 시진핑을 보면서 우리도 보다 지혜롭게 중국과 함께 남북관계에 접근해야 하는 것은 아닌가 하고 반문하게 된다. 2014년 시진핑 주석을 위해 마련한 청와대 국빈 만찬장에서 시진핑 주석의 부인 펑리위안 여사의 대표곡인 '희망의 들판에 서서'가 울려 퍼졌고, 이 노래가 흘러나오자 펑리위안 여사는 힘차게 박수를 쳤다. 1982년 중국 설 특집 프로그램에서 이 노래를 계기로 중국의 '국민가수'가 되었던 펑 여사를 위해 특별히 마련된 공연이었다. 우리가 시진핑의 미소 속에 감춰진 중국의 이익을 추구하는 지도자의 냉철함과 세심함을 철저히 이해하고 이를 잘 활용할 수 있다면, 분명 남북관계에도 의미있는 변화를 가져올 수 있을 것이다.

시진핑 시대와 한반도 평화 건설

그렇다면 한국은 시진핑 시대의 중국을 어떻게 대처해야 하는가?

어려운 문제다. 미국은 '아시아로의 회귀(Pivot to Asia)'를 표방하며 중국을 견제하는 모양새다. 미국의 혈맹이자 전체 GDP의 1/4 이상을 중국에 의존하고 있는 우리이기에 더욱 그렇다. 우리는 고민해야만 한다.

시진핑의 중국은 핵심이익 앞에서는 가시 드러내기를 주저하지 않고 있다. 2014년 중국은 전격적으로 자국이 정한 방공식별구역(ADIZ)을 선포하고 어떠한 협의도 용납하지 않으며 단호한 입장을 드러냈다. 이 뿐만 아니라 잠재적인 대중국 봉쇄를 염두에 두고 스리랑카를 전격 방문해 콜롬보 신항구 개발을 협의하는 등 해상 실크로드 구축에도 나서고 있다. 남중국해 문제에서는 더욱 선연하다. 미국과 일본이 남중국해에 대한 중국의 영향력 확대를 비판하고 있으나 요지부동이다. 시진핑은 중국의 핵심이익 앞에서 물러나지 않을 것이다. 그리고 우리는 이 앞에서 선택을 강요당할지도 모른다.

그 어려운 고민에 대한 하나의 답으로 한 차원 높게 '동아시아의 평화와 번영'이라는 성숙한 안목으로 볼 필요도 있다. 김대중 대통령 집권 이후 남북관계에서 당사자 간 대화와 협력의 중요성을 강조하는 한편 '동아시아 + 아세안' 투 트랙 구상을 통한 '동아시아 공동체'를 위해 노력했다. 아시아에서 첨예한 주변 열강들의 치열한 이해관계를 넘어서 새로운 차원의 평화와 번영 구상을 제시한 것이다.

시진핑은 온화한 미소만큼이나 세심함을 느끼게 하는 인물이다. 세 차례의 만남을 통해서 그의 언행이나 악수가 한 번도 건성이라는 느낌을 주지 않았음이 시진핑의 중국을 자꾸 더 깊이 생각하게 만든다.

그리고 시진핑의 미소 뒤에서 우리 대한민국의 미래를 생각해본다. 시진핑에 맞서 중국을 통찰하고, '희망의 들판에 서서' 한반도와 동아시아의 평화 구상을 이끌어 갈 수 있는 대한민국의 지도자가 절실하다는 시대적 사명과 함께.

신은 진실을 알지만 때를 기다린다

이 책을 쓰면서 참 많이 아팠다.

2007년 2012년 대선의 아픔이 참 힘들었고 또한 양보할 줄 모르는 정치권의 허욕을 되새긴다는 것이 몸과 마음을 쑤셨다.

2007년 대선 이후 몰아닥친 2008년 글로벌 금융위기는 한 시대의 전환점이었다. 선진 주요 국가들은 민영화와 규제완화를 만병통치의 경제정책으로 알아 왔던 1980년대 이후의 30년을 반성하고 새로운 시대로 나아가고 있다. '고삐풀린 자본주의'가 더 이상 국가와 시장을 움직이는 원칙이 되지 못한다는 것을 절감하면서.

1997년 김대중 정부 이후 10년 동안 민주화세력이 집권했고 이후 7년 반이라는 세월이 흘렀다.

내가 온몸으로 겪은 정치의 소용돌이는 이 흐름 속에 있었다. 이 책에 등장하는 내가 만났던 인물들도 시대의 격랑을 헤쳐나가기 위해 분투하였다. 거대한 역사의 파고 속에서 이 정치인들은 개인이 선택할 수 없는 우연적인 힘에 의해서도 부침하였다.

국민의 정부와 참여정부가 경제성장 일변도에 의문을 갖고, 복지도 미래를 위한 투자가 될 수 있다는 '제3의 길'과 '사회투자'에 대해 열정적으로 정책을 추진했지만 유권자의 지지를 얻기에는 역부족이었다. 역사의 풍향과 조류는 언제나 한 방향으로 일정하게 흐르지 않고 요동치고 거꾸로 흐르기도 한다는 것을 한국정치에서 생생하게 체험하고 있다. 2008년 세계금융위기 이후 지구촌의 물줄기가 변했음에도 2012년 대선에서는 박근혜 대통령이 당선되었다. 박근혜 대통령은 지구촌 물줄기의 흐름이었던 경제민주화의 '탈'을 잠시 빌려 쓰고 당선된 후 벗어버렸다.

지난 세월 동안 절박한 심정으로 진실이 드러나길 기도하고 또 기도했다. 톨스토이의 단편소설 《신은 진실을 알지만 때를 기다린다》에서 주인공 악세노프는 26년 동안 시베리아 유형생활 속에서 자신에게 수도 없이 되뇌인다. "신 말고는 아무도 진실을 알지 못해. 신이야말로 자비를 구할 수 있는 유일한 대상이지. 그리고 내가 무언가를 기대할 수 있는 대상도 신 밖에는 없어" 특히나 BBK 사건 등을 겪으면서 나도 이 악세노프와 같은 심정에 자주 빠져 들었다.

그리고 무엇보다 만델라가 20여 년 넘게 로벤 섬에서 수형생활을 하면서 자신을 단련했던 그 '두려움에 굴복하지 않는 정신'이 내게 많은 힘을 주었다.

지금 메르스 사건으로 온 나라가 어수선하다. 지난해 4월 세월호 사건을 겪고 연말까지 그 긴긴 불면의 밤들을 보내면서 스스로를 정리해야 할 시간이 필요함을 절감했다. '나는 왜 정치를 하는가?', '나는 어떤 정치를 꿈꾸고 있는가?' '기회의 나라 대한민국, 정의로운 대한민국'을 만드는 것은 내가 초선 의원 시절부터 정치를 하는 이유였고, 지금도 그러하고 앞으로도 마찬가지일 것이다. 이를 위해서 경제민주화, 재벌개혁, 검찰개혁, 사법개혁, 국정원개혁에 몸 사리지 않고 앞장서왔다. 그러나 최근의 급격한 상황변화 속에서 나는 이러한 과업이 나 혼자의 힘으로 달성될 수 있는 것이 아니라는 사실을 새삼 깨닫게 되었다. 그리하여 다른 정치인들, 특히 시대정신의 '화신'이라고도 할 수 있는 주요 정치지도자들에 대해서도 관심을 갖게 되었다. 그것은 그들을 통해서 이 시대를 종횡으로 엮고 있는 '시대정신'과 우리 모두의 '찬란한 미래'라는 옷감을 짜보기 위함이었다. 그래서 2012년부터 이 책의 원고를 쓰기 시작했다.

박영선의 시선으로 기록을 남겨야 한다는 생각에 무수히 썼다가 지우기를, 또 다시 쓰기를 반복하고 펜을 놓았다가 다시 들곤 했다. 그것은 쉽지 않은 작업이었다.

이 책을 마무리하고 있는 지금(2015년 6월 말)은 대통령의 "배신의 정치"라는 말이 정국을 강타하고 있다. 박근혜 대통령에게 '배신'이란 남들이 느끼는 것 보다 깊고 강하다는 것을 나는 안다.

박근혜 대통령이 은둔생활 중이던 1994년 육영수 여사 서거 20주기 인터뷰 후에 서울 장충동 국립극장 내에 있는 식당에서 점심을 함께 하며 나눈 대화가 계속 머리를 맴돈다. 하루일과를 묻는 내 질문에 그는 "TV 프로그램 중 '동물의 왕국'과 중국어 등 EBS언어교육 프로그램을 즐겨본다"고 답변했다. "왜 동물의 왕국을 즐겨보세요?"하고 재차 질문하니 "동물은 배신을 하지 않으니까요"라고 답했던 그날의 표정과 함께.

아버지에게 혜택 받은 사람들이 한 사람 한 사람 등을 돌리는 것을 보며 쌓인 '배신의 분노'를 삼키며 보냈을 지난 세월. 박근혜 대통령에게 그 세월은 너무 길었던 것일까?

박근혜 대통령의 큰 신뢰를 받던 새누리당 한 의원은 집권 초기에 "대통령은 신세진 사람이 없어 개혁이 가능할 것이다. 그런데 대통령은 새누리당 의원들에게도 전혀 신세진 적이 없고 오히려 선거에 당선시켜줬다고 생각하기에 당을 장악하려 할 수 있는데 그것이 문제가 될 수도 있다"는 말을 내게 한 적이 있다.

지금 바로 그 문제로 인해 대한민국이 얼어붙어 버렸다. 참 불행한 일이다. 난 진심으로 첫 여성 대통령의 성공을 바란다. 그러나 지금 대통령은 성공을 바라는 국민들의 마음을 너무 헤아릴 줄 모르는 것 같아 안타깝다.

안타깝기는 문재인 대표도 마찬가지다. 4.29재보선 이후 휘청거리는 새정치민주연합을 놀랄 정도로 확 바꿔도 모자라는데 단호함의 울림이 결여되어 있다.

대한민국 정가가 이러할 때 같은 시간 미국에서는 국민들이 감격의 눈물을 흘리는 사건이 발생했다.

2015년 6월 26일(미국 현지 시간). 미국의 오바마 대통령은 사우스캐롤라이나주의 흑인교회 총기 난사사건 희생자 추모식에 참석했다. 그는 추도사 말미에서 '어메이징 그레이스'를 불러 그 자리에 참석한 6천 명의 참석자 모두를 감동시켰다.

미국 언론들은 '놀라운 은총, 얼마나 감미로운가'로 시작되는 '어메이징 그레이스'를 부른 오바마 대통령이 미국을 하나로 만들었고 미국인의 가슴을 울렸다면서 레임덕을 막을 수 있는 오바마 특유의 소통과 공감능력이라고 평했다. 워싱턴포스트지는 "오바마 대통령 퇴임 이후에도 오래 기억될, 사회통합에 대한 역대 최고 수준의 메시지"라고 극찬했다. 우리에게는 언제쯤 이처럼 대한민국을 하나로 만들고 국민을 감동시키는 대통령이 존재할 수 있을까.

이제 성하의 계절이 지나면 가을이 온다. 올해는 늦은 태풍도 예고되어 있다. 가을에 불어 닥칠 바람이 늦은 태풍과 맞물려 들판에 어떤 모습을 만들어 놓을지 벌써부터 걱정이다. 이제 정말 정치도 업그레이드 되어야한다. 정치가 올라서지 않으면 선진국이 될 수 없기에 참 간절한 마음이다.

이 책을 쓰며 내 마음을 가다듬게 해주었던 넬슨 만델라의 미소와 그가 애송했던 시(詩) 〈인빅터스(Invictus)〉에 나오는 '운명의 주인'과 '영혼의 선장'은 늘 내게 용서와 포용과 용기를 가르쳤다.

'왜 우리의 정치인 가운데는 만델라처럼 분노를 용서로 승화시키고 은은한 미소로 국민을 편하게 해주는 지도자는 없을까?' 끝없이 반문하곤 했다. 좋은 지도자를 만드는 조건에는 위대한 인간, 위대한 국가, 위대한 계기가 필요하다고 한다. 왜 우리는 아직 그런 좋은 지도자를 만들지 못하고 있는 것일까?

국민을 편안하게 해주는 좋은 지도자의 탄생을 기약하며, 부족한 이 책을 끝까지 읽어주신 독자 여러분 모두에게 내 작은 기도의 힘을 바친다.

누가 지도자인가

copyright © 2015 마음의숲

지은이 박영선

1판 1쇄 발행 2015년 7월 15일
1판 2쇄 발행 2015년 7월 23일

대표 권대웅
편집 송희영 김보람
디자인 고광표
마케팅 노근수

발행인 신혜경
발행처 마음의숲
출판등록 2006년 8월 1일(105 - 91 - 03955)
주소 서울시 마포구 동교로 144 - 13 명지빌딩 2층(서교동 463 - 32)
전화 (02) 322 - 3164~5 | **팩스** (02) 322 - 3166
마음의숲 페이스북 http://facebook.com/maumsup
값 15,000원 978 - 89 - 92783 - 91 - 0 (03340)

이 도서의 국립중앙도서관 출판시도서목록(CIP)은 e - CIP홈페이지(http://www.nl.go.kr/ecip)와
국가자료공동목록시스템(http://www.nl.go.kr/kolisnet)에서 이용하실 수 있습니다.
(CIP제어번호: CIP2015018152)